金融取引からの反社会的勢力排除

第79回 民事介入暴力対策和歌山大会実行委員会 [編]

一般社団法人 金融財政事情研究会

はじめに

　平成25年11月に第79回日弁連民事介入暴力対策和歌山大会を開催しました。和歌山での民暴大会の開催は、平成7年2月以来で、実に18年ぶりの大会の開催でした。

　日弁連和歌山大会は、午前中の協議会において、「金融機関からの暴力団排除」および「暴力団被害の回復」という二つのテーマを掲げて発表を行い、幸いなことに多くの賞賛を得ることができました。

　今回、このうちのテーマの一つであります「金融機関からの暴力団排除」について、出版の機会に恵まれました。このテーマの研究にあたっては、和歌山弁護士会の民暴委員の弁護士のみならず、近畿弁護士会連合会を構成する大阪・京都・兵庫・滋賀・奈良の各弁護士会に所属する多くの民暴委員の弁護士が、研究メンバーとして参加してくれました。

　こうした民暴委員のメンバーは、多忙な自己の事件処理の傍ら、多数の金融機関や金融庁・近畿財務局、全国サービサー協会や関係者の方々、預金保険機構の方々のもとに足を運んで、実情をヒアリングし、そこで得た知識などをもとにグループで検討を重ねてきました。その成果が和歌山大会の発表につながっております。

　熱心に研究にあたってくれた近弁連の民暴委員の皆様には厚くお礼を申し上げます。また、和歌山大会の報告にあたって有益な助言や知恵を与えてくださった金融機関を始めとする関係者の皆様方にも厚くお礼を申し上げます。

　最後になりますが、今回、出版の機会を与えくれました一般社団法人金融財政事情研究会の大塚昭之様には、我が儘な弁護士の執筆活動に根気よく付き合ってくださり、支えてくださいました。本当にありがとうございます。

　民暴弁護士のみならず金融業界を始めとする経済界の方々に少しでも参考になるものであれば、大変幸いです。

第79回民事介入暴力対策和歌山大会
実行委員長　大谷美都夫

推薦のことば

　本書は、平成25年11月に開催された第79回日弁連民事介入暴力対策和歌山大会の協議会においてまとめられた研究成果をベースにして、金融機関からの暴排に関する各論点を深化・発展させた先駆的・実践的な論考集です。

　金融の本質は、資金を余剰している先から集め、不足している先に融通することにありますから、金融事業の性質上、金融機関には公共性が求められ、金融機関からの暴排が企図されるべきことは、至極当然のことであるはずです。ところが、私たち弁護士にとっても、また、金融事業にたずさわる方にとっても、金融機関からの暴排について、実践的に論じられた本を手にできることはほとんどなかったのではないでしょうか。弁護士だけではなく、金融事業にたずさわる方、さらには、金融行政に関わる方にも、是非、本書を読んでいただきたいと願う次第です。

　みずほ問題に象徴されるように、金融機関からの暴排は、金融機関にとっても、また、社会にとっても喫緊の課題であるはずです。他方、反社会的勢力に属するものであるかどうかの属性確認は反社会的勢力そのものが潜在化・巧妙化していく中で、今後、一層困難になっていくことが予想されます。属性確認にあたっては、警察からの情報提供に頼るだけではなく、例えば、各金融機関がその支店網からも情報を収集し、これをデータベースとして下から積み上げていくといった「金融機関の公共性」に応える地道な自助努力が求められるはずです。本書は、かかる今後のあるべき金融機関からの暴排についての課題をも提供してくれています。

　私は、日弁連民暴和歌山大会開催時における日弁連民暴委員長として協議会に参加し、また、この協議会の準備のために行われた近畿弁護士会連合会の民暴研修等にも参加しました。和歌山弁護士会民暴委員の皆様を含めた近弁連民暴委員の皆様の切り口の鋭さと行動力の高さを目の当たりにしています。

　あらためて、本書をまとめあげられた皆様に深い敬意を表します。

日本弁護士連合会民事介入暴力対策委員会
前委員長　弁護士　成川　毅

推薦のことば

　平成25年11月、第79回民事介入暴力対策和歌山大会が開催され、同大会協議会では、テーマのひとつとして「金融機関からの暴力団排除」が取り上げられました。本書は、「金融機関からの暴力団排除」に関する協議会での研究成果を基本にしつつ、協議会後の議論、とりわけ平成26年6月の金融庁監督指針の改正内容を踏まえ、金融機関からの暴排の理論をより深化、進化させた内容となっています。

　協議会の段階で、すでに、融資取引解消に向けた具体的手法として、「モニタリング」と「プランニング」の重要性・あり方を提唱し、暴排条項の適用に関する取締役の善管注意義務の内容を検討し、期限の利益喪失後の具体的解消方法として預金保険機構の特定回収困難債権買取制度にも言及しており、時代を先取りしたものでした。保証協会付融資における保証協会の錯誤の成否の問題も取り上げており、当時における先駆的な検討を広い視野で試み、積極的かつ実践的な提唱がなされています。

　また本書では、金融庁改正監督指針を念頭に置きつつ、協議会後の議論の深化として、融資実行前の排除に関し事例を示しつつ考察し、事後検証を前提とした排除のモニタリング、プランニングのあり方をより発展させています。

　このように本書は、反社債権回収における債務免除の利益供与該当性の有無、特定回収困難債権買取制度や関連する制度等にも言及し、融資取引における反社排除条項適用のあり方につき、協議会での検討を基本としつつ、さらに実践的に幅広く深化、進化させています。

　日弁連民暴委員会では、現在、「融資取引排除ガイドライン」の策定を検討しており、まさに本書と方向性において軌を一にするものです。

　本書は、金融機関で反社排除の実務に従事する方、相談を受ける弁護士にとって一助となることは間違いなく、自信を持って推薦させていただきます。

日本弁護士連合会民事介入暴力対策委員会
委員長　弁護士　**河野憲壯**

執筆者一覧（五十音順。括弧内は所属弁護士会）

厚地　　悟（大阪）

梅本　章太（大阪）

小谷　知也（大阪）

尾野　大樹（和歌山）

樫元　雄生（大阪）

國吉　雅男（第一東京、もと大阪）

久保井聡明（大阪）

窪川　亮輔（和歌山）

小泉　真一（和歌山）

櫻井　朋子（大阪）

櫻田　　司（大阪）

高木　大地（大阪）

田中　博章（和歌山）

谷口　和大（京都）

團　　潤子（大阪）

富塚　浩之（滋賀）

野村　太爾（大阪）

橋森　正樹（大阪）

濱　　和哲（大阪）

林堂　佳子（大阪）

東　　紘資（和歌山）

福栄　泰三（大阪）

藤田　隼輝（和歌山）

古川　純平（大阪）

和田　　篤（和歌山）

若宮　隆幸（京都）

凡　例

＜判決・決定＞

最高裁判所平成26年11月26日判決⇒**最判平26.11.26**

大阪高等裁判所平成26年11月26日決定⇒**大阪高決平26.11.26**

東京地方裁判所平成26年11月26日判決⇒**東京地判平26.11.26**

＜法律雑誌等＞

最高裁判所民事判例集⇒**民集**

最高裁判所刑事判例集⇒**刑集**

高等裁判所刑事判例集⇒**高刑集**

裁判所時報⇒**裁時**

金融法務事情⇒**金法**

事業再生と債権管理⇒**債管**

判例時報⇒**判時**

判例タイムズ⇒**判タ**

銀行法務21⇒**銀法**

手形研究⇒**手研**

警察学論集⇒**警論**

目　次

はじめに………………………………………………………大谷美都夫　i
推薦のことば…………………………………………………成川　　毅　ii
推薦のことば…………………………………………………河野　憲壯　iii
執筆者一覧……………………………………………………………………iv
凡　例…………………………………………………………………………v

総　論

民暴弁護士の熱い心と冷静な議論を感じとってください
1　はじめに……………………………………………………………2
2　みずほ問題後の反社対策を先取りしていた民暴和歌山大会………2
3　第1部の論文………………………………………………………4
4　第2部の論文………………………………………………………6
5　おわりに…………………………………………………………10

第1部　民暴和歌山大会当時の問題提起（〜平成25年11月）

Ⅰ　融資取引からの反社会的勢力排除──取引の解消に向けて──
1　はじめに…………………………………………………………12
2　融資取引を解消するために……………………………………12
3　第1部の各論文の紹介…………………………………………15

Ⅱ　反社会的勢力との融資取引解消に向けた具体的取組みについて
　　──「モニタリング」と「プランニング」──
1　はじめに…………………………………………………………18
2　「モニタリング」と「プランニング」という視点………………19

vi

3　事例に基づくモニタリングの考察……………………………………21
　　4　事例に基づくプランニングの考察……………………………………27
　　5　おわりに…………………………………………………………………32

Ⅲ　融資取引における暴排条項の適用と金融機関取締役等の善管注意義務
　　1　はじめに…………………………………………………………………34
　　2　融資取引解消における問題の所在……………………………………34
　　3　反社排除に向けた金融機関取締役等の善管注意義務………………37
　　4　融資取引における暴排条項の適用方針………………………………41
　　5　おわりに…………………………………………………………………48

Ⅳ　期限の利益喪失後の具体的回収方法と問題点
　　──回収に伴う利益供与のおそれと特定回収困難債権買取制度の拡充──
　　1　はじめに…………………………………………………………………49
　　2　回収の現状と問題点の整理……………………………………………50
　　3　問題点の検討……………………………………………………………59
　　4　結　　語…………………………………………………………………71

Ⅴ　保証協会付融資からの反社会的勢力排除
　　1　保証協会付融資の場合の問題点………………………………………73
　　2　今後の対応の検討………………………………………………………77

第2部　民暴和歌山大会後の議論の深化（平成25年11月～）と近弁民暴委員の研究成果

Ⅰ　みずほ問題について──4者提携ローンの問題点──
　　1　金融庁による行政処分…………………………………………………90
　　2　4者提携ローンの仕組み………………………………………………91
　　3　反社排除条項（以下「暴排条項」という）の導入漏れ……………92
　　4　反社該当性のチェック…………………………………………………93
　　5　反社排除に向けた態勢整備……………………………………………94

  6　オリコによる代位弁済と警察照会⋯⋯⋯⋯⋯⋯⋯⋯⋯⋯⋯⋯⋯⋯ 98

Ⅱ　融資実行前の反社会的勢力排除
  1　はじめに　──融資実行前の反社会的勢力排除の重要性⋯⋯⋯⋯⋯⋯ 100
  2　設問①の検討⋯⋯⋯⋯⋯⋯⋯⋯⋯⋯⋯⋯⋯⋯⋯⋯⋯⋯⋯⋯⋯⋯ 102
  3　設問②の検討⋯⋯⋯⋯⋯⋯⋯⋯⋯⋯⋯⋯⋯⋯⋯⋯⋯⋯⋯⋯⋯⋯ 106
  4　設問③の検討⋯⋯⋯⋯⋯⋯⋯⋯⋯⋯⋯⋯⋯⋯⋯⋯⋯⋯⋯⋯⋯⋯ 110

Ⅲ　実効的なモニタリング・プランニングの提言
  1　はじめに⋯⋯⋯⋯⋯⋯⋯⋯⋯⋯⋯⋯⋯⋯⋯⋯⋯⋯⋯⋯⋯⋯⋯⋯ 112
  2　適切な事後検証の実施⋯⋯⋯⋯⋯⋯⋯⋯⋯⋯⋯⋯⋯⋯⋯⋯⋯⋯ 113
  3　データベースの充実・強化⋯⋯⋯⋯⋯⋯⋯⋯⋯⋯⋯⋯⋯⋯⋯⋯ 115
  4　「プランニング」再論⋯⋯⋯⋯⋯⋯⋯⋯⋯⋯⋯⋯⋯⋯⋯⋯⋯⋯ 118
  5　モニタリングとプランニングを支える制度的担保⋯⋯⋯⋯⋯⋯⋯ 121
  6　おわりに⋯⋯⋯⋯⋯⋯⋯⋯⋯⋯⋯⋯⋯⋯⋯⋯⋯⋯⋯⋯⋯⋯⋯⋯ 130

Ⅳ　融資取引における反社排除条項適用方針についての再検討
  1　本稿の目的⋯⋯⋯⋯⋯⋯⋯⋯⋯⋯⋯⋯⋯⋯⋯⋯⋯⋯⋯⋯⋯⋯⋯ 132
  2　融資取引における反社排除条項の適用に関する考慮要素⋯⋯⋯⋯ 132
  3　融資取引における反社排除条項適用方針⋯⋯⋯⋯⋯⋯⋯⋯⋯⋯ 136

Ⅴ　反社債権回収における問題点のその後
  1　反社債権回収における債務免除の利益供与該当性に関する警察庁
   担当官の見解とその評価⋯⋯⋯⋯⋯⋯⋯⋯⋯⋯⋯⋯⋯⋯⋯⋯⋯ 140
  2　特定回収困難債権買取制度および関係する制度の動き⋯⋯⋯⋯⋯ 143
  3　ま　と　め⋯⋯⋯⋯⋯⋯⋯⋯⋯⋯⋯⋯⋯⋯⋯⋯⋯⋯⋯⋯⋯⋯⋯ 149

Ⅵ　保証協会付融資における錯誤を巡る裁判例の動向
  1　裁判例の動き⋯⋯⋯⋯⋯⋯⋯⋯⋯⋯⋯⋯⋯⋯⋯⋯⋯⋯⋯⋯⋯⋯ 151
  2　錯誤無効訴訟の結論とその対応⋯⋯⋯⋯⋯⋯⋯⋯⋯⋯⋯⋯⋯⋯ 156
  3　ま　と　め⋯⋯⋯⋯⋯⋯⋯⋯⋯⋯⋯⋯⋯⋯⋯⋯⋯⋯⋯⋯⋯⋯⋯ 158

Ⅶ 反社会的勢力を債務者とする求償債権の管理
1 はじめに ……………………………………………………………… 160
2 問題の所在 …………………………………………………………… 161
3 和解の可否 …………………………………………………………… 162
4 債権者破産 …………………………………………………………… 164
5 預金保険機構の利用 ………………………………………………… 165

Ⅷ 提携ローン問題等を踏まえた金融機関に求められる反社対応にかかる態勢整備上の留意点──平成25年12月26日付「反社会的勢力との関係遮断に向けた取組の推進について」および平成26年6月4日付改正監督指針の解説ならびに具体的論点の検討──
1 はじめに ……………………………………………………………… 168
2 反社会的勢力との取引の未然防止（入口）………………………… 169
3 事後チェックと内部管理（中間管理）……………………………… 176
4 反社との取引解消（出口）…………………………………………… 179
5 結　び ………………………………………………………………… 186

Ⅸ シンジケートローンにおける反社情報の取扱い
1 はじめに〜本稿の目的 ……………………………………………… 192
2 シンジケートローンの概要 ………………………………………… 195
3 事例の検討 …………………………………………………………… 208
4 おわりに ……………………………………………………………… 218

Ⅹ シンジケートローンにおける反社情報の共有と個人情報保護法
1 はじめに ……………………………………………………………… 220
2 反社情報の提供と個人情報保護法 ………………………………… 221
3 シンジケートローンにおける個人データの共有 ………………… 224
4 おわりに ……………………………………………………………… 226

Ⅺ 反社会的勢力の立証への対応策
1 本稿の目的 …………………………………………………………… 227

2　銀行取引（預金、融資）・証券取引からの反社排除の進展と現場
　　　の要請 …………………………………………………………………… 227
　　3　対　応　策 ……………………………………………………………… 230
　　4　おわりに ………………………………………………………………… 237

XII　金融機関における反社会的勢力データベースの更新
　　　　──削除を中心として──
　　1　本稿の目的 ……………………………………………………………… 238
　　2　金融機関における反社DB …………………………………………… 238
　　3　DBの肥大化 …………………………………………………………… 240
　　4　おわりに ………………………………………………………………… 243

XIII　暴力団排除条項導入前の融資において、融資実行後に融資先が反社会的勢力であることが発覚した場合の取扱い
　　1　問題の所在 ……………………………………………………………… 244
　　2　債権保全相当事由の該当性が問題になった裁判例 ………………… 246
　　3　前記裁判例の傾向からみた債権保全相当事由の判断基準 ………… 247
　　4　暴排条項導入前の融資における対策の必要性 ……………………… 249
　　5　反社が債権保全相当事由に与え得る事由 …………………………… 250
　　6　債権保全相当事由の該当性判断の検証 ……………………………… 252
　　7　事例の検討 ……………………………………………………………… 259
　　8　さいごに ………………………………………………………………… 262

XIV　今後の暴力団排除に向けて──近時の最高裁・高裁判決を受けて──
　　1　序　　論 ………………………………………………………………… 263
　　2　反社会的勢力との取引拒絶規定に関する合憲判決（大阪高判平
　　　25.7.2高刑集66巻3号8頁。【裁判例1】） ……………………… 263
　　3　結論が分かれた二つのゴルフ場利用に関する刑事最高裁判決 …… 266
　　4　民事における暴力団排除活動に向けた教訓 ………………………… 268
　　5　結　　論 ………………………………………………………………… 271

総　論

民暴弁護士の熱い心と冷静な議論を
感じとってください

弁護士　久保井聡明
（平成25年度近畿弁護士会連合会民事介入暴力及び
弁護士業務妨害対策委員会委員長）

1　はじめに

　本書は、第1部において、平成25年11月1日に開催された日本弁護士連合会第79回民事介入暴力対策和歌山大会（以下「民暴和歌山大会」という）の協議会「金融機関からの暴力団排除」をベースにした論文を、第2部において、その後のみずほ問題を契機として進展した最新の反社会的勢力（以下「反社」という）対策などを盛り込んだ論文や、これまでに近畿弁護士会連合会民事介入暴力及び弁護士業務妨害対策委員会（以下「近弁民暴委員会」という）の夏期研修等で研究した成果をまとめた論文などを掲載している。いずれの論文も力作揃いで、近弁民暴委員会の中堅・若手弁護士が中心となって、口角泡を飛ばす議論を経て執筆された。私は、平成25年度近弁民暴委員会の委員長として、これらの議論に参加していたので、本書ができるまでの経過と、各論文でご注目いただきたい点を簡潔にご紹介する。

2　みずほ問題後の反社対策を先取りしていた民暴和歌山大会

　平成25年はこれからも長く、みずほ問題を契機として反社対策の問題が大きくクローズアップされ、金融機関の反社対策が新たな局面を迎えた年、として長く記憶されると思われる。ここでいう、反社対策の新たな局面とは、まさしく反社排除の実践を具体的に求められるようになった、という意味である。これまでも、金融機関は、各種契約書等への暴力団排除条項（以下「暴排条項」という）の導入等の対策は行い、預貯金の解約等については、各

行によって温度差があるものの、取組みを強めつつあった。しかしながら、みずほ問題以来、いよいよ本丸ともいうべき、融資取引を含めた本格的な反社排除の実践が求められるようになってきている。これからの反社排除の考察は、この融資取引を含めた本格的な反社排除の実践、を意識したものでなければ意味をなさない、といえるであろう。

　さて、みずほ問題は結果的に、その後の金融庁の監督指針の改正や、預金保険機構の特定回収困難債権買取制度の運用改善、警察から全国銀行協会等への反社データ提供の是非の検討等、様々な動きを呼び起こした。この点、金融庁がみずほ銀行に対して行政処分を行ったのが、平成25年9月27日、翌28日からは大々的に報道されていく。これに対し、民暴和歌山大会が開催されたのは、冒頭にご紹介したように同年11月1日だった。民暴和歌山大会は、もちろん、みずほ問題が発覚するよりはるかに前から中堅・若手弁護士が中心となって準備していたので、時期が重なったのはまったくの偶然だが、結果的には、11月1日の協議会で発表した論文内容が、みずほ問題後の反社対策を先取りしたような様々な提言を行うことになった。実は、近弁連民暴委員会は従前から金融機関の暴力団排除を巡る問題に継続的に取り組んでいたが、平成25年11月に開催される予定であった民暴和歌山大会に向けて、「近弁民暴委員会は一つ」というスローガンのもと、平成24年8月18日に滋賀県大津市で開催した夏期研修会（以下「平成24年滋賀夏期研修会」という）で、「信用金庫・信用組合からの暴力団排除」を、平成25年7月20日に和歌山市で開催した夏期研修会（以下「平成25年和歌山夏期研修会」という）で、「金融機関からの反社会的勢力排除」をテーマに採り上げ、その総決算として民暴和歌山大会を位置付けていた。その成果が、思わぬ形、ではあるが、社会に受け入れられたことは、準備に関わっていた弁護士としては、このテーマに取り組んでいてよかった、と思う。

　以下では、第1部、第2部に掲載された論文の内容を簡潔にご紹介する。なお、以下、弁護士名のうしろのカッコ内は、所属弁護士会を表す。

3　第1部の論文

　前述のように第1部の論文は民暴和歌山大会の論稿をベースにしている。11月1日の大会終了後、金融財政事情研究会からお声掛けいただき、金融法務事情1984号（2013年12月25日号）に「金融機関からの反社会的勢力排除」として特集を組んでいただいた際に一部修正したが、基本的には大会資料がベースになっている。

　最初の「融資取引からの反社会的勢力排除──取引の解消に向けて──」は、民暴和歌山大会の議論のとりまとめを行っていた1人である福栄泰三弁護士（大阪）による論稿で、コンパクトに、第1部の4本の論文、すなわち「反社会的勢力との融資取引解消に向けた具体的取組みについて──「モニタリング」と「プランニング」──」、「融資取引における暴排条項の適用と金融機関取締役等の善管注意義務」、「期限の利益喪失後の具体的回収方法と問題点──回収に伴う利益供与のおそれと特定回収困難債権買取制度の拡充──」、「保証協会付融資からの反社会的勢力排除」のポイントをまとめている。読者は、まずはこの論稿をお読みいただき、民暴和歌山大会の提言の全体像を掴んでいただければ、と思う。

　「反社会的勢力との融資取引解消に向けた具体的取組みについて──「モニタリング」と「プランニング」──」は、梅本章太、厚地悟、小谷知也の各弁護士（いずれも大阪）の共同執筆にかかる論稿である。融資先が反社であると判明した場合、可能な限り速やかに融資取引を解消することが求められるが、立証手段や回収可能性、反社排除条項の有無などにより、すべての事案について即時に期限の利益を喪失させることは困難であることは否めない。だからといって、即座に融資取引を解消することができない先について、何もせず放置をすることが許されないことは、みずほ問題をみても明らかである。そこで、この論稿では、「モニタリング」と「プランニング」という二つの切り口から、金融機関がとるべき対応について考察した意欲的な内容となっている。その後、みずほ問題を受けた金融庁の改正監督指針では、①反社との取引の未然防止（入口）、②事後チェックと内部管理（中間管

理)、③反社との取引解消(出口)の各局面での態勢整備を求めたが、その先鞭をなすものと思う。

　「融資取引における暴排条項の適用と金融機関取締役等の善管注意義務」は、藤田隼輝弁護士(和歌山)による論稿である。現在、すべての金融機関では銀行取引約定書や金銭消費貸借契約証書に反社排除条項を導入し、債務者がこの条項に該当すれば、期限の利益を喪失させ即時全額弁済を求めることが可能な状況にある。他方、近弁連夏期研修や民暴和歌山大会に向けて実施した金融機関アンケートやヒヤリング結果では、金融機関は、とくに約定弁済継続中の事案において反社排除条項を適用して即時弁済を求めるのには大きな躊躇いがあることがわかった。この難問に対し、この論稿では、主に、「財務の健全性」と「業務の適切性」という二つのメルクマールを用い、具体的にいかなる場合には反社排除条項を必ず適用すべきか、仮に反社排除条項の適用を猶予することが可能な事案があるとすればどのような事案かを考察し、これを軸に金融機関取締役の善管注意義務について検討を行っている。みずほ問題でもみずほ銀行がオリエントコーポレーションに代位弁済を求めなかった案件のうち少なくない数が約定弁済継続中であったようだが、この点に果敢に切り込んでいる。

　「期限の利益喪失後の具体的回収方法と問題点──回収に伴う利益供与のおそれと特定回収困難債権買取制度の拡充──」は、橋森正樹、櫻井朋子、樫元雄生の各弁護士(いずれも大阪)の共同執筆にかかる論稿である。金融機関が仮に反社排除条項を適用し即時全額弁済を求めた場合、多くの場合は回収不能部分が残ることが予想される。この不良債権化した部分を以前であれば、整理回収機構や民間サービサーに売却するなどして最終処理を行うケースも多かったと思われるが、昨今の暴力団排除条例(以下「暴排条例」という)の反社への利益供与の禁止との関係で、サービサーが反社債権を買い取った後、債務者である反社との間で一部債務免除等を含む和解をすることが利益供与禁止に該当し、サービサーとしての通常の回収活動が困難となるのではないか、との懸念から、現在では多くのサービサーが反社債権を買い取らないようになっている。しかしこれでは、金融機関は最終出口がない

にもかかわらず反社排除に突っ込んでいかなければならない、ということになり、そのことを懸念して反社排除を躊躇する、ということにもなりかねない。この論稿では、この問題意識から、果たして暴排条項の求める利益供与禁止とはどのような趣旨からなのか、サービサーが通常の回収活動を行う一貫で和解を行うことは一切許されないのか、などを考察し、さらに、このような状況を打破するには、預金保険機構（以下「預保」という）の特定回収困難債権買取制度の運用を改善・充実させるべきである、と論を進めている。その後、みずほ問題を受けて、暴排条項の利益供与禁止に関して、ある程度、柔軟な解釈をすべきではないか、という議論が出たり、また預保も特定回収困難債権買取制度の運用を改善・充実させ間口を広げたことはご承知のとおりである。

「保証協会付融資の場合の問題点」は、和田篤、小泉真一弁護士（いずれも和歌山）、古川純平弁護士（大阪）の共同執筆にかかる論稿である。現在、融資先が反社であることが判明した場合、信用保証協会が保証契約の錯誤無効を主張し得るのか否かを巡って、深刻な利害衝突が生じており、最高裁判決が待たれている状況である。近弁連では、この問題を、平成24年滋賀夏期研修会で早くも採り上げ継続的に研究を続けてきたが、この論稿では、このように金融機関と信用保証協会が角を突き合わせている間に反社が「漁夫の利」を得てしまうことの問題性を鋭く指摘し、事前排除のためのデータベースの共有化や、事後的に反社であることが判明した場合の免責基準のマニュアル化の方向性、紛争解決制度として非公開手続である特別のADRの必要性など、を提言している。

4　第2部の論文

前述のように、第2部では、みずほ問題を契機として進展した最新の反社対策などを盛り込んだ論文や、これまでに近弁民暴委員会の夏期研修等で研究した成果をまとめた論文などを掲載している。以下、一言ずつ、ご紹介する。

「みずほ銀行問題について——4者提携ローンの問題点——」は福栄泰三

弁護士（大阪）による論稿で、みずほ問題の経過を、簡潔かつ必要十分にまとめている。みずほ問題は、今後も金融機関にとって大きな教訓となり続けるであろうから、この論稿は、みずほ問題のポイントを短時間で理解するのに役立つと思われる。

「融資実行前の反社会的勢力排除」は、團潤子、林堂佳子、櫻田司各弁護士（いずれも大阪）の共同執筆による論稿で、融資実行前の反社排除が重要であることを踏まえ、実務で実際に問題となり得るような具体的設問について、過去の融資拒絶を巡る裁判例や金融庁の監督指針を踏まえて具体的に検討しており、実務にあたって大変参考となる内容になっている。

「実効的なモニタリング・プランニングの提言」は、第1部の「反社会的勢力との融資取引解消に向けた具体的取組みについて──「モニタリング」と「プランニング」──」を共同執筆した3人の弁護士が、その後の監督指針や金融検査マニュアルの改正を受けて、より実効的なモニタリング・プランニングを提言する内容である。適切な事後検証、データベースの充実・強化、反社との関係遮断に関する委員会の設置など実務的に示唆に富む内容となっている。

「融資取引における反社排除条項適用方針についての再検討」は、第1部の「融資取引における暴排条項の適用と金融機関取締役等の善管注意義務」の議論をさらに深めたもので、谷口和大、若宮隆幸各弁護士（いずれも京都）、藤田隼輝弁護士（和歌山）が共同執筆したものである。融資取引における反社排除条項適用方針について、①早期回収の原則と回収の極大化の観点からの調整、②金融機関経営陣の立場からの検討、③約定弁済の継続を認め得る例外的場合、④和解的処理による回収という、いずれも実務において直面する悩ましい論点に従って検討している。

「反社債権回収における問題点のその後」は、第1部の「期限の利益喪失後の具体的回収方法と問題点──回収に伴う利益供与のおそれと特定回収困難債権買取制度の拡充──」を執筆した3弁護士が、反社債権回収における債務免除の利益供与該当性についての民暴和歌山大会以後の警察庁関係者から示された見解の検討や、預保の最新の特定回収困難債権買取制度の動きを

わかりやすくまとめており、実務において大いに参考となる。

「保証協会付融資における錯誤を巡る裁判例の動向」は、第1部の「保証協会付融資の場合の問題点」の執筆者が、民暴和歌山大会以後に新たに出された裁判例の整理を行うとともに、同じく信用保証協会と金融機関との間で争いになっている融資詐欺に関する裁判例では保証人である信用保証協会が本来負うべきリスクであるとして錯誤無効が認められないケースが多いこととの対比も視野に入れて検討している。やはり早期の最高裁判決が望まれるところである。

「反社会的勢力を債務者とする求償債権の管理」は、古川純平弁護士（大阪）の執筆にかかる論稿である。仮に信用保証協会が錯誤無効を主張しない場合（あるいは錯誤無効の主張が認められなかったような場合）、具体的にいかにして求償債権の管理を行っていくべきか、和解の可否、債権者破産、預保の利用という実務上、検討が必須な項目について考察を行っており、今後の反社債権回収の本格化を迎えるにあたってとても参考となる内容である。

「提携ローン問題等を踏まえた金融機関に求められる反社対応にかかる態勢整備上の留意点」は、民暴和歌山大会当時は、弁護士から任期付公務員として金融庁監督局総務課課長補佐の職にあった國吉雅男弁護士（もと大阪、現在第一東京）の執筆にかかる論稿で、平成25年12月26日付「反社会的勢力との関係遮断に向けた取組の推進について」および平成26年6月4日付「改正監督指針」について、入口、中間管理、出口の各局面ごとに解説と具体的論点の検討を行うものである。充実した内容となっており、実務家必読の論文といえる。なお、國吉弁護士は、民暴和歌山大会の準備段階から深く関与してくれていたが、（当然のこととはいえ）みずほ問題については、「見事に守秘義務を遵守され」、みずほ問題の報道があった際、他の準備にあたっていた弁護士らは全員驚いた、ことを合わせてご紹介しておく。

「シンジケートローンにおける反社情報の取扱い」および「シンジケートローンにおける反社情報の共有と個人情報保護法」は、前者は窪川亮輔、尾野大樹、東紘資各弁護士（いずれも和歌山）、濱和哲、高木大地、小谷知也各弁護士（いずれも大阪）、富塚浩之弁護士（滋賀）が共同で執筆した論稿で、

総　論

平成25年和歌山夏期研修会で発表した内容、後者は前の論稿で積み残した内容を今回新たに濱弁護士が検討した内容となっている。現在、シンジケートローンの取組件数、金額ともに大きくなってきている。これまでは比較的信用の高い債務者に対してだけシンジケートローンを取り組んできたと思われるが、今後、さらに普及していくにつれ、反社情報の取扱いが必ず問題となると思われる。前者の論文では、①参加金融機関が参加の可否を判断する上において重大な影響を及ぼすと認められるものであること、②参加金融機関が自ら知ることを通常期待し得ないものであることの各要件を充足するときには、アレンジャーが反社情報に関しても情報提供義務を負う場合があることを明らかにし、後者の論文では、例えば、シンジケートローンの組成を委託した企業の役員が、暴力団関係者や密接交際者に該当するといった個人の属性情報を、個人情報保護法との関係（とりわけ、第三者提供の制限との関係）で、どのように考えるか検討したものである。近い将来、この論文の問題意識がクローズアップされる時が来る、と信じている。

「反社会的勢力の立証への対応策」は野村太爾弁護士（大阪）執筆にかかる論稿である。銀行業界では、証券業界のような警察庁とのデータベースとリンクした制度が実現するまでにはまだまだ時間を要さざるを得ないという現実や、警察情報のみに依存した反社立証には限界があるという現実も踏まえ、反社排除条項の工夫とともに、新たな認定資料として、暴力追放運動推進センターの報告書の活用、という手法を提言している。とくに、警察情報を得ることが難しいという事態に直面した場合等、反社排除の訴訟等にかかる弁護士、企業にとっては参考になる内容となっている。

「金融機関における反社会的勢力データベースの更新――削除を中心として――」は、富塚浩之弁護士（滋賀）執筆にかかる論稿である。みずほ問題では、みずほ銀行が自行のデータベースにおいては反社認定先としていた債務者について、警察照会の結果では反社に該当するとの回答が得られた先がわずかであった、という点にも注目が集まった。この問題は、いわゆるデータベースの肥大化がクローズアップされ、いかに情報を削除していくのか、も、金融機関の課題であると認識されるに至っている。この実務上の難

問について考察したものである。

「暴力団排除条項導入前の融資において、融資実行後に融資先が反社会的勢力であることが発覚した場合の取扱い」および「今後の暴力団排除に向けて——近時の最高裁・高裁判決を受けて——」は、いずれも田中博章弁護士（和歌山）執筆にかかる論稿である。田中弁護士は、民暴和歌山大会の準備にあたって、福栄弁護士とともに全体のとりまとめ責任者として獅子奮迅の活躍をした。前者の論稿では、平成24年滋賀夏期研修会以来、同弁護士が研究を続けている、暴排条項導入前の融資において、いかなる事象が発生すれば、債権保全相当事由という期限の利益喪失の一般条項を活用することができるのか、過去の裁判例を分析しつつ、債務者が反社であると発覚した場合のリスクを、①刑事事件等の発覚の可能性、②資金使途の不明瞭さ、③社会の暴力団排除という流れ等を踏まえ、緻密に分析したものとなっている。また、後者の論稿では、暴排条項の憲法適合性が問題となった大阪高等裁判所の平成25年7月2日判決や、ゴルフ場利用に関して有罪と無罪に結論が分かれた最高裁の平成26年3月28日の二つの判決を紹介し、今後の暴力団排除に向けての教訓をまとめたもので、示唆に富む内容となっている。

5　おわりに

以上のように、本書はみずほ問題の前後にわたって、中堅・若手弁護士が真摯に検討した反社排除に関する論文を集めた内容となっている。必ずや、民暴弁護士の熱い思いと、冷静な議論を感じとっていただけると思う。

最後になったが、平成24年滋賀夏期研修、平成25年和歌山夏期研修、民暴和歌山大会と継続的に有益なアドバイスをいただいた大阪大学大学院法学研究科准教授の松尾健一先生にこの場を借りて感謝申し上げるとともに、ヒヤリングやアンケートにご協力をいただいた金融機関各位、信用保証協会、金融庁、預金保険機構、近畿財務局、全国サービサー協会など各位に感謝申し上げ、冒頭論稿のむすびとする。

第1部

民暴和歌山大会当時の問題提起
(〜平成25年11月)

I 融資取引からの反社会的勢力排除
——取引の解消に向けて——

弁護士 福栄泰三

1 はじめに

　本書第1部では、平成25年11月1日に開催された日本弁護士連合会第79回民事介入暴力対策和歌山大会（以下「民暴和歌山大会」という）の成果として金融法務事情1984号の特別企画として採り上げていただいた「反社会的勢力との融資取引解消に向けた具体的取組みについて——「モニタリング」と「プランニング」——」「融資取引における暴排条項の適用と金融機関取締役等の善管注意義務」「期限の利益喪失後の具体的回収方法と問題点——回収に伴う利益供与のおそれと特定回収困難債権買取制度の拡充——」の三つの論文に加えて、民暴和歌山大会が開催された当時における保証協会付融資の場合の問題点に関する論文を紹介する。

　民暴和歌山大会では、上記の各論文のほか、「融資実行前の暴力団排除についての考察」と題して、反社会的勢力（以下「反社」という）との取引を事前に遮断することの有用性や法的な問題点に焦点をあてた論文も発表していたが、平成26年6月に監督指針が改正されたこと等を踏まえて大幅に修正を加えたため、本書第2部「II　融資実行前の反社会的勢力排除」で紹介することとした。

2 融資取引を解消するために

　各金融機関が反社との関係遮断、関係解消に向けて取り組んでいることは公知の事実であると判示されるほど活発化しているが（東京地判平24.4.11判時2159号77頁）、民暴和歌山大会が開催された平成25年11月1日の時点では、

融資取引については、融資実行後に取引先が反社であると判明した場合に、積極的に取引解消措置に取り組んでいるとはいえない状況であった。

取引先が反社であることが明らかになった場合、関係解消に向けて取引先との交渉や強制解約といった措置を検討する必要が生じるが、融資取引を合意によって解消できる事案はきわめて限定的である。他方、強制解約を検討するにあたっても、以下のように、法的根拠の問題、立証の問題、回収の可能性の問題が生じることから、強制解約に踏み切るとの判断は容易ではない。

(1) **法的根拠の問題**

法的根拠の問題というのは反社会的勢力排除条項（以下「反社排除条項」という）導入以前に融資を実行した案件か否かという問題である。

反社排除条項導入後に融資を実行した事案であれば、反社排除条項に基づいて期限の利益を喪失させることができるが、反社排除条項導入前に融資を実行した事案の場合、反社排除条項を適用することが難しくなる。

この場合、反社排除条項適用の可否という問題に加え、債権保全相当事由というバスケット条項やその他の期限の利益喪失事由の有無を検討することも必要となるが、期限の利益を喪失させることについては、より慎重に判断することになる[1]。

(2) **立証の問題**

立証の問題というのは取引先が反社排除条項所定の反社であることの立証ができるかどうかということである。

反社であることの立証方法としては、主として警察情報に頼ることになるが、警察から回答を得ることができるのは、実際には「暴力団」「暴力団員」といった情報に限定されている。このため、「暴力団員でなくなった時から5年を経過しない者」「暴力団準構成員」「暴力団関係企業」などという反社排除条項の属性要件[2]に該当する可能性があっても、その立証手段を欠

---

[1] 田中博章「法定脱退と債権保全相当事由による期限の利益請求喪失」銀法752号32頁および本書244頁。

くために融資取引の解消を躊躇せざるを得ない[3]。融資取引から効果的に反社を排除するためには、警察による積極的な情報提供が必要不可欠である。

(3) 回収の可能性の問題

回収の可能性の問題というのは、取引先が反社であることの立証手段を得ることができ、法的に融資取引を解消することに支障のない事案であっても、約定弁済が継続している状況で、取引先が反社であることを理由として期限の利益を喪失させることは、かえって金融機関に経済的損失を招くとともに、反社に事実上の回収不能の利益を与える結果となるのではないかという問題である[4]。

銀行法は、金融機関に対し、業務の適切性と健全性を求めているところ[5]、反社を排除するというのは主に業務の適切性の観点からの要請である。他方、健全性という観点からは回収可能性を意識する必要がある。

業務の適切性と健全性のいずれを重視するべきなのかという点は、事案によって判断が異なるが、金融機関が反社と関係をもったがゆえに重大なレピュテーションリスクを被ってきた歴史的経験や監督指針を踏まえると、基本的には業務の適切性が重視され、期限の利益喪失に向けた取組みを実行しなければならないと考えられる。ただ、即時に期限の利益を喪失させなければならないか、例外的に期限の利益喪失の時期を遅らせることが許容されるのかという点について、一定の枠組みを定めることはきわめて重要である。

そして、財務の健全性の観点から即時に期限の利益を喪失しないという選択肢をとったとしても、いつの時点で取引を解消するのか、また、解消する

---

[2] 全国銀行協会「銀行取引約定書に盛り込む暴力団排除条項参考例の一部改正」(http://www.zenginkyo.or.jp/news/entryitems/news230602_1.pdf)。
[3] 証券会社における信用取引について、警察情報以外の立証手段を用いて「暴力団関係者」であることの立証に成功した事案を紹介したものとして竹内朗「暴力団関係者に対する取引解約の正当性」銀法760号4頁。
[4] 森原憲司「みずほ銀行への行政処分を契機に金融機関に生じた懸念について」銀法765号4頁。
[5] 「この法律は、銀行の業務の公共性にかんがみ、信用を維持し、預金者等の保護を確保するとともに金融の円滑を図るため、銀行の業務の健全かつ適切な運営を期し、もつて国民経済の健全な発展に資することを目的とする」(銀行法1条1項)。

までの間、どのようにモニタリングを実施し、どのように取引解消に向けたプランニングをするのかという点も検討しておかなければならない。

さらに、業務の適切性の観点から融資取引を解消する場面でも、反社から融資金を回収しなければ、反社に債権回収の追及を免れることによる利得を与えてしまうだけであるから、効果的な回収措置をとることもきわめて重要である。

3　第1部の各論文の紹介

(1)　「反社会的勢力との融資取引解消に向けた具体的取組みについて
　　──「モニタリング」と「プランニング」──」

取引先が反社であるとの疑義をもった場合、反社排除条項等の期限の利益喪失事由の該当性の検討や資料の収集作業と、合理的期間内における回収のタイミング等、回収に向けた計画を策定する作業が必要となる。当該論文では、期限の利益喪失事由の該当性調査等の作業を「モニタリング」、回収に向けた計画の策定等を「プランニング」として、複数の事例を挙げて、具体的事案におけるモニタリングとプランニングの案を提示している。

(2)　「融資取引における暴排条項の適用と金融機関取締役等の善管注意義務」

業務の適切性と財務の健全性の要請を踏まえ、既存融資について期限の利益を喪失させる場面における法的リスク、反社との関係解消措置をとらないことにより、役員の善管注意義務違反が認められる可能性があるか否かについて検討した論文である。

融資取引を解消することによって損害賠償請求を受けるリスクや回収不能債権が発生するリスクがあることから、期限の利益を喪失させることを躊躇するのは当然のことかもしれない。しかしながら、業務の適切性の観点からは、融資取引解消に向けた積極的な姿勢をとることが求められる。そもそも、反社排除条項導入後は、契約書上も、反社に対する融資の実行が許されていなかったのであるから、積極的に融資取引解消に向けて取り組む必要性がある。

当該論文では、このような考え方を前提に、とくに早期に期限の利益を喪

失させなければならない事案はどのようなものなのか、他方、財務の健全性の観点から、例外的に期限の利益喪失の時期を遅らせることが許容されるのはどのような事案なのかという点についても言及している。また、適切な時期に反社排除条項を活用して融資取引を解消せず、その結果、金融機関に損害が発生した場合、取締役の善管注意義務が問題になり得るであろう。当該論文は、この点についても試案を提示している。

(3) 「期限の利益喪失後の具体的回収方法と問題点──回収に伴う利益供与のおそれと特定回収困難債権買取制度の拡充──」

　出口論、具体的には債権回収会社（以下「サービサー」という）への売却および預金保険機構（以下「預保」という）による特定回収困難債権買取制度に焦点をあてている。

　金融機関では、不良債権の処理に関してサービサーを活用することが多いと思われる。

　ところが、サービサー業界では、反社に対する債権については、譲渡債権の回収にあたって債務者との間で和解や債権放棄をすることが各地方公共団体の暴力団排除条例の利益供与禁止規制に抵触するという考え方が強く、債権の処理が難しいことから、反社に対する債権は買取りの対象から除外するという取扱いが広がっているようである。しかし、実質的に判断すれば、和解や債権放棄をすることが暴力団排除条例に触れることのない事案もあるはずで、抽象的に捉えて一律に判断することは妥当ではないと思われる。債権放棄が利益供与禁止規制に抵触するか否かについては、民暴和歌山大会後に大きく議論されているところであり、詳細は本論文および第２部の「反社債権回収における問題点のその後」（本書140頁）をご覧いただきたい。

　また、サービサーが適切な回収を図るためには、資産状況や担保価値などを考慮して実質的な清算価値を把握することが必要である。この場合にどのような資料が必要か、また、どのように収集するかという点など実務的な対応についても検討することが求められる。

　サービサーへの売却以外にも、預保による特定回収困難債権買取制度を利用することが考えられる。本制度は、いわゆる住専債権の処理が完了したこ

とを受けて、平成23年に預金保険法の一部を改正する法律により制定された制度であり、預金保険機構が、金融機関から反社に対する融資債権を買い取って回収措置をとる制度である。

預保による債権回収では、罰則付きの財産調査が可能であり、反社に対しても徹底的な債権回収措置をとることが予定されている。特定回収困難債権買取制度の拡充は、金融取引からの反社排除という目的に確実に寄与するはずである。

反社に回収不能の利得を与えないためにも、こうした制度の積極的な運用がなされることが望ましい。

当該論文はこれらの点について検討したものである。

(4) 「保証協会付融資の場合の問題点」

民暴和歌山大会開催以前から、反社に対する融資に関連して、金融機関と信用保証協会の訴訟事件における判決が相次いでいる。

これらの事案では、主に反社に対して融資を実行していたことが明らかになった場合、信用保証協会は、錯誤を主張して代位弁済を拒否することができるかどうかについて争われている。金融機関と信用保証協会が訴訟をしている間、反社に対する返還請求に取り組むことがないため、金融機関や信用保証協会の担当者の方々からも、反社を利しているだけではないかとの意見が挙がっているが、現時点では最高裁判所による判断が下されていないため、金融機関、信用保証協会ともに明確な方向性を定めることができていないようである。

訴訟手続となれば、本来は公開が予定されていない金融機関や信用保証協会における審査方法等が公開の法廷で明らかになるといった不利益が生じることになる。このような不利益を避けるためには、金融機関と信用保証協会との間で免責の範囲や免責の範囲の評価基準を策定した上、協議によって解決することが望ましい。

当該論文は民暴和歌山大会開催以前における下級審の裁判例を紹介するとともに、免責の範囲の評価基準等について提言するものである。

II 反社会的勢力との融資取引解消に向けた具体的取組みについて
―― 「モニタリング」と「プランニング」 ――

弁護士 梅本章太／厚地 悟／小谷知也

1 はじめに

　融資先が反社会的勢力（以下「反社」という）であると判明した場合、可能な限り速やかに融資取引を解消することが求められる。しかしながら、立証手段や回収可能性の問題から、すべての事案について即時に期限の利益を喪失させることは困難であるといわざるを得ず、このような事案において、具体的にいかなる措置をとるべきかについては十分な議論がなされていない。

　平成25年11月1日に開催された日本弁護士連合会第79回民事介入暴力対策和歌山大会において、「反社会的勢力との融資取引解消に向けた具体的取組みについて」と題して、融資後に反社であることが判明した場合の具体的取組みを検討した。

　先般の金融庁のみずほ銀行に対する行政処分では、反社との取引解消に向けた「抜本的対応」が求められることが明示された。また、金融機関が反社と関係をもつことに対する社会的非難の強さも明らかとなっており、今後、反社との融資取引解消に向けた具体的取組みに関する議論の重要性は増していくと考えられる。

　そこで、みずほ銀行問題における一連の議論状況等を踏まえ、上記拙稿を再構成し、いまだ試みの段階ではあるが、融資後に反社であることが判明した場合の取引解消に向けた具体的取組みの一例を提示する。

2 「モニタリング」と「プランニング」という視点

　金融機関においては、業務の公共性から、業務の適切性と財務の健全性が求められる。

　金融機関には、とくに業務の適切性の要請から、反社との取引防止・解消のための「抜本的な対応」[1]を行うことが求められており、反社との関係解消は社会的に強く要請されている。他方で、金融機関が破綻した場合の経済の混乱や預金者の損失等を勘案すると、財務の健全性を度外視することはできない。業務の適切性と財務の健全性という二つの要請を踏まえて、実際に取引先が反社である疑いが生じた場合に、「どのような視点で、一体何をすればよいのか」という点については必ずしも十分に議論されてきたわけではない。

　現在、多くの金融機関では、新規融資の審査の際に融資申込者を各金融機関が構築しているデータベースに照合し、その者がデータベースに該当する場合には、その者に対する融資を拒絶している。他方で、既存融資について多くの金融機関では、事後的に融資先が反社であるとの疑いが生じた場合に、当該融資先を要注意先として他の融資先と区別して管理しているものの、この管理方法としては、預金口座が存在する場合に口座の異動確認や入出金の動きを把握する等の対応にとどまっているのが現状である[2]。

　しかしながら、金融機関には反社との取引を解消するための抜本的な対応が求められている以上、融資先が反社であるとの疑いが生じた場合には、口座の異動確認等を行うのみでは足りず、調査・資料収集や融資金の回収計画の策定等、反社との取引解消に向けた具体的取組みを行うことが求められる。

1　平成25年9月27日に金融庁がみずほ銀行に対して行った行政処分においても、「提携ローンにおいて多数の反社会的勢力との取引が存在することを把握してから2年以上も反社会的勢力との取引の防止・解消のための抜本的な対応を行っていなかったこと」が問題視されている。
2　口座異動や入出金状況の確認は、債権管理の手段として基本的かつ重要な方法であることはいうまでもなく、反社の該当性を判断する上でも同様である。

本稿では取引先が反社と疑われる事態が生じた場合に求められる具体的取組みとして、①暴力団排除条項（以下「暴排条項」という）などの期限の利益喪失事由該当性判断に関する調査および立証資料の収集等（以下「モニタリング」[3]という）、②取引解消に向けた計画策定およびその実行（以下「プランニング」という）という二つの視点を提案する。

(1) 期限の利益喪失事由該当性に関する調査および立証資料の収集（モニタリング）

　まずは、問題の融資先について、暴排条項などの期限の利益喪失事由該当性を判断する必要がある[4]。そこで、その該当性に関する立証資料の収集および調査を行う必要がある。

　モニタリングの主要な方法は、各金融機関において構築している自社データベースへ照合することである。データベースには様々な情報が存在し、反社を入口で排除する場面において有用性をもつが、データベースに該当しないからといって反社に該当しないという保証はない。したがって、データベースのみに依拠するのではなく、反社に関する情報について、金融機関自らが積極的かつ全社的に情報収集を行うことを検討すべきである。

(2) 取引解消に向けた計画策定およびその実行（プランニング）

　前記(1)のモニタリングを経て、当該融資先が反社であることが客観的資料等から明らかとなった場合には、原則として、金融機関は当該融資先の期限の利益を喪失させて、残債務について一括回収に動き出すべきである。仮に、反社であるとの疑いが生じた融資先が約定弁済を継続しているとしても、その事情のみをもって、漫然と反社との取引を継続することは、金融機関に対する公共の信頼を失墜させるものであり、許されない。財務の健全性の観点を考慮する必要があるとしても、取引解消を大前提としつつ、「どの

---

[3] 本来モニタリングとは、融資先の財務状況や経営状況等の調査・評価・把握等を含む広い概念であるが、本稿においては便宜上、その意味を限定して用いる。

[4] 暴排条項導入以前の融資取引であっても、反社との取引関係解消を図るべきであるが、その場合には、暴排条項以外の期限の利益喪失事由該当性について十分に検討する必要がある。

タイミングで回収を図るのが適切か」について検討し、合理的期間内での回収計画を策定・実行していくこととなる。当該融資先の預金や担保の調査などのプランニングを経て、全額の回収が期待できる場合には、即時に回収を図るべきである。

　他方で、全額の回収が期待できない場合には、当該融資先の反社としての悪質性や融資金の使途、一括回収を行った際に生じる損失等の諸般の事情を踏まえて、業務の適切性・財務の健全性双方の観点から適切な回収時期を慎重に判断することとなる。

　以上を前提に、3以下では、具体的事例に基づきモニタリングおよびプランニングについて考察する。

3　事例に基づくモニタリングの考察

事例1　甲銀行は、平成23年11月、融資先の建設会社A社に対し、事務所用地の購入資金として、1億円の融資を実行した。甲銀行の銀行取引約定書には暴排条項が導入されており、甲銀行は、A社の代表取締役であるBから、反社でないことの表明および確約書を取得している。

　そのような中で、平成25年12月に、Bが、A社と下請先C社との間で工事代金の金額を巡りトラブルとなった際に、暴力団組長Yと共謀してC社関係者を恐喝したとして逮捕されたとの新聞報道がなされた。

　甲銀行が新聞報道を受けて調査をしたところ、A社の事務所用地として聞いていた土地上の建物を、Yが暴力団事務所として使用していることが明らかになった。

　A社は、約定の返済を一度も怠ることなく、現在も支払を継続している。

　甲銀行としては、どのような対応をすべきか。

　なお、甲銀行の銀行取引約定書「反社会的勢力の排除」条項（以下、単に「条項」という）の抜粋は、以下のとおりである。

　1項　私または保証人は、現在、暴力団、暴力団員、暴力団員でなく

なった時から5年を経過しない者、暴力団準構成員、暴力団関係企業、総会屋等、社会運動等標ぼうゴロまたは特殊知能暴力集団等、その他これらに準ずる者（以下これらを「暴力団員等」という）に該当しないこと、および次の各号のいずれにも該当しないことを表明し、かつ、将来にわたっても該当しないことを確約する。
1号　暴力団員等が経営を支配していると認められる関係を有すること
2号　暴力団員等が経営に実質的に関与していると認められる関係を有すること
3号　自己、自社もしくは第三者の不正の利益を図る目的または第三者に損害を加える目的をもってするなど、不当に暴力団員等を利用していると認められる関係を有すること
4号　暴力団員等に対して資金等を提供し、または便宜を供与する等の関与をしていると認められる関係を有すること
5号　役員または経営に実質的に関与している者が暴力団員等と社会的に非難されるべき関係を有すること

2項　私または保証人は、自らまたは第三者を利用して次の一にでも該当する行為を行わないことを確約する。
1号　暴力的な要求行為
2号　法的な責任を超えた不当な要求行為
3号　取引に関して、脅迫的な言動をし、または暴力を用いる行為
4号　風説を流布し、偽計を用いまたは威力を用いて貴行の信用を毀損し、または貴行の業務を妨害する行為
5号　その他前各号に準ずる行為

3項　私または保証人が、暴力団員等もしくは1項各号のいずれかに該当し、もしくは前項各号のいずれかに該当する行為をし、または1項の規定に基づく表明・確約に関して虚偽の申告をしたことが判明し、私との取引を継続することが不適切である場合には、私は貴行から請求があり次第、貴行に対する一切の債務の期限の利益を失

い、直ちに債務を弁済する。

　甲銀行が事例のような新聞報道に触れた場合には、実態を把握してA社が融資取引を解消すべき対象に該当するかを判断するため、およびその立証のための資料を収集する必要がある。

(1)　データベースでの照合

　まずは、金融機関が保有するデータベースとの照合を行い、期限の利益喪失事由である「反社会的勢力」に該当するかを確認することになる。

　データベースに該当情報がある場合には、関係解消に向けた検討を進めることになる。

　もっとも、前述のとおりデータベースは、反社該当性に関する情報だけではなく、種類・情報源・確度等について様々な情報から成り立っているものである[5]。また、その内容も、過去の断片的な情報に基づくものであることから、手掛りの一つでしかなく、該当情報が直接的に反社の属性立証に結び付くものか否か、またどの程度の結び付きを有するかを慎重かつ実質的に検討すべきである[6]。

　また、期限の利益喪失事由該当性の立証に耐え得るほどの確度を有するかの検証も必要である。

(2)　実態の把握

　実際にはデータベースに該当情報があった場合でも、その情報のみによっ

---

[5]　みずほ銀行においても、「反社会的勢力」よりも相当広範な「不芳属性先情報」がデータベースに含まれており、実際に暴力団該当性があった者は数件にとどまっている（みずほ銀行「調査報告書（平成25年10月28日）［公表版］」17頁以下）。広範な情報をデータベース管理することは、反社との新規融資謝絶においても有益であると考えられ、肯定的に評価されるべきである。

[6]　「「データに該当情報がない」ことが「反社会的勢力に該当しない」ことを意味するものではなく、「データに該当情報がある」ことがそのまま「反社会的勢力に該当する」ことを意味するものでもない」（渡部洋介『ミドルクライシスマネジメント「内部統制を活用した企業危機管理」Vol 1.反社会的勢力からの隔絶』（エス・ピー・ネットワーク、2012年）285頁）ことを十分に注意しておく必要がある。

て明確に反社該当性を判断することが困難なケースが多いと考えられる。そのため、データベースでの照合のほか、次に述べるような情報収集も併せて実施し実態の把握に努めるべきである。

また、データベースに該当情報がない場合であっても、本件のように新聞報道等で暴力団員との関係が一定程度明らかになっている事案では、金融機関において情報収集を行い、関係解消を念頭に置いた取組みを開始すべきである。

① まずは、融資実行の際の具体的経緯を確認し、問題となるような出来事の有無を確認すべきである。また、融資担当者へのヒアリング等を実施し、窓口での言動、代表者の来歴・人柄、従業員に関する情報（風貌、言動、人数等）、事業の種類・内容に関する情報、当該融資先の取引相手に関する情報等を収集する必要がある。実際に事務所や事業所を訪問し、現地の様子を詳しく調査することも重要である。

② 本件のようにマスコミ報道がなされている事案では、問題となっている新聞記事の内容を精査するとともに、それ以外のメディア媒体の報道状況を確認しながら、報道の推移を把握することも必要である。また、刑事事件に発展した場合には、公判の進行や内容をそのつど把握し、判決が確定した場合には確定記録を確認することも有益である（刑事確定訴訟記録法4条1項）。

(3) 警察への照会[7]

以上のような各種調査および検討の結果、甲銀行においてBが反社に該当し、期限の利益を喪失させるべきとの判断に至った場合には、甲銀行は、後述のプランニングの検討状況を踏まえて、警察に対する照会を行うべきである。

以下では、Bが暴力団員に該当するとの回答が得られるか否かに分けて検討する。

---

[7] 平23.12.22警察庁丙組企分発第42号、丙組暴発第19号警察庁刑事局組織犯罪対策部長通達「暴力団排除等のための部外への情報提供について」。

a 警察照会の回答が得られた場合

まず、警察から「Bが暴力団員に該当する」との回答が得られた場合には、甲銀行としては、A社との融資取引を速やかに解消すべきことになる。

b 警察照会の回答が得られない場合[8]

他方で、「Bが暴力団員に該当する」という警察照会の回答が得られないことも考えられる。そのような場合であっても、本件のように、反社に対する資金的支援等の関係性が強く疑われるときには、そのような融資先を金融取引から排除すべき要請は強いといえる[9]。そのため、警察照会の回答が得られない場合であっても、取引関係の解消を諦めるのではなく、以下の事情についても継続的にモニタリングを行うべきである。

ア 暴力団員等の該当性

甲銀行としては、新聞・雑誌・インターネット等での情報収集、業界・近隣情報の確認、Bの住所地の状況確認、A社の決算書等から判明する取引先や株主等について改めて反社に該当する人物や企業がないかの確認等を行うことにより、独自に反社該当性に関するモニタリングを実施すべきである。

また、苦情受付簿の確認や担当者へのヒアリングを行うことにより、「商談時から、Bによる脅迫的な言動や不当な要求行為があった」という事実が確認されることも考えられる。このようなBの言動が、いわゆる「行為要件」（条項2項）に該当する可能性があり、かかる事実が期限の利益喪失に向けた一つの要素となり得る[10]。

イ いわゆる「共生者」要件の該当性

A社やBが「暴力団員等」に該当することを示す資料が直ちに得られない

---

[8] 警察照会の回答が得られない場合であっても、本件のように反社との関係が広く報道されているようなケースについては、任意での一括弁済の交渉を試みるなどの早期の関係解消に向けた取組みが考えられる。

[9] 大阪高判平25.3.22（金法1978号116頁）も、「特に、金融取引の分野では、反社会的勢力の活動への資金的支援となることを防止するためにも、反社会的勢力との関係遮断が強く求められている」と述べている。

[10] なお、行為要件は、外部に現れた客観的かつ具体的事実に基づく判断ができる半面、一回的な行為の可能性もあり得るため、属性要件と補完し合いながら積極的に活用していくことが望まれる。

場合であっても、A社が反社を利用し、またはその資金獲得活動に利用されている（反社と共生している）ことが強く疑われる以上は、早期に関係解消を図ることが望ましい。

したがって、甲銀行としては、安易にA社との関係解消の途を諦めるのではなく、A社の「共生者」該当性についても調査および資料収集を行うべきである。本件の事例においては、以下の各条項を検討することになる。

(ア) 条項1項3号

「自己、自社もしくは第三者の不正の利益を図る目的または第三者に損害を加える目的をもってするなど、不当に暴力団員等を利用していると認められる関係を有すること」

この条項により期限の利益を喪失させる場合には、以下の事情が必要となる。

① BのA行為がA社の職務を行うについてなされたものであること
② Bが不当な目的を有していたこと
③ A社が暴力団員等を利用していると認められる関係を有すること

事後的にA社との間で争いが生じた際には、甲銀行が、これら3点の事実を主張・立証しなければならない。この点に関する具体的なモニタリング方法は、報道内容の把握、捜査機関への問合せ、関係者に対する聴取り、Bの刑事事件の状況確認などが考えられる。

(イ) 条項1項4号

「暴力団員等に対して資金等を提供し、または便宜を供与するなどの関与をしていると認められる関係を有すること」

この期限の利益喪失事由による場合には、暴力団員等への便宜供与の事実を根拠付ける客観的資料の収集が必要になる。本件においては、具体的には、預金の異動、融資残高の推移、不動産に関する所有権移転などによって、Yないしその他の反社に対して資金提供や資産移転がなされていないかを確認することが重要である。

(ウ) 条項1項5号

「役員または経営に実質的に関与している者が暴力団員等と社会的に非

難されるべき関係を有すること」

この条項により期限の利益を喪失させる場合には、以下の事情が必要となる。

① BがA社の役員であること
② Bが暴力団員等と社会的に非難されるべき関係を有すること[11]

(4) 小　括

A社およびBと暴力団員等との関係を強く疑わせる報道がなされた場合には、甲銀行としては、A社との関係解消に向けてモニタリングを実施する必要がある。その結果、期限の利益喪失事由に該当する事実が客観的に明らかになった場合には、甲銀行はA社との融資取引を解消すべきである。

4　事例に基づくプランニングの考察

(1)　プランニングの基本的枠組み

モニタリングの結果、A社が暴排条項などの期限の利益喪失事由に該当し、その該当性が客観的資料等から明らかな場合には、早期関係解消に向けたプランニングを行うべきである[12]。

前述のとおり、取引先が反社に該当することが判明した場合には、原則として即時回収を目指すべきである。

ただし、反社に該当する融資先も一様ではなく、また、①約定弁済が継続しているケース、②担保割れを起こしているケース、③反社としての悪性が強いケース[13]、④マスコミ報道がなされているケース、⑤刑事事件による逮捕の報道がなされたケース、⑥表明確約違反があるケース、⑦融資金の使途

11　「社会的に非難されるべき関係」とは、具体的には、暴力団員が関与する賭博や無尽等に参加していたり、暴力団員やその家族に関する行事（結婚式、還暦祝い、ゴルフコンペ等）に出席したり、自己や家族に関する行事に暴力団員を出席させたりするなど、暴力団員と密接な関係を有していると認められる場合をいうとされる（大阪高決平23.4.28公刊物未登載）。
12　反社に該当する取引先については現存する債権の回収と併せて追加融資を謝絶することになる。約定返済を受けつつ、リスケジュールや追加融資に応じなければ、比較的短期間内に残債務の額が担保評価額内に納まることは十分考えられる。

が反社の活動に流用されているケース、⑧関連する企業が倒産する可能性のあるケース、および⑨融資実行時の審査に不審な点があるケースなど、問題となる場面も多種多様である。

そのため、期限の利益を喪失させるべき時期については、単に担保価値や預金残高の把握にとどまらず、これらの個別的な事情を考慮し、合理的かつ適切なタイミングでの関係解消を計画することになる。具体的には、全額の回収が期待できる場合には、「即時」というタイミングにおいて期限の利益を喪失させるべきである。

他方で、全額の回収ができない場合については、反社としての悪質性や融資金の使途、一括回収を行った際に生じる損失等の諸般の事情を踏まえて、業務の適切性・財務の健全性双方の観点から適切な回収時期を検討する必要がある。

以下では、事例1 をもとに、全額回収できる可能性がある場合と、全額の回収が見込まれない場合の二つのケースについて、プランニングの内容等を考察する。

(2) **全額の回収が見込まれる場合**

a **財務状態・資産状況等の確認**

甲銀行は、A社が反社に該当することが明らかになった場合には、現時点での担保不動産の査定価額、相殺の対象となる預金口座の残高を把握し、債権残高との関係で債権の満足を受けられるかを判断する必要がある。

そして、甲銀行が確認したところ、A社の資産状況は以下のとおりであった。

13　現在、金融機関から行う警察への照会では、対象者が「暴力団員である」という場合のみ回答が得られるにとどまり、その対象者の所属や地位等は明らかにならない。他方で、弁護士法23条の2に基づく照会によれば、対象者の所属や地位等の回答を受けられる可能性がある。そのため、金融機関としては、暴力団に該当するという警察照会の回答を受けた場合には、反社の悪質性や反社会性の強さを把握するためにも、弁護士法23条の2に基づく照会を依頼することも考えられる。

> **事例2** 甲銀行がA社の担保状況について精査すると、不動産鑑定士により行われた担保不動産の査定価額は1億2000万円であり、甲銀行のA社預金口座の残高は1000万円であった。
>
> また、甲銀行は、「A社がD社の展開する大型店舗の建築工事を請け負っており、その建物が近日中に完成する予定である」との情報を入手した。
>
> | 現時点におけるA社の資産状況(1) ||
> | --- | --- |
> | 資産の種類 | 価額 |
> | 担保不動産 | 1億2000万円 |
> | 甲銀行のA社預金 | 1000万円 |
> | D社に対する請負代金請求債権（建物は近日完成予定） | 債権残高　不明 |

　この事例においては、A社の資産状況が、担保不動産1億2000万円で、甲銀行のA社預金1000万円であることから、担保権の実行と相殺により債権の全額を回収し得る。

b　回収に向けた具体的計画策定およびその実施（プランニング）

　このような場合には、甲銀行は、D社に対する請負代金請求債権の支払期日を待つまでもなく、即座に取引関係の解消を図るべきである。

　すなわち、全額の回収が見込まれる時点においては、甲銀行は、A社の期限の利益喪失事由該当性に関する客観的資料を取得した段階で、即座に期限の利益を喪失させて、担保権実行と相殺を行う必要がある。反社先との関係において約定弁済を受け続けることは、あくまで債権回収の最大化を図るための例外的措置であるため、債権全額の回収を図ることができる場合には即座に関係解消に取り組まなければならないからである。

(3)　全額の回収が見込まれない場合

a　財務状態・資産状況等の確認

　甲銀行がA社の資産状況等を確認したところ、以下のとおりであった。

事例3 甲銀行がA社の担保状況について精査すると、不動産鑑定士により行われた担保不動産の査定価額が下落し5000万円ほどでしか処分ができないとのことであり、また、甲銀行のA社預金口座の残高は100万円であった。

また、甲銀行は、「A社がD社の展開する大型店舗の建築工事を請け負っており、その建物が近日中に完成予定である」との情報を入手した。

現時点におけるA社の資産状況(2)

資産の種類	価額
担保不動産	5000万円
甲銀行のA社預金	100万円
D社に対する請負代金請求債権（建物は近日完成予定）	債権残高　不明

この事例では、A社の資産状況として査定価額5000万円の担保不動産と、預金残高100万円のA社預金口座しかなく、担保権の実行と相殺によっては債権の全額を回収することは事実上不可能である。

また、A社が、D社に対する請負代金請求債権を有している可能性が高いということが判明しているものの、この債権の金額や支払期日などの情報が乏しく、現段階では同債権による具体的な回収見込額は把握できない。

b　回収に向けた具体的計画策定およびその実施（プランニング）

ア　担保価値や預金残高の確認により全額回収が見込まれない場合であっても、業務の適切性を重視し、関係解消を向けた一括回収を図ることが原則であるが、反社としての濃度、融資金の使途、一括回収を図った場合の損失見込額等の諸般の事情を考慮した上で、合理的かつ適切な回収計画の策定・実行を検討することになる。とくに、悪質性・反社会性が強い場合や、資金使途に問題があることが判明した場合には、たとえ約定弁済が継続しているとしても、業務の適切性がより強く要請されることから、金融機関に相当の経済的損失が生じるとしても早期の関係解消を優先すべきである[14]。

また、悪質性・反社会性が強い企業については、今日の反社排除の社会的

情勢においてはそのまま事業を継続することは難しく、資産が目減りしていくことが予測され、約定弁済が今後継続する保証はなく、財務の健全性の観点からいっても早期回収が望ましいといえる[15]。したがって、財産調査に必要な合理的な期間において責任財産の増殖が具体的に想定できない、あるいは責任財産の減少が現に認められる場合には、債権回収の最大化の観点からも、可及的速やかに期限の利益を喪失させた上で、担保権実行と相殺を行うべきである。

　イ　甲銀行は、回収の最大化を図るべく他の財産の有無やその所在などA社の責任財産の追加調査を行う必要がある。ただし、甲銀行としては、A社との取引関係を早期に解消することが前提になるため、「財産の調査」という名目で長期間にわたり期限の利益を喪失させないことは許容されず、「財産調査に必要な合理的な期間」の中で調査を行い、関係解消に向けたプランニングを行うべきである。

　そこで、甲銀行としては、前記請負代金債権からの融資金の回収を図るために、①D社の経営成績・財政状況、②D社のA社に対する残債務額、③工事の進捗度、④残債務の今後の支払時期および⑤入金先口座等を把握する必要がある。それと並行して、甲銀行は、A社が他に財産を有していないかについて、合理的期間内に調査を行うことになる。

　その結果、前記請負代金債権から具体的に回収の見込みがあると判断できれば、回収最大化の観点から適切な時機まで甲銀行が担保権実行と相殺を行わず、約定弁済を受けておくこともあり得る。この場合には、継続的に財産

14　「融資取引が何件残っているかといった形式的な側面のみに着目するのではなく、現在残っている融資取引をどのような回収スケジュールのもとで管理し、その結果回収の最大化を実現できるのかといった実質的な側面もあわせて考慮する必要があると思われる」として、「実質的な」反社排除を目指すべきとの提言がなされている（森原憲司「みずほ銀行への行政処分を契機に金融機関に生じた懸念について」銀法765号7頁）。

15　他方で融資先の悪質性や反社会性がとくに強いとはいえず、また、資金使途にも問題がないような場合には、約定弁済を継続させ、債権の残額を担保価値程度にまで目減りさせた上で、期限の利益を喪失させ担保権を実行し、回収を図ることも考えられる。なお、反社の関与する不動産については、一般に担保価値が下落する傾向にあり、どの時点で一括回収に踏み出すかについては慎重な検討を要する。

状況などを注視し、繰上返済を求める等の対応も検討すべきである。

　ウ　他方で、前述したとおり、悪質性・反社会性が強い場合や、資金使途に問題があることが判明した場合には、早期回収を優先させるべきであることから、甲銀行は、反社会性の強さや資金使途についての調査も行う必要がある。

　本件においては、反社会性の強さの確認として、暴力団員Yの地位や肩書、BとYとの関係、Bの来歴などの調査を行うことになる。また、融資金の使途については、A社の事務所用地と聞いていた土地上建物がYの暴力団事務所として使用されていることから、甲銀行はその経緯等を調査することになる。

　その結果、A社の反社会性が強いまたは資金使途に問題がある場合には、速やかに期限の利益を喪失させることを検討すべきである。

5　おわりに

　金融機関の業務の公共性からすれば、反社との迅速的かつ徹底的な関係解消は、金融機関に課せられた重大な責務である。反社との取引関係を認識しながら漫然とそれを放置することは、金融庁からの業務改善命令等の行政処分の対象となり、同時に強い社会的非難の対象ともなる。したがって、反社該当性が疑われる融資先については、業務の適切性の観点から調査・資料収集等を行い（モニタリング）、積極的な関係解消に向けた具体的計画（どのタイミングでどのように期限の利益を喪失させ、債権回収を図るのか）を策定し、それを実際に実行に移す取組みを行わなければならない（プランニング）。

　しかし、モニタリングとプランニングという関係解消に向けた抜本的な取組みについては、これまで十分に議論が尽くされてきたわけではない。具体的なモニタリング・プランニング事項は、事案ごとにその手法や重視すべき事項等が異なり得るため、今後、各金融機関の積極的な取組みの中でのノウハウ等の蓄積が待たれるところである。また、実効的なモニタリング・プランニングを実施するためには、各金融機関において蓄積したノウハウ等を他の金融機関との間で共有することも有益であろう。

いずれにせよ、各金融機関において、反社との関係解消に向けた取組みにおけるモニタリング・プランニングの重要性を認識した上で、反社との早期の関係解消を目指すことが期待される。

III 融資取引における暴排条項の適用と金融機関取締役等の善管注意義務

弁護士 藤田隼輝

1 はじめに

昨今、銀行等の預金等受入金融機関（以下「金融機関」という）においては、銀行取引約定書や金銭消費貸借契約証書等に暴力団等の反社会的勢力（以下「反社」という）であることを期限の利益喪失事由として定める条項（以下「暴排条項」という）が導入され、借入申込者より反社に該当しない旨の表明保証（確約）を取り付けている。これらの措置により、融資実行後に反社であることが判明した場合には、当該融資について期限の利益を喪失させることができるようになった。しかし、現実には、暴排条項を適用して期限の利益を喪失させた例はいまだ少数にとどまっている。

本稿では、反社との関係解消に向けて金融機関の取締役等が負う善管注意義務の内容を検討するとともに、暴排条項導入後の融資について[1]、最も問題となる約定弁済継続中の事案における暴排条項の適用方針を提示することを試みたい。

2 融資取引解消における問題の所在

(1) 財務の健全性確保の要請（回収不能リスクの問題）

暴排条項を適用しての融資取引解消が進まない背景には、期限の利益を喪

---

[1] 暴排条項導入前の融資については、債権保全相当事由に該当するとして解消を図る方法が示されている。この点の検討については、田中博章「法定脱退と債権保全相当事由による期限の利益請求喪失」銀法752号32頁、山崎勇人「融資取引の解消と暴力団排除条項導入の必要性」金法1901号58頁、山崎千春＝鈴木仁史編著『改正犯収法と金融犯罪対策』（金融財政事情研究会、2013年）242頁以下等を参照されたい。

失させた場合に残債の一括回収が困難となり、金融機関に求められている財務の健全性確保の要請に反するとの懸念がある。そのため、約定弁済が継続している事案では、債権回収の最大化を図ること等を理由に、暴排条項を適用していないのが現在の実務の大勢ではないかと思われる[2]。

(2) 業務の適切性確保の要請（反社リスク排除の問題）

他方、金融機関が反社との取引関係をもつことは、多数のステークホルダーに重大な影響を与え、金融機関には、反社との関係を速やかに解消し、業務の適切性を確保することが要請される。

反社と関係をもつことは、次のようなリスク（反社リスク）が想定される。

a 法令違反、行政処分

暴力団排除条例[3]においては、反社に対する利益供与が禁止され[4]、違反者には罰則等の制裁がある。融資取引は反社への直接的な利益供与となり[5]、反社であると判明した後に融資を実行した場合には、暴力団排除条例に抵触する可能性が高い。

また、平成19年6月19日付犯罪対策閣僚会議幹事会申合せ「企業が反社会的勢力による被害を防止するための指針」（以下「政府指針」という）においては、取引行為を含めた一切の関係遮断が必要とされ、監督指針[6]においては、反社との関係を遮断するための態勢整備が求められている。この態勢に問題があると認められる場合には、行政処分の対象となる。

---

[2] なお、回収困難となった不良債権の放棄や一部免除が利益供与に該当するとの見解があり、このことが反社に対して行った融資にかかる債権（以下「反社債権」という）の債権回収会社による買取りを困難にし、反社債権処理の出口を失わせているという問題が生じている。債権放棄や一部免除を一律に利益供与と解することは弊害が大きく、利益供与か否かは、回収可能性を踏まえた当該債権の実質的価値を考慮して判断する必要があると思われる。

[3] 平成23年10月1日に東京都と沖縄県で暴力団排除条例が施行され、すべての都道府県において暴力団排除条例が施行されるに至った。

[4] 一例として、東京都暴力団排除条例24条3項等。

[5] 岩永典之「融資取引および当座勘定取引における暴力団排除条項参考例の一部改正」金法1925号90頁注9参照。

[6] 「主要行等向けの総合的な監督指針」Ⅲ-3-1-4、「中小・地域金融機関向けの総合的な監督指針」Ⅱ-3-1-4。

b　信用低下による企業価値の毀損

　反社との取引関係を継続していることは、金融機関にとって深刻な信用低下を招く危険（レピュテーションリスク）がある。

　昨今の社会的風潮のもとでは、反社との関係を有することがメディアで報道されることも多くなり[7]、反社と知って関係を継続することは、たとえ約定返済を受けるのみであっても、（とくに返済期間が長期の融資については）企業価値に悪影響を与えるように思われる。殊に、融資先が指定暴力団幹部や、それらとの密接交際が判明した人物などの場合には、深刻な信用低下を招きかねない[8]。

c　反社からの直接的被害

　当然、反社との関係を有していれば、不当要求等のリスクは常にあり、役員や従業員が被害を受ける危険性を抱え続けることとなる[9]。事実、役員や従業員が反社から直接的な危害を加えられた例の多くは、反社と一定の関係を有していた事案である。

(3)　融資取引解消における問題

　公共性を有する金融機関には、財務の健全性および業務の適切性の双方を確保することが求められるが、反社との融資取引を解消する場面においては、両者の要請が衝突することとなり得る。そのため、両者の調整をいかに図りながら反社との関係を解消すべきか、また、即時の関係解消が求められるのはどのような場合かという点が、融資取引の解消における最大の問題である。

　以下では、反社排除に向けて金融機関取締役等が負う善管注意義務につい

---

[7]　みずほ銀行が金融庁から業務改善命令を受けた際は、多数のニュース報道がなされたことは記憶に新しい。
[8]　地方の信用金庫や信用組合のように経営体力が乏しく、融資金の回収不能が財務の健全性に影響を与えやすい金融機関の場合であっても、レピュテーションリスクを軽視すべきではない。過去に反社に対する不正融資が起因して経営破綻を招いた金融機関は、地方銀行や信用組合など、中小の金融機関が多い。
[9]　銀行取引における反社被害に関して、久保井聡明「金融機関における反社会的勢力への対応についての一考察―旧来型事件と新傾向の事件の両面から」金法1775号8頁以下。また村上泰＝髙山梢「住宅ローン詐欺と暴力団」債管137号63頁以下。

て、まず検討する。

3 反社排除に向けた金融機関取締役等の善管注意義務

(1) 金融機関の公共性と善管注意義務の水準

　金融機関は、公共性を有する存在とされ、適切な業務運営が求められる（銀行法1条等）[10]。そして、金融機関は許認可制がとられ自由な参入が制限され、銀行においては株主の帳簿閲覧請求権が否定されるなど（銀行法23条）、株主の経営監督機能が後退し、預金保険制度のもとでの不特定多数の預金者による銀行経営の監視機能も十分でない。そのため、金融機関には高度の自己規律が求められている。

　金融機関の公共的役割を守るため、金融機関の経営者は、融資等の業務執行における判断にあたって、一般の事業会社の経営者に比べ、よりリスクを避けることが会社法上の法令遵守義務や善管注意義務の内容として求められ、また、経営判断においても求められる合理性のレベルが高いとされる[11]。

(2) 善管注意義務と政府指針、監督指針の関係

a　内部統制システムの構築義務

　大会社においては、業務の適正を確保するための体制の構築が義務付けられており（以下、この体制を「内部統制システム」という）[12]、大会社以外の株式会社であっても、内部統制システムの構築の決定をしないことが、取締役の善管注意義務・忠実義務違反となる場合があることが指摘されている[13]。金融機関においては、このような内部統制システムの構築は、取締役

10　銀行法1条は、公共性の内容として、信用の維持、預金者の保護、および金融の円滑を挙げている。
11　岩原紳作「金融機関取締役の注意義務─会社法と金融監督法の交錯─」落合誠一先生還暦記念『商事法への提言』（商事法務、2004年）214頁、216頁。
12　会社法362条4項6号、5項、同法施行規則100条1項4号・5号等。信用金庫については、信用金庫法において、会社法と同趣旨の条文が存在する（信用金庫法36条5項5号等）。
13　落合誠一編『会社法コンメンタール(8)』（商事法務、2009年）228頁〔落合誠一〕。

等が負う善管注意義務の一内容であるということができる。

そして、政府指針は、反社による被害防止を内部統制システムに明確に位置付けることが必要であるとし、監督指針は、政府指針の趣旨を踏まえて反社との関係遮断のための態勢を構築することを要請している。

b 政府指針、監督指針の位置付け

政府指針は、反社による被害を防止するための5原則（①組織としての対応、②外部専門機関との連携、③取引を含めた一切の関係遮断、④有事における民事と刑事の法的対応、⑤裏取引や資金提供の禁止）を定めている。また、監督指針は、この趣旨を踏まえ、金融機関として公共の信頼を維持し、業務の適切性および健全性を確保するため反社との関係遮断に向けた態勢整備に取り組む必要があるとする。金融検査における反社排除のための態勢整備を検証する際の着眼点として、反社とは一切の関係をもたず、相手方が反社であると判明した場合には可能な限り速やかに関係を解消できるような取組みや、反社対応部署の整備ならびに一元的な管理態勢の構築および機能といった点を挙げ[14]、金融機関に対し、反社に対する具体的な対応を求めている。

監督指針は、金融機関が適切な業務運営を確保しているかの判断のために定められた基準であり[15]、監督指針の内容に従って、各金融機関がそれぞれの規模や特性に応じた方針、内部規定等を策定し、金融機関の業務の健全性と適切性の確保を図ることが期待されている。さらに、監督指針に示された態勢の整備に問題があると認められる場合には、銀行法24条、26条、27条に基づく行政処分が予定されている[16]。これらにかんがみれば、監督指針は金融機関の業務の適切性確保のための解釈、行動指針と位置付けられる。

したがって、金融機関においては、政府指針・監督指針で示された態勢整

---

[14] その他、不当要求が発生した場合における経営陣の適切に関与および組織的対応が可能な態勢の構築、不当要求が不祥事を理由とする場合における担当部署の速やかな調査態勢の整備等が挙げられている。

[15] 「監督事務の基本的考え方、監督上の評価項目、事務処理上の留意点について、従来の事務ガイドラインの内容を踏まえて体系的に整理し、必要な情報を極力集約したオールインワン型の行政部内の職員向けの手引書」であるとされる（「主要行等向けの総合的な監督指針」Ⅰ-5-1）。

備を盛り込んだ形で内部統制システムを構築することが、取締役等が負う善管注意義務の一内容となっているというべきであろう[17]。

(3) 反社排除に向けた善管注意義務の内容
a 求められる内部統制システムの水準

前述の検討からすれば、政府指針・監督指針で示されている内容は、金融機関の取締役が構築すべき内部統制システムにおいて、基本的な水準[18]とされるべきものと解される。すなわち、一般的にどのような内部統制システムを構築するかは経営判断の問題であると解されているものの[19]、この場合に認められる取締役の裁量は、構築すべき最低水準のシステムを前提とした上で、その具体的な手段の選択と、最低水準を超えてどこまで充実させるかという点に働くものであるとの解釈が有力である[20]。

そして、一般論としては、取締役が構築すべき内部統制システムの水準は、おおむね当該時点での同業他社並みの水準であることが求められており、そこから著しく外れる(すなわち、最低水準を満たしていない)場合には内部統制システムの構築義務違反に当たると考えられる[21]。監督指針において示された事項は、そのメルクマールとして機能すると考えられよう。

そうすると、金融機関が、これら指針に示された水準に達していない内部統制システムしか構築していなかった場合、内部統制システム構築義務の違

---

16 平成25年9月27日のみずほ銀行に対する業務改善命令、平成22年4月16日の三浦藤沢信用金庫に対する業務改善命令等。政府指針が出される前の事案としては、コンプライアンス遵守態勢不備等を処分理由としたものであるが、いわゆる飛鳥会事件に関連して平成19年2月15日の三菱東京UFJ銀行に対する業務停止命令がある。
17 東京地判平24.4.11(金法1957号134頁)は、代表取締役が、反社との関係が疑われた企業の代表者と個人的に深い関わりがあったこと等を理由として、他の役員が辞任を求めたことが不法行為を構成しないと判断した事例であるが、その判断の中で、政府指針および監督指針に触れ、反社との関係を徹底的に遮断する動きが広まっており、被告会社の内部統制システムの基本的考え方にもなっている点を挙げている。
18 内部統制システムの水準については、中村直人『判例に見る会社法の内部統制の水準』(商事法務、2011年)が詳しい。
19 大阪高判平18.6.9(判時1979号115頁)等。
20 野村修也「判批」江頭憲治郎ほか編『会社法判例百選〔第2版〕』(有斐閣、2011年)113頁。
21 中村前掲注18・65頁参照。

反と判断され、取締役等が善管注意義務違反に問われ得ることとなる[22]。

b 善管注意義務の具体的内容

具体的内容についてみると、融資解消に関係する点としては、監督指針では、相手方が反社であると判明した時点で可能な限り速やかに関係を解消できるような取組みが求められている。その際の着眼点として、①契約書や取引約款への暴排条項の導入、②定期的な自社株の取引状況や株主の属性情報等の確認など株主情報の適切な管理、③反社であることが判明した場合には資金提供や不適切・異例な取引を行わないことなどが挙げられている。金融検査において指摘を受けた例としては、反社に対する具体的取組指針自体を定めていない事例や、反社とのすべての取引の解消に向けた実効性のある具体的な対応策を検討するよう担当部門に指示していない事例等がある[23]。

したがって、取締役等に求められている内部統制システムの構築およびこれに基づく反社排除への取組みとしては、反社とのすべての取引の解消に向けた実効性のある具体的な対応策を検討することまで求められているというべきである。着眼点として暴排条項の導入等が挙げられていることにかんがみれば、暴排条項の適用方針を策定しておくことも具体的取組みの一つとして重要と考えられる。

これらの反社排除に向けた内部統制システムの構築や具体的取組みの懈怠により損害が生じた場合には、取締役等が損害賠償責任を負う可能性がある。

なお、現時点で行政処分等を受けていないとしても、それによって善管注意義務違反が否定されるものでないことは当然である[24]。

---

[22] なお、反社と知って（もしくは容易に知り得る立場にありながら）融資をするような場合は、内部統制システム構築義務以前の問題として、善管注意義務違反に問われ得る。

[23] 金融庁「金融検査結果事例集（平成24検査事務年度前期版）」50頁以下。

[24] 我が国の法令や規制が空文化していたり、厳格な運用がとられていなかったりする例がみられるものの、岩原前掲注11・218頁～220頁は、金融機関の役員の注意義務違反が問題になっている際に、こうした空文化の認定についてはきわめて慎重であるべきと述べる。

(4) 損害賠償責任の範囲

　実際に取締役等が反社排除に向けた内部統制システム構築等の義務の不履行によって損害賠償責任を負う場合、その損害は単に金融機関が直接的に被った損害[25]にとどまらないと考えられる。取締役等の任務懈怠、忠実義務違反が認められるような事例においては、銀行法による業務改善命令、業務停止命令等が合わせて出されることになるが、この業務改善命令、業務停止命令に対応するための措置に生じた費用は、相当因果関係の範囲内の損害と認められ得るのではないかと思われる。飛鳥会事件に関連する三菱東京UFJ銀行に対する業務停止命令では、国内に所在するすべての法人向営業拠点における新規顧客に対する与信取引について、地域を区分してそれぞれ連続7日間停止することなどが命令されているが、このような命令に対応する措置によって生じる費用は莫大なものになろう。

　また、具体的な損害金額の算定に困難はあるものの、いわゆるレピュテーションリスクによる信用毀損等の損害についても、相当因果関係の範囲内の損害として認められる可能性がある。金融機関にとってこの損害が巨額になり得ることは容易に想定される。

　具体的にどのような損害が賠償の対象として認められるかは今後の検討課題であるが、いずれにせよ、金融検査事例にみられるような問題指摘事例について、取締役等が巨額の賠償責任を負う可能性があること[26]には留意しておく必要がある。

4　融資取引における暴排条項の適用方針

(1) 融資取引解消にあたっての問題意識

　前述のとおり、金融機関の取締役等には、善管注意義務の一内容として、

---

[25] 融資先が反社と判明したにもかかわらず、解消に向けた対応をせず、その結果担保価値が下落して回収不能額が増大したような場合の回収不能額等が考えられる。
[26] 内部統制システム構築についての取締役等の義務違反による高額の賠償を認めた裁判例としては、大阪地判平12.9.20（判時1721号3頁〔大和銀行株主代表訴訟事件〕。11名の被告に対して約829億円の損害賠償を命じた）、大阪地判平17.2.9（判時1889号130頁〔ダスキン株主代表訴訟事件〕。認容額106億2400万円）などがある。

反社とのすべての取引の解消に向けた実効性のある具体的な対応策を検討することが求められる。

　したがって、金融機関にとって、反社との関係解消は義務であり、関係解消をしないという選択肢はなく、解消に踏み切るべき時機をはじめとした関係解消の方法の選択が問題となるにすぎない。

　どの時点で暴排条項を適用し関係解消に踏み切るかは、基本的には金融機関の合理的裁量にゆだねられるが、合理的理由なく、もしくは必要な調査等を怠って関係解消を先延ばしにした結果損害が生じれば、取締役等が善管注意義務違反として責任を問われることとなり得る。即時の関係解消を行わない場合には、これを正当化するだけの合理的理由が必要であり[27]、約定弁済が継続しているとの理由のみでは、暴排条項を適用しない理由として十分ではない[28]。

　そこで以下では、財務の健全性および業務の適切性の観点から、暴排条項を適用して即時の関係解消を図るべき場面およびその判断のため調査すべき事項を検証し、約定弁済継続中における暴排条項の適用方針を示してみたい。

(2)　財務の健全性に支障がない場合

　暴排条項適用の最大の障害が、回収不能リスク、すなわち財務の健全性への懸念にあるとすれば、暴排条項を適用して即時に関係解消を図るべき典型的な場面として、回収不能リスクがない（少ない）場合が挙げられる。

　例えば、残債の額に比して十分な担保が存在する場合や、預金や不動産等その他の資産からの強制回収によって相当の回収が見込める場合などであ

---

[27]　債権回収の最大化の観点から約定弁済を継続することが許容されるのは、「限定的・例外的」な措置である。杉原茂彦ほか「≪座談会≫銀行取引からの暴力団排除の取組み～警察、金融検査、銀行実務の各視点から」銀法750号21頁〔杉原茂彦発言〕、中野浩一「預金等受入金融機関および保険会社における反社会的勢力の対応—金融検査結果事例集（平成23検査事務年度後期版）および平成24検査事務年度検査基本方針の公表を受けて—」金法1956号54頁、山崎＝鈴木編著前掲注１・240頁等。

[28]　そもそも、約定弁済が滞った場合には、それ自体が期限の利益喪失事由に該当するのであり、監督指針で暴排条項の導入が求められたのは、約定弁済継続中であっても関係解消を図ることを前提としたものである。

る。これらの場合に回収を遅らせることは、資産の散逸等により、かえって回収に支障を生じ得ることとなり、即時の関係解消を図らないことを正当化し得る合理的理由は見出しがたい。

そして、これらの判断を行うためには、担保不動産以外の資産についても、決算書の徴求、預金口座の入出金を継続的に監視して大口の入金がないか確認する等、積極的に融資先の資産状況の把握に努めることが求められよう。

(3) 業務の適切性が優越する場合

回収不能等の経済的損失が生じる場合であっても、即時の関係解消を行わないことによって、企業価値や信頼に深刻な影響を与える場合にも、即時の関係解消を図るべき場合があると考えられる。

a 融資実行の経緯が不適切である場合

融資条件が他の融資よりも有利である、または融資審査に問題があった等、融資の経緯が不適切であった場合、融資の実行そのものが善管注意義務違反であった可能性がある。このような場合、監督官庁からの処分等のおそれも大きく、報道等による信用低下も著しいものとなる。当該融資自体が金融機関の業務の適切性を大きく損なうものであり、業務の適切性を確保すべき要請が強く働く場合には、たとえ経済的損失が予見されるとしても、反社との関係解消を躊躇することは許容されないというべきであろう。

したがって、融資先が反社であると判明した場合、まず行うべきは融資実行時の経緯に関する調査である。反社に対する融資が、他の一般の融資に比して有利な条件になっていないか、また、融資実行の担当者や役員と反社との間の個人的つながりがないか等、融資実行時の審査に問題がなかったか調査を行うことが求められる。

b 融資先の反社会性がとくに強い場合および違法な資金使途の場合

融資先が指定暴力団幹部であったり、幹部が取締役を務めるフロント企業やこれらの人物と密接交際し暴力団に多額の資金援助を行っている人物であると判明したりした場合等、融資先の反社会性がとくに強いと考えられる場合、これらの事情が公になれば、重大なレピュテーションリスクを負うこと

となる。

　融資詐欺の場合や、融資金が当初の資金使途とは異なって融資先を通じて暴力団に流れていることが判明した場合[29]、犯罪行為のための資金として用いられていたことが判明した場合等、融資金が違法・不当な使途に用いられた場合も、同様に業務の適切性を確保すべき要請がとくに強く働く場合といえる。

　金融機関に対し、反社との一切の関係遮断が要請されているのは、反社との取引を遮断してその資金源を断つことが重要な公益であるとの価値判断に基づいている[30]。公共性を有する存在として、公益を実現すべき高度の社会的責任を負っている金融機関としては、こういった場合には、相当の経済的損失を甘受してでも、とり得る限りの手段を尽くして、資金獲得活動に利用された当該融資金を可及的速やかに回収すべきであると考えられる。

　なお、これらの事情を調査することは金融機関にとって容易でないと思われるが、融資実行時に融資先が反社でありながら、これを秘して表明確約に応じていた場合は詐欺罪を構成し[31]、暴力団組員等の場合は、これを理由に逮捕・起訴され、事情が明らかになることも少なくないため、積極的に捜査機関へ協力し、情報を得ることが重要となる。

(4) 財務の健全性に支障があり即時の関係解消が困難な場合

　回収不能による相当の経済的損失が生じると考えられ、直ちに関係解消に踏み切ることは財務の健全性の観点から支障がある場合には、どの時点で暴排条項を適用するかも含め、関係解消に向けた具体的計画を策定し、これを

---

[29] 例えば、住宅ローンとして融資したところ、目的物件が暴力団組事務所として使用されていた場合などが考えられる。

[30] 大阪高判平25.3.22（金法1978号116頁）も、「特に、金融取引の分野では、反社会的勢力の活動の資金的支援となることを防止するためにも、反社会的勢力との関係遮断が強く求められている」と述べる。

[31] 表明確約違反は刑法上の詐欺罪を構成する（大阪高判平25.7.2高刑集66巻3号8頁等）。なお、同判決は、暴力団組員に対する預金口座開設規制について、マネーローンダリングや振り込め詐欺等の不正使用の現実的危険性がいまだ認められなかった事案で、事業者である口座開設者の経済的活動の自由（憲法22条1項）に違反しないとして、合憲と判断した。

実行していくことが求められる。

　この場合、直ちに関係解消に踏み切った場合に生じる経済的損失や、約定弁済を継続した場合の回収の見込みを把握することは必須である。その際には、適切なタイミングで関係解消を行うため、次のような点に留意して継続的に調査、検討を行うことが求められる。

a　回収不能による損失の程度

　当該融資について暴排条項を適用して期限の利益を喪失させた場合、どの程度の回収不能が生じるのかについては常に検討を要する。

　例えば、残債の額が多額であっても、担保価値も相当額あり、大部分の回収を図ることができる場合には、残債の額のみで損失の多寡を判断することはできない。したがって、関係解消に踏み切るタイミングを判断するには、担保価値の確認のほか、前述した決算書等の徴求や預金口座の監視による回収可能性の調査が継続的に必要となる。

　なお、金融機関においては、反社に対する債権について、便宜上、債務者区分を要注意先等に分類し、それに合わせて貸倒引当金を計上している[32]。そのため、回収不能による損失の程度が貸倒引当金の限度に収まる限り財務の健全性に特別の問題を生じることにはならない。このような引当金の額も、約定弁済による債権回収を継続するかを判断する上で考慮すべき要素となろう。

b　将来の回収可能性の見通し

　暴排条項を適用して一括回収を図るか、当面約定弁済を継続するかは、相対的な問題であるから、約定弁済の継続が、一括回収に比して財務の健全性に対して有意な好影響を与えることができるのかという点にも注意が必要である。

---

[32] 金融機関は、早期是正措置制度の前提として、債権に関して自己査定を行う。そして債務者区分に応じて引当金を計上することになる（検査マニュアル研究会『金融機関の信用リスク・資産査定管理態勢〔平成24年度版〕』（金融財政事情研究会、2012年）116頁以下）。融資先が反社である場合、金融機関において、債務者区分を要注意先に分類し、一般貸倒引当金を計上するという処理がとられるのが通常であろう。

そしてこの場合、約定弁済の継続可能性については、慎重な評価を要する。なぜなら、事業者に対し暴力団への利益供与を禁止し、これに違反した事業者に罰則がある暴力団排除条例が施行された現在においては、反社が有力取引先から取引を解消されたり、反社であることを秘して契約したことによる詐欺事件等を起こしたりする可能性があり（共生者にあってはその共犯として逮捕されるなど）[33]、事業が現状のまま継続できることは期待できない状況となっているからである。

　また、速やかに関係解消して一括回収を図らなければ、経営者自身が逮捕されたり、公共工事からの入札排除が公表されたりするなどして突然債務不履行に陥る事態が生じ[34]、かえって担保価値の下落や預金残高の減少、保証人の資力が低下する等して、後の残債回収に悪影響を及ぼすおそれもある。

　したがって、直ちに暴排条項を適用しない場合には、約定弁済の継続の見通しについて、反社に関する今日の社会的状況を踏まえた上で十分な調査、検討を行うことが必要である。

c　具体的な解消時期の検討

　直ちに暴排条項を適用しない場合には、どのような状況になれば暴排条項を適用するのかについて具体的なイメージをもち、具体的にどのような時機にいかなる形で関係解消を行うかにつき、あらかじめ検討しておく必要がある[35]。

---

[33] 指定暴力団幹部が暴力団であることを秘匿してゴルフ場を利用した点について詐欺罪の容疑で逮捕されるケースなど。

[34] 例えば、前掲注30の事例では、融資先（暴力団員）が平成23年6月6日に逮捕され、同月10日に債務不履行に陥っている。また、東京地判平25.4.23（金法1975号94頁①事件）、東京地判平25.4.24（金法同号同頁②事件。融資先は共通）の事例では、融資先（暴力団員が実質的に経営している会社）が平成22年12月17日に公共事業の指名停止が公表され、前者では平成23年2月17日に債務不履行により期限の利益を喪失、後者は同年3月2日に手形取引停止処分により期限の利益を喪失している。

[35] 森原憲司「みずほ銀行への行政処分を契機に金融機関に生じた懸念について」銀法765号4頁は、一括回収によらずに反社との関係遮断を図ることを検討するにあたっては、融資金の性質、融資先の資産・経営状態の把握やそれを前提とした複数の法的回収手段の実効性の検討を尽くすというプロセスを完備し、経営トップがその全体像を把握していることが大前提であると説く。

約定弁済によって一定の回収がなされ、生じる損失が大きくなくなった場合や、約定弁済を継続しても将来の回収がそれほど見込めなくなった場合など、生じる経済的損失が、反社との関係を継続するよりもローリスクであると判断される場合には、全額の回収に至らない場合であっても、暴排条項の積極的な活用が検討されるべきであろう[36]。

なお、期限の利益を喪失させた結果、融資金が回収不能になった場合に、金融機関の取締役等が善管注意義務違反の責任を問われることは考えにくい[37]。

(5) 反社からの攻撃が懸念される場合

なお、例外的なケースであるが、融資先である反社がとくに危険な団体であるような場合や具体的な脅迫行為がある等[38]、反社からの攻撃を受ける蓋然性がきわめて高いと考えられるケースでは、直ちに暴排条項の適用をすることを見合せることがやむを得ない場合はあり得る。このような場合には、保護対策を行う警察と十分に相談して暴排条項の適用の有無および時機を検討すべきであろう。もっとも、反社による危害のリスクは、自社の安全対策や警察による保護対策[39]によって、かなりの程度まで低減することが可能であり、実際に金融機関が反社との関係解消に踏み切るにあたって、従業員が反社から危害を加えられたという例はほとんどない。

これらの措置を十分にとらないまま、暴排条項の適用を避けることが正当

---

[36] なお、融資金が回収不能となれば反社を利することになるとの見解もあるが、疑問である。反社は、融資金から約定弁済をしているわけではなく、融資金を元手に資金獲得活動を行って利益を上げ、その利益の中から金融機関に約定弁済をしているのであるから、期限の利益を喪失させて一括回収を図ろうとすることは、反社の経済活動を阻害する効果があると考えられるからである。

[37] 反社に対して期限の利益を喪失させたことにより、金融機関取締役に善管注意義務違反の責任が問われないかについては、猪狩俊郎編『金融界における反社会的勢力排除の理論と実務』(金融財政事情研究会、2008年) 46頁以下参照。追加融資拒絶の事案であるが、松山地判平11.4.28 (判タ1046号232頁) も参考になると思われる。

[38] 平成24年改正の暴力団員による不当な行為の防止等に関する法律にいう「特定危険指定暴力団」に指定されている暴力団や、現に危害を加える暴力行為を頻繁に繰り返しているような場合などが考えられる。

[39] 平23.12.22警察庁乙刑発第11号「保護対策実施要綱の制定について」。

化されないことはいうまでもない[40]。

(6) まとめ

以上の検討からすれば、融資取引における暴排条項適用の方針としては、原則として、財務の健全性に支障がない場合（十分な担保が存在する、ほかに相当額の資産がある等）および業務の適切性が優越する場合（融資経緯が不適切である、融資先の反社会性がとくに強度である、資金使途が違法である等）には、直ちに暴排条項を適用して反社との関係解消を図るべきと考えられる。

また、回収不能による経済的損失の問題から直ちに暴排条項を適用することが困難な場合には、関係解消に向けた具体的計画を策定し、これを実行することが必要である。

5 おわりに

金融機関の取締役等には、反社排除に向けた内部統制システムの構築や関係解消のための具体的取組みを行うべき義務があり、これら義務の懈怠によって取締役等が損害賠償責任を問われる可能性は否定できないと考えられる。

今後、金融機関には、暴排条項の適用方針を定め、これを具体的な関係解消の計画の中に位置付けつつ、積極的に暴排条項を活用していくことが期待される[41]。

---

[40] 監督指針においても「従業員の安全が脅かされる等不測の事態が危惧されることを口実に問題解決に向けた具体的取組を遅らせることは、かえって金融機関や役職員自身等への最終的な被害を大きくし得ることに留意する必要がある」と指摘されている（「主要行等向けの総合的な監督指針」Ⅲ－3－1－4－1）。

[41] 平成25年11月14日、全国銀行協会は、他社（信販会社等）との提携等により金融サービス（融資等）を提供する場合の反社との関係遮断を徹底するための対応を決定し、その中で、反社との取引が判明した場合は、暴排条項に基づき、速やかに関係遮断を図ること、および、直ちに適切に経営陣へ報告することを改めて徹底すると発表した。

IV 期限の利益喪失後の具体的回収方法と問題点

――回収に伴う利益供与のおそれと特定回収困難債権買取制度の拡充――

弁護士 **橋森正樹／櫻井朋子／樫元雄生**

1 はじめに

　金融機関は、反社会的勢力（以下「反社」という）に対して行った融資にかかる債権（以下「反社債権」という）については、約定弁済の滞りや暴力団排除条項などを根拠に期限の利益を喪失させて回収を図るべきである。そして、まず第1次的には、金融機関自らがその回収に臨む責任を負っていることはいうまでもない。

　しかし、かつて自ら融資した相手であるということによる躊躇や従業員の安全面についての不安などから、金融機関自身による回収が容易ではない場合も少なくない。

　そこで、金融機関にとっては、回収ノウハウに長けた債権回収会社（以下「サービサー」という）や預金保険機構（以下「預保」という）に反社債権を譲渡することなどによってその回収を図るというのが現実的または合理的な場合がある。

　本稿においては、そのような反社債権の具体的回収方法とそれらのはらむ問題点を明らかにした上で、今後どのような方法で反社債権の回収を図るのが望ましいのかという視点から解釈論および立法論を提示する。

2　回収の現状と問題点の整理

(1)　サービサーによる回収

　サービサーとは、委託を受けまたは譲り受けて、特定金銭債権[1]の管理回収業務[2]を行う法務大臣の許可を受けた株式会社である（サービサー法1条、2条3項、3条）。

　金融機関にとっては、従前の取引履歴等のしがらみがなく、回収ノウハウにも長けたサービサーに反社債権の回収業務をゆだねるというのは、選択肢の一つである。

　サービサーの債権回収業務に関しては、サービサー法のほかガイドラインや自主規制規則などにより、当該業務の遂行にあたり反社を利用しないという点についての規制が整えられている（サービサー法5条5号、18条1項、19条2項など）。

　ところで、サービサーが反社債権を回収するにあたっての問題点は、債務免除や分割弁済等を伴う和解という方法（このような回収方法はサービサーでは常套である）が、全国で施行されている暴力団排除条例（以下「暴排条例」という）で禁止されている利益供与に該当するのではないかという形で現れる。

　この問題点に関し、平成23年11月8日に行われた全国サービサー協会主催の第17回コンプライアンス研修会において、警察庁担当官により示された見解（なお、この見解が警察庁の公式見解かどうかは明確ではないため、以下では便宜上「暫定見解」という）は、反社債権の放棄は、放棄する金額の多寡、回

---

[1]　サービサーが取り扱える特定金銭債権の種類は、債権管理回収業に関する特別措置法（以下「サービサー法」という）2条1項に規定されている。主には金融機関の有する貸付債権を扱うことになる。なお、特定回収困難債権買取りの対象となる「預金保険法2条1項に規定する金融機関」は、同項1号イに規定されている。

[2]　「債権管理回収業」とは、弁護士または弁護士法人以外の者が委託を受けて法律事件に関する法律事務である特定金銭債権の管理および回収を行う営業または他人から譲り受けて訴訟、調停、和解その他の手段によって特定金銭債権の管理および回収を行う営業をいう（サービサー法2条2項）。

収費用を問わず原則として暴排条例で禁止されている利益供与に該当し、その例外はきわめて限られるとするもののようである。また、暫定見解によると、暴力団に対してはひときわ厳しい姿勢で臨まねばならず、一般の債務者と同じ扱いであっても、債務者が暴力団であれば利益供与に該当すると判断されることがあるとのことである。

　さらに、暫定見解は、債権放棄でなくリスケジュール（リスケ）にとどまるのであれば、そのリスケ自体は利益供与に該当しないとするものの、延滞分の利息の減免等があれば、それらはすべて利益供与に該当するとする。

　このような暫定見解によれば、債務者が反社の場合にサービサーが債務免除を伴う和解をするのは現実的に相当困難だといわざるを得ない。そして、暫定見解が、たとえ裁判上の和解であっても利益供与の問題は生じ得るとしていることも考慮すれば、反社債権については、訴訟上の和解もほぼ許されず、債務名義をとって強制執行せざるを得ないということになろう。

　さらに、債務者が反社の場合には、回収可能性の低さから当面様子見をするケース（いわゆる「塩漬け」）も考えられるが、何もせずに債権を時効消滅させることは利益供与に該当するとの見解もあり、この見解によれば、債務者の財産状況にかかわらず、やはり判決を得て時効中断させておく必要があるということになる。

　このような暫定見解等を受けて、サービサーは、金融機関からの反社債権の買取りを躊躇しているというのが現状である。なぜなら、サービサーは、反社債権を回収する場面において、通常のサービサー業務として行われるリスケ等の「管理」や債務免除を条件とした「回収」が困難となるばかりか、仮に反社と和解したことが心ならずも利益供与に該当すると判断された場合には、その旨を勧告・公表されるという大きなリスクを背負うことになり、費用対効果などの点で現実的でないからである。

　実際、サービサーの中には、金融機関に対して反社債権の買取りはしない旨明言するものもあり[3]、その結果、反社債権が金融機関で滞留してしまうといった問題も出てきている。

(2) 預保の特定回収困難債権買取制度による回収
a **特定回収困難債権買取制度の概要**
ア 特定回収困難債権買取制度とは何か

　平成23年5月13日に成立した預金保険法の一部を改正する法律により特定回収困難債権買取制度が制定された。この制度は、金融機関が有する貸付債権につき、金融機関が回収のために通常行うべき必要な措置をとることが困難となるおそれがある特段の事情があるもの（以下「特定回収困難債権」という）について、預保が金融機関から特定回収困難債権を買い取るというものである（預金保険法101条の2第1項[4]）。

　この制度によって預保が特定回収困難債権として買い取った債権については、同法附則15条の5第1項の規定により、協定銀行である整理回収機構（以下「RCC」という）に特定回収困難債権の買取業務ならびに当該買い取った債権の管理および処分を委託することが可能である。また、特定回収困難債権の回収にあたっては、預保による罰則付きの財産調査が可能であり（同条8項、同法附則14条の2）[5]、預保はこれによって強力に債権回収を図ることができる。

イ 制度趣旨

　特定回収困難債権買取制度は、「金融機関の財務内容の健全性の確保を通

3 　小柳津博ほか「預金保険法の改正と特定回収困難債権買取りに係るガイドラインの実務」債管136号148頁。
4 　「機構は、金融機関の財務内容の健全性の確保を通じて信用秩序の維持に資するため、金融機関（破綻金融機関、承継銀行及び第111条第2項に規定する特別危機管理銀行を除く。以下この条において同じ。）が保有する貸付債権又はこれに類する資産として内閣府令・財務省令で定める資産（以下この項において単に「貸付債権」という。）のうち、当該貸付債権の債務者又は保証人が暴力団員（暴力団員による不当な行為の防止等に関する法律（平成3年法律第77号）第2条第6号に規定する暴力団員をいう。）であつて当該貸付債権に係る契約が遵守されないおそれがあること、当該貸付債権に係る担保不動産につきその競売への参加を阻害する要因となる行為が行われることが見込まれることその他の金融機関が回収のために通常行うべき必要な措置をとることが困難となるおそれがある特段の事情があるもの（以下「特定回収困難債権」という。）の買取りを行うことができる」。
5 　小柳津博＝金ヶ崎郁弘「特定回収困難債権買取制度における買取業務の運用」金法1938号48頁。

じて信用秩序の維持に資するため」のもの（預金保険法101条の2第1項）である。これは、健全な金融機関であっても、反社債権等を保有する事態となれば、金融機関の財務の健全性が失われていく可能性があるとの観点およびこれまでRCCが破綻金融機関の破綻処理を通じて反社債権等の回収ノウハウを蓄積してきたとの側面も踏まえ、金融機関から反社債権等を含む特定回収困難債権を買い取ることにより、金融機関の財務の健全性を確保し、もって信用秩序の維持に資することができるとの考えによるものとされる[6・7]。

ウ　特定回収困難債権買取りの要件

㈦　買取りの対象となる債権

買取りの対象となるのは、金融機関が保有する貸付債権のうち、「金融機関が回収のために通常行うべき必要な措置をとることが困難となるおそれがある特段の事情」（いわゆる「回収困難性」）があるものである。預保の「特定回収困難債権買取りに係るガイドライン」[8]によると、「回収のために通常行うべき必要な措置をとることが困難となるおそれ」には、競売などの担保処分や資産の差押えのみならず、債務者または保証人への督促行為も含むとされている。

㈣　回収困難性判断要素の具体的2類型[9]

（ⅰ）属性要件（債務者等の属性に着目）

「当該貸付債権の債務者又は保証人が暴力団員であって当該貸付債権

6　小柳津＝金ヶ崎前掲注5・47頁。
7　預保は、特定回収困難債権買取制度の趣旨について、「特定回収困難債権買取制度を「反社対応のための制度」と理解している向きもあるが、実態的にその類の債権の取扱いが多いであろうと考えられるものの、あくまでも買取対象債権は「金融機関が回収のために通常行うべき必要な措置を採ることが困難となるおそれがある特段の事情があるもの」であることに留意すること」と解説している。基本的な考え方として、「反社債権買取制度」とするのであれば、やはり「反社対策」を正面から掲げた法律により対応すべきであって、本制度が預金保険法の改正という形で導入された以上、目的は上記のようにならざるを得ないとしている（小柳津ほか前掲注3・136頁）。
8　預保のウェブサイトに特定回収困難債権の買取りに係るガイドライン（以下「ガイドライン」という）が掲載されている（http://www.dic.go.jp/katsudo/kaishukonnan/guideline.html）。

に係る契約が遵守されないおそれがあること」（預金保険法101条の2第1項）[10]。

(ⅱ) 行為要件（債務者等の行為に着目）

「当該貸付債権に係る担保不動産につきその競売への参加を妨害する要因となる行為が行われることが見込まれること」（同法101条の2第1項）[11]。

(ｳ) 預保の回収困難性の認定における考え方

預保は、回収困難性の認定につき次のように考えている。

(ⅰ) 属性要件の認定

属性要件の認定は、警察からの情報に基づき、訴訟になる可能性を想定して行い[12]、属性要件に該当すると認定できれば基本的に買取対象とする。

ただし、預保は、属性要件に該当しないと判断しても、そのことのみをもって回収困難性なしと判断することはなく、さらに行為要件に該当しているかどうかを検討する。この検討方法自体は、金融庁の監督指針に基づくものである。

(ⅱ) 行為要件の認定

行為要件の認定は、属性要件に該当するか否かにかかわらず、金融機

---

9 この2類型はあくまでも類型の例示であるとされる（小柳津＝金ヶ崎前掲注5・48頁）。
10 本条にいう暴力団員とは、暴力団員による不当な行為の防止等に関する法律2条6項にいう暴力団員（暴力団の構成員）である。ただし、ガイドラインでは、①暴力団、②暴力団員、③暴力団準構成員、④暴力団関係企業、⑤総会屋等、社会運動等標榜ゴロまたは特殊知能暴力集団等、⑥暴力団員でなくなった日から5年を経過しない者、⑦暴力団または暴力団員と密接な関係を有する者、⑧その他①～⑥に準ずる者とその範囲を拡張して考えている。
11 具体的には、①暴力的な要求行為、②法的な責任を超えた不当な要求行為、③取引に関して、脅迫的な言動をし、または暴力を用いる行為、④風説を流布し、偽計を用いまたは威力を用いて貸出先の信用を棄損し、または貸出先の業務を妨害する行為、⑤その他上記①～④に準ずる行為とされている。
12 平成23年11月1日付で預保と警察庁が属性に関する照会・回答について協定を締結している（蝦名幸二＝武藤禎康「特定回収困難債権買取制度における第1回買取りまでの概要」金法1952号84頁）。

関から提出された疎明資料に基づいて預保が個別具体的に検討し、預保の責任において認定する。

(ⅲ) 「回収困難性」の認定

属性要件または行為要件に該当したとしても、それだけで「金融機関がその債権を回収することが困難である」との認定には至らず、個々具体的なケースにおいて、「実際に」回収が困難かどうかを別途検討している。

これは、特定回収困難債権買取制度が「金融機関が回収のために通常行うべき必要な措置をとることが困難となるおそれがある特段の事情がある」債権を特定回収困難債権として買い取ることを建前としていること（預金保険法101条の2第1項）、つまり、本来金融機関の債権は金融機関が自主回収すべきものであるところ、回収が容易な債権まで特定回収困難債権買取制度で買い取ることは、金融機関のモラルハザードにつながりかねないという考えに基づくものである。

b 特定回収困難債権の買取りの実情等[13]

過去2年の買取実績と、平成25年度予定されている買取りのスケジュールは、以下のとおりである。

ア 買取実績（おおむね年に1回程度[14]）

(ア) 第1回買取り（平成24年6月運営委員会決定分）

買取債権数	5件
買取債権総額	合計　1億4360万8000円
買取価格総額	合計　　　　5000円

(イ) 第2回買取り（平成25年3月運営委員会決定分）

| 買取債権数 | 10件 |
| 買取債権総額 | 合計　1億5213万1000円 |

13　預保ウェブサイト（http://www.dic.go.jp/katsudo/kaishukonnan/index.html）を参照。
14　金融機関からの要望や申込件数等を踏まえ、買取りのタイミングや頻度を見直す可能性もあるとされている（小柳津＝金ヶ崎前掲注5・50頁）。

買取価格総額	合計	1168万1000円

　イ　第3回買取り（平成26年3月予定）のスケジュール

年間を通じて事前相談を受け付けている		
25年	9月～10月	仮申込み（仮申込みを経ずに正式申込みをすることはできない）
	11月～12月	預保による要件該当性のチェック 金融機関への追加資料の依頼等
26年	1月	正式申込み
	2月	買取審査委員会・審議[15・16]
	3月～4月	預保運営委員会が買取決定 預保がRCCへ特定債権回収困難債権の買取りを委託 RCCが特定回収困難債権の買取り

　c　債務者による買取理由の開示請求および異議申出手続
　　ア　異議申出手続制度の趣旨
　特定回収困難債権買取制度で買い取られる債権の債務者となった者は、厳正な回収の対象となる。サービサーが個別に回収するのとは異なり、資産を隠蔽しているおそれがある場合、預保は、法令に基づいて罰則付きの財産調査権で銀行を通じた調査や立入り調査もできる。

　他方、債務者側からみると、預保から委託を受けたRCCによって、より厳しい取立がなされることになる。しかも、債務者には、特定回収困難債権の買取りに至るまで関与する機会は一切ない。

　そこで、万一、特定回収困難債権であるとの認定が誤っていた場合に債権を金融機関のもとに戻すための制度として異議申出制度がある。この異議申

15　申込み後、預保理事長は、買取審査委員会に買取りの適否および買取価格を諮問する。ガイドラインによると、買取審査委員会は、特定回収困難債権の該当性および買取価格を審議するとの観点から、弁護士および不動産鑑定士等を含む第三者で構成される。
16　これは、「買取りを行おうとする貸付債権が特定回収困難債権であること及び買取価格について、第三者から意見を聴くなど適正な手続を経ること」（「預金保険機構が特定回収困難債権の買取りを行う場合の基準を定める件」平23.10.28金融庁・財務省告示第2号）による制度である。

出制度を円滑に運用するため、実際には譲渡金融機関との資産買取契約書の中で「もし事後に特定回収困難債権でないことが判明した場合は、譲渡契約を解除します」という形の契約がなされている[17]。

　イ　異議申出手続の流れ
① 債務者による買取理由の開示請求（要件該当性についての開示請求）
② 債務者による異議申出手続
③ 買取審査委員会が要件該当性について再検討
④ 買取りが適当ということであれば、債務者にその旨を通知し、買取りが不適当ということであれば、譲渡金融機関およびRCCに通知し、特定回収困難債権の買取りに関する契約解除の手続をとる

　ウ　異議が認められる場面
　異議申出制度は、買取決定時の要件該当性を検討するものであり、買取決定後の事情は考慮されない。
　そのため、異議が認められるのは、買取決定時の債務者違い等の例外的な場面に限られ、異議申出制度によって反社債権が金融機関の元に戻ってしまうといった事態は、実際にはほとんど生じないものと考えられる。
　現に、特定回収困難債権買取制度の制定後２年以上経過しているが、債務者から買取理由の開示請求や異議申出はなされていない[18]。

(3)　問題点の整理
　すでにみたとおり、サービサーが暴排条例との関係で金融機関から反社債権を買い取って回収することが困難な現状では、財産調査権を備える預保の特定回収困難債権買取制度による買取りを基本的な方針として債権回収を図ることが大いに期待されることになる。
　しかし、反社債権の回収方法について、現状の特定回収困難債権買取制度に頼らざるを得ず、この制度を積極的に活用すべきであるとの結論だけで終えてしまうことは、以下の３点から問題があると考えている。

17　小柳津ほか前掲注３・142頁。
18　預保ウェブサイト（http://www.dic.go.jp/katsudo/kaishukonnan/juri.html）参照。

a　サービサーが反社と債務免除を伴う和解をすることにつき、利益供与に該当しない場面を限定しすぎている点に疑問があること

　反社との債務免除を伴う和解が、原則利益供与に該当するという解釈自体は正当といえよう。しかし、暫定見解によれば、債務免除を伴う和解はほぼすべて利益供与に該当するということになり、例外として許容され得る場面をほとんど想定し得ない。

　その結果、サービサーは回収見込みの立たない反社債権を買い取ることに消極的となり、反社債権は金融機関の手元で滞留することとなる。そして、本来取立をされてしかるべき反社が取立を受けなくなり、事実上反社に経済的な利益を与えることになってしまう。そこで、このような問題が生じないよう、サービサーによって回収可能な範囲を広げるべく、暴排条例で禁止されている利益供与に該当しない和解があるか、あるとすればそれはどのような和解かを検討する必要がある。

b　特定回収困難債権買取制度の買取件数が少ないという現状

　特定回収困難債権買取制度の制定後2年以上が経過しているが、買取実績はわずか15件にとどまっている。これには種々の要因があると考えられるが、例えば買取りのための要件である回収困難性の要件が厳格すぎるのではないか、買取りに至るまでの手続が煩雑なのではないか、買取価格が低いのではないかなどと、金融機関が特定回収困難債権買取制度の利用はハードルが高いと判断しているのではないかと憂慮する。

　反社債権の徹底回収を図るために特定回収困難債権買取制度を積極的に推し進めていくべきことが期待されているところ、買取件数が少ない状況が続くことは、それだけ反社債権が金融機関の手元に滞留し続けてしまうということを意味し、その結果、やはり反社に経済的な利益を与えることになるという問題が生じる。

c　特定回収困難債権買取制度の対象となる債権が限定的であること

　特定回収困難債権買取制度は預金保険法の改正により制定された制度であることから、預金保険法の対象外であるサービサーや信用保証協会の有する反社債権はこの制度による買取りの対象となっていない。

しかし、これらが有する反社に対する貸付債権を預金保険法が買取対象としている特定回収困難債権と区別する理由は見出しがたい。そこで、サービサーの手元にある反社債権もこの制度による買取りの対象として、反社債権の回収をより強力に推し進めるべきではないかという点について検討する必要がある。

3　問題点の検討

(1)　反社と和解することは利益供与に該当するか

a　利益供与に該当しない和解はあるか

ア　問題の所在

まず、安易な債務免除を伴う和解が利益供与に該当するということ自体に疑問はない。

しかしながら、債務免除を伴えばほぼすべて利益供与に該当するという見解には疑問がある。例えば、債権の額面は1億円であるが、債務者の資力にかんがみれば実際には200万円程度しか回収が期待できないような場合について考えてみる。このような場合、債務者が一般人ならば200万円を回収して残余を免除するという和解も可能であるのに、債務者が反社の場合には、そのような和解はできないとすると、回収できたはずの200万円すら回収できないままいわゆる塩漬けとなり、結果として反社に「財産的な利益を与えた」ということになってしまいかねない。

そこで、暴排条例で禁止されている利益供与に該当しない和解があるかどうかを検討する。

イ　暴排条例で禁止される利益供与

ところで、各種暴排条例において禁止されている「利益供与」とは財産上の利益を与えることをいうが、各都道府県で制定されている利益供与禁止規定の定め方は、次のとおり三つに分類される[19]。

19　渡邉雅之「暴力団排除条例の利益供与の禁止の基準―各都道府県の利益供与の禁止規定・勧告事例の検討―」金法1947号15頁。

(ア) 3分類型
① 暴力団の威力を利用する目的で利益供与をする（した）場合
② 暴力団の活動または運営に協力する目的で相当な対償性のない利益供与をする場合
③ 情を知って、暴力団の活動を助長し、または暴力団の運営に資する利益供与をする場合（正当な理由があるものを除く）
(イ) 2分類型
3分類型の②を除いたもの
(ウ) 1分類型
（情を知って）暴力団の活動を助長し、または暴力団の運営に資する利益供与をする場合

そして、サービサーが反社と和解する場合に問題となる要件は、前記(ア)ないし(ウ)のいずれの類型においても規定されている「暴力団の活動を助長し、または暴力団の運営に資する利益供与」に該当するかどうかである。

この点、暴排条例における利益供与禁止規定は、①暴力団への資金流入を遮断すること、②事業者に対し、暴力団に立ち向かうための決断を後押しし、暴力団と関係遮断する機会を提供することを目的として定められており[20]、事業者から暴力団員等に対する「悪質な」利益供与を禁止するものである[21]。この悪質性を具体化したのが「暴力団の活動を助長し、または暴力団の運営に資する」という要件であるといえる。そうであるとすれば、暴排条例はあくまで暴力団という組織に対して資金流入するような形での利益供与を禁止するものであり、組織と離れた暴力団員個人への利益供与は含まないと解釈できる余地はあろう[22]。

したがって、サービサーが反社と和解する場面においても、形式的には債務免除により経済的な利益を与えているようにみえる場合であっても、その内容が暴力団という組織の活動を助長し、その運営に資するようなも

---

20 大田晃央＝近藤和人「東京都暴力団排除条例逐条解説（下）」警論64巻6号119頁。
21 黒川浩一「福岡県暴力団排除条例の制定について（上）」警論62巻12号18頁。

のでない場合、つまり不当な経済的な利益を与えない場合には、暴排条例の趣旨に反するものではなく、利益供与の例外として許容されよう。

b　サービサーが反社と和解する場面の検討

それでは、暴力団という組織に不当な経済的な利益を与えない場合とは、具体的にどのような場合であろうか。

ア　債権の性質からの検討（免除の対象となる債権）

一口に反社債権といっても、その性質、主に暴力団という組織との関連性の程度は様々なものがある。例えば、個人の住宅ローン債権なのか、事業のためのものなのか、また、同じ住宅ローン債権であっても、当該物件が組事務所として使用されているかどうかなど、様々な場合が考えられるため、反社債権の性質ごとに暴力団という組織に不当な経済的な利益を与えていないかを検討する必要があるのではないだろうか。

このうち、例えば反社が事業のために融資を受けていたような場面で債務

22　渡邉前掲注19・13頁では「暴力団の活動を助長し、又は暴力団の運営に資する」としている場合として、以下のような例が挙げられている。
　①　内装業者が、暴力団事務所であることを認識した上で、暴力団事務所の内装工事を行う行為
　②　ホテルの支配人が、暴力団組長の襲名披露パーティーに使われることを知って、ホテルの宴会場を貸し出す行為
　③　印刷業者が、暴力団員の名刺や組織で出す年賀状等の書状を印刷する行為
　④　警備会社が、暴力団事務所であることを知った上で、その事務所の警備サービスを提供する場合
　⑤　ゴルフ場の支配人が、暴力団が主催していることを知って、ゴルフコンペ等を開催させる行為
　⑥　興行を行う事業者が、相手方が暴力団組織を誇示することを目的としていることを知った上で、その暴力団員らに対し、特別に観覧席を用意する場合
　⑦　風俗店経営者が、暴力団員に対し、いわゆる「みかじめ料」を支払う行為や、暴力団から正月のしめ飾り等を購入する行為
　⑧　スナック経営者が、暴力団員が経営する事業者であることを知りながら、その事業者から、おしぼりや観葉植物などのレンタルサービスを受けてその料金を支払う行為
一方、暴力団員を個人的に利するにすぎない行為については、「暴力団の活動を助長し、又は暴力団の運営に資する」に該当しないとしており、その具体例として、以下の例が挙げられている。
　①　コンビニエンスストアが、暴力団員に対しておにぎりや清涼飲料水等の日常生活に必要な物品を販売する行為
　②　葬祭業者が身内だけで執り行う暴力団員の葬儀のために会場を貸し出す行為

免除をすることが、暴力団という組織に不当な利益を与えることになることに争いはなかろう。その余の場合についても、暴力団員については、真に暴力団という組織と離れた暴力団員個人というものは観念できないのではないか（つまり、個人としての活動も詰まるところ暴力団の利益に資するのではないか）という疑問を前提とすれば、その多くは暴力団という組織に不当な経済的な利益を与える債務免除であると評価されるおそれは常に付きまとう。

しかし、暴力団員個人を債務者とするいわゆる住宅ローンで純粋に当該個人とその家族が当該物件に居住している場合など、債権の性質として、暴力団との関連性がないか薄いと考えられる場合には、その和解の内容や手続によっては暴力団という組織に不当な経済的な利益を与えないケースも想定し得るのではないかと思われる。

イ　和解内容からの検討（免除できる範囲）

では、どのような内容の和解であれば、暴力団という組織に不当な経済的な利益を与えるものでないといえるのか。

この点、一般的な判断枠組みを設定することは容易ではないが、反社に対して強制執行による回収以上の経済的な負担を負わせられるかどうかが一つのメルクマールとなると考えられる。そこで、まずは、少なくとも債務者のいわゆる清算価値を上回る金額の回収が必要であると考えるべきである。そして、その上で最大限の回収を図ったと評価できるかという判断枠組みで考えるのが合理的である。

(ア)　債務者の清算価値を上回る回収

債権回収が債務者の資力に懸かっていることはいうまでもない。したがって、債務者の清算価値、つまり、破産した場合に債権者へ支払うことができる金額が一つの基準となる。

この点、暴力団以外の債務者の場合、とくにサービサーによる回収の場合には、どの程度の債務を免除するかについて、この清算価値を基準とするほかに仕入価額も考慮して判断する場合が少なくないであろう。しかし、暴力団という組織に不当な経済的な利益を与えないという観点からは、暴力団の場合には仕入価額を考慮するのは相当でない。この意味で、

債務者が一般人の場合に比べて厳しく債権回収を図る必要があるといえる。

この清算価値の基準は、暴力団という組織に不当な経済的な利益を与えていないといえるための最低限の基準である。

(イ) 最大限の回収（資産調査、支払能力の調査、交渉等を最大限行って回収を行ったこと）

債務免除を伴う和解が、暴力団という組織に不当な経済的な利益を与えないといえるためには、サービサー等がその調査能力を尽くして清算価値を上回る最大限の債権回収を図ることを目指した結果、これ以上の回収は不可能または著しく困難であるという状態に達していることが必要である。それが具体的にどの程度の回収をいうのかを抽象化・一般化することは困難であり、個別具体的に判断するほかないが、例えば債務者に将来にわたってある程度継続的な収入があっても、それが債務者およびその家族が通常の生活するに必要な程度にとどまる場合には、それ以上の回収は著しく困難と判断してもさしつかえないと思料する。

ウ　清算価値・最大限の回収を判断するための調査

金融機関やサービサーは、預保と異なり特別な財産調査権を有しないが、銀行取引約定、金銭消費貸借契約等に基づいて債務者に財産状況等の報告を求める契約上の権利はあるといえる。そこで、金融機関やサービサーとしてはそのような権利は可能な限り行使すべきである。

もっとも、権利があるとはいえ、強制力は有しないから、実際には債務者の任意の協力が必要となり、通帳などの客観的資料の開示や家計収支表などの提出を求める等の調査方法によることになるが、具体的には次のようなことが求められるであろう。

まず、現金については、貸金庫なども調査すべきである。

次に、預貯金については、他人名義であっても妻や子の名義など実質的に債務者の預貯金として評価すべき場合もあろう。

不動産に関しては、不動産登記簿謄本を債務者住所のみならず関係すると思料する場所も調査すべきであり、処分は基本的に競売手続によるべきであ

る。

　その他資産としては、有価証券、自動車、過払金、敷金等が考えられるが、これらについても可能な限り調査する必要があるほか、債務者の収入および支出についても、調査すべきであろう。

　エ　和解手続からの検討

　次に、和解に向けた手続の面から検討するが、サービサーにおいては、債務者の資力調査や最終的な和解内容について取締役弁護士の関与が必要であると考える。

　なぜなら、法律専門家たる取締役弁護士が資力調査や和解内容につき関与することにより、一定の客観性が担保される上、取締役としての善管注意義務を負っている以上、適切な関与が期待できるからである。

　オ　小　括

　以上、債務免除を伴う和解が暴力団という組織に不当な経済的な利益を与えないといえるための判断枠組みを検討した。これを具体的なケースでいえば、額面１億円の債権があり、サービサーの仕入価額が100万円、債務者の清算価値が200万円という事案で債務免除を伴う和解をする場合、最低限の基準として200万円を超える債権回収を図る必要がある。

　そして、財産調査の結果、300万円が最大限の回収である場合には、300万円を回収する代わりに債務免除をするという和解について、取締役弁護士が適切に関与していればよいということになる。この点、仕入価額が100万円だから200万円や250万円の回収でも十分だとして残余を免除することは、許されない。

　c　和解が許容される判断枠組みの具体化

　以上のとおり、暴排条例で禁止される利益供与に該当しないといえるための判断枠組みの一つの形を示した。もっとも、すでに暫定見解が示されている以上、現状では、やはりサービサーが反社と和解することに萎縮してしまうおそれは否定できない。

　そこで、反社との和解が許容される判断枠組みについてのガイドラインを全国サービサー協会などが自主的に作成するにあたって、警察庁と積極的に

意見交換を行うのが望ましい。

　また、サービサー等に対する現状の萎縮効果を軽減するための一つの方法として、外部相談機関を設置すること（例えば、相談員は、法務省、警察、暴追センター、各単位弁護士会の民暴委員会等から選出することが考えられる）が考えられよう。すなわち、サービサー等が暴力団員と和解をする際に、外部相談機関の判断を仰ぐことでその正当性を担保する意味がある。

　さらに、外部相談機関が関与した上で、暴排条例上の利益供与に該当する事案や該当しない事案が一定程度蓄積された段階で、警察庁や全国サービサー協会などが具体的な場面を想定したガイドラインを制定するというように、段階を経て判断枠組みをより明確なものにしていくということはできないだろうか。

d　小　　括

　このように反社債権について債務免除を伴う和解という形で回収することには、暴排条例上の利益供与に該当するとされるおそれはあるものの、暫定見解のようにほぼ例外なく利益供与に該当するというものではなく、一定の判断枠組みを経た上であれば利益供与に該当しないといえる場合も十分に考えられるというべきである。

e　提言事項

　以上の検討を踏まえ、以下の提言をする。

①　暴力団を債務者とする場合、暴力団という組織に不当な利益を与えないような債務免除であれば、暴排条例上の利益供与に該当しないという解釈は十分可能であるから、サービサー等による回収も積極的に進めていくべきである。

②　和解に向けた手続面で、利益供与に当たるかどうかの判断をするためにサービサー等とは別に外部相談機関によるチェックを受ける体制を整えることを検討すべきである。

(2)　特定回収困難債権買取制度を積極的に推し進めるための課題

a　特定回収困難債権買取制度の制定から2年経過した預保の動き

　すでに述べたとおり、反社債権について債務免除を伴う和解が可能な場合

の判断枠組みが具体的に示されていない現状においては、サービサーは、やはり暴排条例上の利益供与禁止規定に該当するリスクから、なかなか積極的な回収に踏み込めず、ひいては、金融機関からの反社債権の買受けにも躊躇する傾向にあり、現にその旨明言しているところもあるとのことである[23]。そのため、特定回収困難債権買取制度を推し進めることでこの現状を改善する必要があることは前述のとおりである。

また、特定回収困難債権買取制度を推し進めるべきもう一つの理由としては、財産調査権のもと、強力に反社債権を回収することができ、反社に経済的な打撃を与えることができることによる。

これらのことから、特定回収困難債権買取制度の積極的な活用が必要であると考えられる[24]。

しかしながら、2(2)で示したとおり、特定回収困難債権買取制度は十分に活用されていないように思われる。この点、預保自身も同様の認識を有しており、その原因を、①金融機関が「特定回収困難債権買取制度の内容はわかりにくく、手続も複雑で使いにくい」という認識を有している、②特定回収困難債権買取制度の利用状況等の様子をうかがっている金融機関があるなどと推察している。

そこで、預保は、現在、制度の活用を目指し、金融機関に対してこの制度は決して「使いにくい制度」ではないと周知しようと努めている。例えば、預保ウェブサイト上で買取実績や行為要件の具体例、異議申出制度の利用状況などについて、新たな情報を随時公表したり[25]、制度の内容や手続に対する理解を浸透させるために金融機関向けの説明会などを開催したりしてお

---

[23] 小柳津ほか前掲注3・148頁。
[24] ただし、サービサーや金融機関が反社と和解することが利益供与に該当するかという議論は、特定回収困難債権買取制度が進んでいない現状においてはやはり必要になると思われる。なぜなら、同制度が拡充されるとしても、それは将来の法改正等を待たざるを得ず、拡充されるまでには相当な期間が必要、つまりタイムラグが生じることになるからである。このタイムラグが生じている間に、金融機関およびサービサーにおいて滞留している数多くの反社債権が時効消滅を迎えることになりかねない。この期間にサービサーや金融機関が反社債権をいかにして回収するかを検討することは、前記買取制度の拡充の議論とは別に、「現に生じている問題」として重要な課題であると思われる。

り、まずは電話で「気軽に」相談してほしいと広報している。

このように、預保が金融機関に対して特定回収困難債権買取制度の内容や手続の情報提供に努めていることは評価できる[26]。また、金融機関には、自社で無用なハードルを設けることなく積極的に利用することで反社との関係遮断を図ることが求められており、反社債権を保有している、または保有している疑いがあるのであれば、自社で判断することなく「気軽に」預保に相談することが求められる。

b　回収困難性の各要件の検討

預保が公表しているこれまでの買取実績からすれば、回収困難性の認定はかなり慎重になされていると考えられる。そこで、属性要件、行為要件の認定についての判定の幅を広げるべきであると考える。

　ア　属性要件

属性要件の認定が警察情報に基づくものである以上、預保の認定が厳しくなるのはある程度やむを得ない面がある。

しかし、実際にはいわゆる密接交際者などが債務者である場合が少なくないところ、これらの者の属性要件該当性について積極的に認定していくことが必要であろう。

そのためには、警察が預保に対してより積極的に反社情報を提供することが必要であろう。

　イ　行為要件

預保は、属性要件に該当しなくとも、できるだけ行為要件に該当すると判断することで、買取対象となる債権を拡大したいと考えている。しかしながら、過去2年の行為要件での買取実績は3件にすぎず、より積極的に認定の幅を広げるべきことが求められているといえよう。また、金融機関は、預保が行為要件を認定しやすくなるように、交渉記録等の判断材料の充実を図る

25　ただし、行為要件の具体例の公表は、金融機関や債務者が特定されないよう抽象的な表現にならざるを得ない。
26　金融機関向けの想定問答集も、買取制度の内容や手続についてよりわかりやすくするために改訂を加えたとのことである。

ことが望ましい。

　ウ　回収困難性

　前述のとおり、預保は、属性要件または行為要件に該当するとしても、金融機関が「実際に」回収が困難かどうかを個別に検討している。

　しかしながら、一般に、当該貸付債権の債務者または保証人が暴力団員であれば、金融機関が通常行うべき必要な措置をとることが困難となるおそれがあると評価することは十分に可能である。このことは属性要件だけではなく行為要件に該当する場合も同様である。したがって、属性要件または行為要件に該当する場合には回収困難性の要件を満たすという解釈ないし運用が特定回収困難債権買取制度の趣旨にも沿うものというべきである。少なくとも、「実際に」回収が困難かどうかという個別事情を重視しすぎるべきではない。

　なお、この点は具体的には約定弁済が継続している場合に回収困難性がないと判断されるのかという問題として表れる[27]。預保は、約定弁済が継続している債権については、回収困難性の判断をするにあたり、金融機関と買取りについて協議を行い、原則として正式申込みをした時点から買取決定時までに期限の利益を喪失させるよう金融機関に求めている。しかし、これに関しても、前記のような解釈・運用により、属性要件または行為要件に該当するものについては、特段の事情がない限り約定弁済の継続の有無ないし期限の利益喪失の有無を問わず買取りを行うべきということになろう。

　c　買取価格の問題

　特定回収困難債権買取制度を利用しづらい理由の一つとして、買取価格が低すぎるとの認識を示している金融機関も多い。しかし、債権の買取価格が低額であることはやむを得ないと考えられる。

　担保付債権の場合、預保は担保物件を即競売にかけることから、担保価値

---

[27]　もっとも、個別具体的な事案ごとに「実際に回収が困難かどうか」についての結論は異なる。例えば、約定弁済が継続しているといっても、それが不当に長期間に及んでいるような場合には回収が困難と判断されよう。いずれにせよ、反社債権の約定弁済が継続している事案で買取りを求めようという場合には預保に相談することが求められる。

は任意売却を基準とする価格ではなく、競売を基準とする価格になる。また、債務者が反社であることから競売にも人的・物的な困難を伴う。これらが担保付債権を買い取る際の価格に反映されることになる。

また、無剰余・無担保の債権は基本的に備忘価額での買取りになる。サービサーが反社債権を買い取る際も備忘価額やそれ以下の価格で買い取っていたようであり、反社債権はほぼ経済的に無価値と評価できることから、備忘価額での買取りはやむを得ないだろう[28]。もし、備忘価格以上の回収可能性があるのであれば金融機関が疎明する必要があろう。

d 提言事項

以上のとおり、預保は、現在金融機関に特定回収困難債権買取制度を積極的に活用してもらうべく情報提供等を行っているが、この制度がより積極的に活用され、反社債権の徹底回収が図られるよう、以下の提言をする。

　ア　預保に向けての提言
① 回収困難性の要件を判断するにあたり、「実際に」回収が困難であるのかということを重視しすぎるべきではないこと（前記のとおり属性要件もしくは行為要件を充足するものについては、そのことをもって回収困難性の要件を充足するという解釈を貫徹すれば、「実際に」回収が困難であるかどうかは考慮の要がないことになる）。
② 回収困難性の要件のうち、とくに行為要件での認定場面を広げて考えるということであれば、行為要件の認定に必要な資料等の具体例を積極的に金融機関へ情報提供していくこと。

　イ　金融機関に向けての提言
① 反社債権との疑義がある場合には、自社でハードルを高く設定して判断することなく、積極的に預保に相談し、特定回収困難債権買取制度を利用すること。
② 預保が行為要件を認定できるよう、債務者との交渉記録などの客観的

---

28 金融機関も回収困難な債権については備忘価額での買取りもやむを得ないと考えているところが多い。

な証拠を残しておくこと。
    ウ　警察に向けての提言
　　　預保が広く属性要件を認定できるよう情報提供を広く行うこと。
  (3)　特定回収困難債権買取制度の買取対象を拡大すべきか
 a　サービサーの反社債権を買取対象として広げるべき理由と根拠
　現在、特定回収困難債権買取制度で買取りの対象となっているのは、預金保険法に定められた金融機関の貸付債権のみである。

　しかし、前記のようなサービサー等による反社債権の回収の困難性から、サービサー等の手元で反社債権が滞留しているという現実がある。また、サービサー等は預保とRCCのような強力な調査・回収権限は持ち併せておらず、反社に対する回収には限界がある。

　そこで、将来的には、この特定回収困難債権買取制度を、預金保険法の枠内にとどまることなく、公的機関がより広く反社債権を買い取る制度へと拡充し、買取対象債権を広げるという方向が考えられるのではないだろうか[29]。この場合、反社債権回収の実効性を高めるため、強力な調査・回収権限を付与すべきであろう。反社債権の買取りを担う機関として、既存の機関としては例えばRCCが考えられる[30]。RCCは、過去においてサービサー業務も遂行していたという実績を有している上、かつて指摘されたような民業圧迫という弊害も反社債権については当たらない。調査等の権限を付与する根拠（預保の調査権限の利用を認めるとすれば、それをどう根拠付けるのか）等課題もあろうが、関係法令の改正等国の政策的介入が期待される。

 b　提言事項
　社会対反社という対立構図を基本とする趨勢からすれば、反社債権を買い取る制度を預金保険法の枠内の制度にとどめることなく、より広く反社債権

---

[29] もっとも、特定回収困難債権買取制度は預金保険料を原資に買取りを行っていることから、サービサーを対象とするには預金保険法の改正が必要となる。また、サービサー法の改正を検討する余地もある。いずれの改正によるのが望ましいかについて、今後さらに検討する必要があると思われる。

[30] 現状の特定回収困難債権買取制度においても、預保が買い取った債権の回収業務はRCCが受託している。

を買い取り、徹底した回収によって反社を排除していくという理念のもとで、「反社債権買取制度」という制度を創設することが求められるというべきではないだろうか。

　そして、預金保険法の適用対象たる金融機関だけではなく、サービサーや信用保証協会などからも公的な色彩を帯びた機関が反社債権を買い取ることができるように制度設計をするのが理想であろう。

　また、このように預金保険法という枠を取り払うことによって、金融機関のモラルの問題として必要とされる「実際にも債権を回収することが困難かどうか」という回収困難性の要素は不要となり、約定弁済の継続の有無も問題とならなくなる。

　この反社債権買取制度については、まだまだ検討すべき課題はあるが、反社排除の理念を反社債権の回収という出口の場面で実現させるための国家による反社対策の一つと位置付けることはできよう。

4　結　語

　以上のとおり、反社債権の具体的な回収場面においては、形式的には債務者に利益を与えるような方法であっても、一定の場合には暴排条例上の利益供与に該当しないというべきであるから、金融機関やサービサーは、積極的に回収に取り組むべきである。

　もっとも、現状の暫定見解を前提とすると、サービサー等による積極的な回収が期待できないという現実を踏まえれば、特定回収困難債権買取制度を拡充させる方向で検討を進めることが、より反社排除の目的に沿うものというべきである。

　また、RCCによる回収においては預保に特別な調査権限が付与されているところ、徹底した債権回収が期待されることはもちろんのこと、貸付による資金の流れを解明することによって、実際には債務者以外の第三者が費消したこと、そして、債務者がそのことを秘して融資申込みをしたことなどの立証ができれば、債務者と当該第三者の共同不法行為による損害賠償請求も可能となり、より回収の実を上げられるのではないかと期待されるところで

ある。
　そして、サービサーや信用保証協会などが有する現状の特定回収困難債権買取制度の対象から外れる債権についても、反社排除を目的とすべきことは金融機関の債権と同様であるから、反社債権買取制度の創設が切に望まれるところである。

V 保証協会付融資からの反社会的勢力排除

弁護士 和田 篤／小泉真一／古川純平

1 保証協会付融資の場合の問題点

(1) 総　論

　金融機関による反社会的勢力（以下「反社」という）に対する融資の解消は、信用保証協会による保証が付いている場合（保証協会付融資）であっても同様であって、関係解消に向けた取組みがなされなければならない。

　しかしながら、融資先が反社であることが判明した場合、融資金の回収を巡り、金融機関・信用保証協会間で深刻な利害衝突が生じ得る。実際、このようなケースに関して、近時、金融機関と信用保証協会の間で錯誤無効を巡って争いとなるケースが発生しているところである。

　ここでは、かかる裁判例を紹介しつつ、保証協会付融資の場合における融資解消の問題点を指摘し、金融機関や信用保証協会に今後求められる対応を検討することにする。

(2) 裁判例の紹介

a　裁 判 例

① 大阪高判平25.3.22（金判1415号16頁。原審：神戸地裁姫路支判平24.6.29金判1396号35頁）[1]

② 東京地判平25.4.23（金法1975号94頁・金判1422号52頁）

③ 東京地判平25.4.24（金法1975号94頁・金判1421号36頁）

---

[1] 原審判決に対する評釈として亀井洋一「判批」銀法750号46頁以下、古川純平「判批」銀法753号58頁以下参照。

b 事案の概要

前記事案は、いずれも反社である主債務者に対し保証協会付融資が行われた後に、主債務者が反社であることが判明したために、金融機関が期限の利益を喪失させて信用保証協会に代位弁済を求めたところ、信用保証協会が保証契約の錯誤無効を主張してこれを拒否したという事案である。

c 結　　論[2]

裁判例①は、信用保証協会の錯誤無効を認めつつも、協会斡旋保証[3]については信用保証協会が無効を主張することは信義則に反するとして、無効主張を一部制限した（結論としては、責任割合は2分の1ずつと認定され一部棄却。なお、金融機関経由保証については全部棄却）。

裁判例②は、金融機関経由保証の事案につき、信用保証協会の錯誤無効の主張を認めた（全部棄却判決）。

裁判例③は、同じく金融機関経由保証の事案であったが、信用保証協会の錯誤無効の主張を認めなかった（全部認容判決）。

(3) 問題の所在

a 問題意識

前記のとおり、現在信用保証協会による錯誤無効の主張に対しては、これを肯定する判例、否定する判例、肯定しつつ一定の場合に主張を制限する判例が出されており、統一した判断がなされていない状況である。この錯誤無効が認められるかどうかという論点に関しては今後の最高裁による判断を待たねばならないところであるが、反社に対する既存融資からの解消という命題は、かかる結論に左右されるものではない。

しかしながら、ひとたび保証協会付融資が行われた場合に、金融機関と信用保証協会がどのようにして融資を回収し反社を排除していくのかという問

---

[2] 三つの裁判例についての比較は本稿末尾の【別表】のとおりである。
[3] 信用保証協会が行う信用保証には、中小企業者が初めに信用保証協会に対し信用保証委託の申込みをし、信用保証協会が金融機関に融資の斡旋をする方式である「協会斡旋保証」と、中小企業者が金融機関に融資申込みを行い、金融機関から信用保証協会に保証を依頼する方式である「金融機関経由保証」の2種類がある。

題については、これまで両者の間で基準や合意がなく、定まった運用がなされていないところである。

　一連の事案のように、金融機関と信用保証協会が錯誤無効を巡って争うことは、結局貸倒れリスクをどちらが背負うのかという話に終始してしまい、そもそも「反社排除」という命題に背く結果となりかねず、さらに以下に述べるような問題点が生じると考えられる。

b　問　題　点

　ア　反社チェックのプロセスについての争いになることの問題

　(ア)　前記各裁判例では、錯誤無効を主張する信用保証協会の重過失の有無や信義則違反の認定において両者の調査の程度、内容を検討し、信義則違反の割合（過失の程度）を認定している。

　(イ)　かかる争点が問題になるとすれば、融資および信用保証をするにあたって、双方がどのような体制のもとで反社に対する審査を行っているか、そのプロセスが問題となり、公開の訴訟の場で明らかにされるおそれがある。

　本来外部への開示が想定されていない情報が明らかになるというだけでも問題であるが、加えて、反社側に審査プロセスが明らかになれば、それに対する予防策をとられる可能性も生じるなど問題が大きい。

　イ　反社に対する融資回収の遅れ

　(ア)　保証協会付融資において後に主債務者が反社であると判明した場合に、金融機関と信用保証協会においてその責任を巡って争いが続けば、どちらが最終的に回収リスクを負うとしても、融資の引揚げが遅れることになりかねない。

　すなわち、金融機関としては、信用保証協会に代位弁済請求を行っている以上、債務者からの回収（例えば財産が存在する場合の仮差押え等）を行うことまでは想定していないと考えられ、信用保証協会としても、保証債務がないと主張する以上、回収行為を行うことにはならないと思われる（実際に、アンケート結果でも、回収を行うと思われるとする金融機関は少数にとどまっている）。

(イ) したがって、金融機関と信用保証協会がこの点で争うこと自体、反社排除の面からも避けなければならないといえる。

ウ 錯誤無効が認められた場合の担保処理の問題

(ｱ) 保証協会付融資において、主債務者に対する信用保証協会の求償権に担保権や連帯保証人が設定されている場合に、本件のように錯誤が認められて保証契約が無効になるとすると、これらの担保権や連帯保証契約も効力を失い、その結果、融資の回収が困難となり反社を利する結果となりかねない。

なお、裁判例①のように、錯誤無効だが信義則によって錯誤無効の主張が制限されるという場合に、これら担保権の効力もやはり無効になると考えるのかについては、なお検討の余地があると思われる。

さらに、裁判例①の事案のように一つの保証について、双方が２分の１ずつ責任を負うとした場合には、より一層担保を含む権利関係は複雑とならざるを得ない。

(ｲ) この担保権の処理については、①事前求償権で可能な限り回収を図り、回収がなされた部分についてのみ代位弁済を行う方法や、②求償権担保や求償債務の保証人から回収が見込まれる範囲でのみ代位弁済を行う方法、③代位弁済を行わない場合には、金融機関において求償権担保の対象物に仮差押えを行い、債務名義を得て金融機関が回収を図るという方法、④全額代位弁済を行う場合は信用保証協会において可能な限り回収を図った上で、代位弁済金額から回収分を控除した金額を不当利得として金融機関に請求する方法などが考えられる[4]。

(ｳ) いずれにしても、どちらが回収の負担を負うとしても、このような場合の担保権の処理について不当に反社を利することにならないよう、お互いの協力が必要となろう。

ウ 回収困難性を理由として反社に対する融資解消を躊躇することの問題

(ｱ) 金融機関における融資について、債務者が反社であることが判明した

---

[4] 古川前掲注１・61頁参照。

場合には、立証等の点で問題がない限り、約定弁済が続いていても期限の利益を喪失させて融資の回収を図ることが原則となる。

　(イ)　しかしながら金融機関にとって、保証協会付融資後に主債務者が反社であることが判明した場合に、期限の利益を喪失させて信用保証協会に代弁請求しても、信用保証協会から錯誤無効で拒否されるとすれば、約定弁済が続いている場合には、回収の最大化を図るべく、期限の利益を喪失させて信用保証協会に代弁を求めることを躊躇する可能性がある。

c　小　　括

　以上みてきたとおり、保証協会付融資の場合において、主債務者が反社であることが後で判明した場合には、金融機関と信用保証協会の間で深刻な対立が生じ得る。しかし、錯誤無効の成否にかかわらず、反社に対する融資解消に向けては両者の協力が必須である。

　また、各裁判例の事案のいずれも、融資の時点で主債務者が反社であったことが認定されており、本来ならば融資審査の段階で事前に排除されていなければならなかった事案である。

　そこで、反社に対して融資をしないこと、すなわち事前の対応を検討するとともに、反社に対して融資をしてしまった場合の金融機関、信用保証協会における事後の対応について、以下で検討を試みることにする。

2　今後の対応の検討

(1)　事前の対応（審査段階における排除）

a　保証協会付融資の公益性と事前排除の必要性

　信用保証協会は「中小企業者等に対する金融の円滑化を図ること」を目的とする信用保証協会法に基づき、中小企業者が金融機関から貸付を受けるにあたり、その貸付金等の債務を保証することを主たる業務として設立された公的性格を有する法人である。

　加えて、保証協会付融資が円滑に実行されるため、公庫や地方公共団体から信用保証協会に対し貸付や預託等が行われており、信用保証協会による代位弁済が行われた場合、同協会に対し、公庫や地方公共団体から公的資金が

投入されている。

　このように、公共性を有する信用保証制度が反社に利用されることを回避するためにも、保証協会付融資における反社の事前排除は、きわめて重要である。

　また、ひとたび保証協会付融資がなされてしまった場合には、金融機関と信用保証協会の間で利害が対立し、融資の回収が遅れて結果的に反社を利することになりかねず、かかる観点からも事前排除の必要性は高い。

b　事前排除のための方策

　ア　警察庁と連携したデータベースの構築～日証協の反社情報照会システムを参考として～

　事前排除の具体策としては、まずデータベースの活用が考えられるところ、民間企業の反社に関する情報収集能力には限界があるため、警察情報と連携したデータベース構築が望ましい。

　この点につき、日本証券業協会（以下「日証協」という）では、すでに警察庁と連携して「反社情報照会システム」を構築し、平成25年1月4日より各証券会社と警察庁のデータベースを連携させ、即時照会ができる運用が開始されている[5]。

　信用保証制度の公益性という観点からも、全国銀行協会（以下「全銀協」という）や、全国信用保証協会連合会（以下「連合会」という）において、かかるデータベース構築が本来望ましいといえる。

　イ　内部におけるデータベースの拡充

　現在、各地域（主に都道府県単位）ごとの信用保証協会において、反社に関する新聞情報等の公知情報、金融機関からの情報、警察からの捜査照会情報、独自収集情報等を入力するデータベースが構築され、日々、更新がなされていると思われる。もっとも、各信用保証協会ごとにデータベースを構築、更新することで、当該地域のデータベースとしては十分な質と量のデータを収集することができるとしても、他府県の情報の収集には限界もあり、

5　日本証券業協会「証券業界における反社会的勢力排除の取組み」金法1966号48頁。

これらを共有できないかが問題となる[6]。

この問題の対応策としては、例えば、連合会において、(すでに導入済みの可能性はあるが)各信用保証協会からデータを収集し、全国を網羅するデータベースの構築を行うことが考えられる。

もっとも、連合会に対する各信用保証協会からの情報提供は、情報の「出し手責任」の問題(警察からの裏付け等がない場合には、提供を躊躇うケースも想定される)もあって、必ずしも各信用保証協会が有するすべての情報が提供されない可能性もある。

そこで、各信用保証協会が情報の「出し手責任」を問われないことを前提に、情報の根拠(警察からの公式回答があるか否か、新聞情報等に基づくものか否か、情報のソースを明らかにできないものか否か等)も示した上で、連合会に対する情報提供を行うこととすれば、情報を提供する側・情報を利用する側双方にとって、事後的な紛争のリスクを回避しつつ、連合会のデータベース(審査情報)を拡充することが可能となると考えられる[7]。

そうすれば、ある地域の信用保証協会が、別の地域の信用保証協会の反社情報に容易にアクセスでき、前記1で検討した裁判例にあるような「スクリーニングからの漏れ」を防止することもできる。

そのためには、連合会がイニシアティブを発揮し、各信用保証協会からの情報提供および各信用保証協会による連合会に蓄積された情報利用に関するガイドラインを策定するなどの施策も必要となろう。

エ　関係各機関との連携強化

信用保証制度の公益性・公共性の観点(反社を公的資金により利することを許さないという視点)からすれば、各信用保証協会と警察(警視庁・都道府県警察)との連携をより一層密にし、警察情報を入手しやすい体制・信頼関係

6　前記裁判例①の事案は、兵庫県における融資の事案であるが、主債務者は熊本市で暴力団活動をしていたため、金融機関も信用保証協会も反社情報を把握できなかったと指摘されている。
7　ただし、疑義情報の場合には、個人情報保護法上の問題が残るため、この点についても、議論が必要となろう。

を構築し、信用保証協会自身のデータベースの拡充を行うことも重要である。具体的には、現状での警察からの情報提供は現在暴力団員であるか否かという点のみであるとのことであり、これを元暴力団や周辺者であるとの情報も積極的に信用保証協会に提供するような体制が望ましいと思料する。加えて、前記の公共性・公益性の観点からすれば、地方公共団体や公庫との連携強化、情報交換によるデータベース拡充も検討すべきであろう。公庫や地方公共団体は、公的資金の出し手という立場で、保証協会付融資に深く関与していることから、反社の事前排除において、信用保証協会と協働して、より積極的な役割を果たすことを求められる。

さらに、保証協会付融資の当事者である金融機関と信用保証協会との連携強化が重要であることはいうまでもなく、種々の問題はあるとしても、両者のデータベースを共有するような方法[8]が可能であれば、事前排除の方法として検討の余地はある。

もっとも、直接の貸し手である金融機関には、反社情報が相当程度蓄積されており、各信用保証協会にも相当程度の蓄積があるが、仮に個別の金融機関と信用保証協会との連携強化・情報交換を行うにしても、物理的限界もある。そこで、連合会と全銀協等の上部団体・連合団体同士の協議を行い、データベースの相互利用・拡充も視野に入れた具体的な連携強化策の検討を行うべきと考える。これには相当の予算措置および情報の利用についてのガイドライン策定等が必要となるが、事前排除の重要性を考慮すれば、検討に値するのではないだろう[9]。

---

[8] 平成25年9月27日、みずほ銀行に対し、同行の提携ローン（顧客からの申込みを受けた信販会社が審査・承諾し、信販会社による保証を条件に金融機関が当該顧客に対して資金を貸し付けるローン）における反社排除の取組みに関し、金融庁から業務改善命令がなされ、これに対し、みずほ銀行としては、銀行と信販会社で反社情報を共有することを、業務改善計画に盛り込む予定との報道がなされている（平成25年9月30日付読売新聞）。本事案は、保証協会付融資の事案とは異なる点はあるものの、反社排除に向けた協力体制の構築の必要性およびその際のデータベースの共有化が有用な手段の一つである点は同様であるから、同事案の対応も参考に、金融機関と信用保証協会間のデータベースの共有化についても、検討される必要があろう。

(2) 事後の対応（信用保証協会の保証付融資後に反社であることが判明する場合）
a 「保証免責[10]」による処理[11]
ア 錯誤無効の問題点

　錯誤無効を前提とする場合、金融機関と信用保証協会間の負担割合は信義則等で調整することになると思われるが、保証契約が無効となることを前提とする場合、前述の問題点で指摘した求償保証人や求償権担保が存在する場合に、これらの保証契約、担保契約が無効となるおそれが残る。

　他方で、保証免責の場合には、「免責の範囲は、免責事由ごとに、各事案内容に応じ免責条項の趣旨に照らし、または義務違反の程度により、あるいは信用保証協会が受けた損害（受けるであろう損害を含む）の程度に応じて免責範囲が決定される。」とされている[12]ため、求償保証人や求償権担保が存在する場合であっても、これらから回収が見込まれる範囲またはこれらから実際に回収を行った上で、回収ができない部分について金融機関と信用保証協会間で免責の範囲を決することが可能である。

　したがって、紛争解決基準を策定するのであれば、各裁判例のような事例でも錯誤無効という整理を行わず、保証免責の枠組みで柔軟な解決を図るとすることが望ましいと思料する。ただし、保証免責の場合、金融機関と信用保証協会間の約定書（銀行と信用保証協会の間で締結されている保証契約一般の契約条項）の解釈においては、金融機関の過失を要すると解されている[13]ため、一定の場合に金融機関の無過失責任を認めるという基準にするのであれば、約定書の改訂等が必要となる[14]。

9　反社排除の観点からは、疑義情報の提供までを行うことが望ましいが、これを行うとなると、個人情報保護法上の問題が生じるため、この点の検討、議論はさらに必要となろう。
10　金融機関と信用保証協会の約定書上、信用保証協会が保証債務の履行につき、その全部または一部の責を免れる場合が類型化されており（約定書11条）、これを保証免責という。
11　古川前掲注1・58頁参照。
12　資料「約定書例の解説と解釈指針（第9条〜第11条）」金法1818号39頁。
13　資料前掲12・30頁以下。

イ　免責の範囲

　金融機関と信用保証協会の過失の有無に応じて免責の範囲を類型化することが望ましい。前記裁判例①では、信義則を用いて、斡旋保証の場合に、双方2分の1ずつの負担としたが、保証免責の場合であっても、どちらか一方にのみ過失がある場合には、その者の100％負担、いずれにも過失がない場合には、一定割合（例えば50％）の負担とするなどの基準が考えられる[15]。このほかにも、本判決のように斡旋保証と経由保証で分けるという考えや、過失の程度に応じて（例えば重過失の場合と軽過失の場合で分ける）さらに細分化することも考えられるが、前者については、斡旋保証と経由保証を明確に区別することが実際に可能かという問題や、後者については、実際の過失の程度の認定が困難で、結局裁判所等の認定を要することになりかねないという問題がある。

ウ　免責の範囲を定める上での評価基準

　前記のように、過失の有無で免責の範囲を画する場合、何をもって過失[16]とするかを、金融機関と信用保証協会間である程度具体化できるのであれば、紛争解決基準としてより利用しやすいものになる。

　この点、一つの案としては、保証協会付融資の場合の審査について、各金

---

[14] この点、前記裁判例②、裁判例③の判決文によれば、全銀協と連合会の間で平成20年12月12日ころに意見交換会が行われたが、その場では主債務者が反社条項に違反した場合の処理について、結局両者の間で協議がまとまらなかったと指摘されている（裁判例②については金法1975号103頁(2)、裁判例③については同号114頁(5)ウ参照）。しかし、本件のように紛争が明らかとなった以上、今後は約定書の改訂も含めて早急に協議する必要が生じるであろう。

[15] 例えば、偽造・盗難キャッシュカード等による不正な払戻しも、社会問題化したため、「偽造カード等及び盗難カード等を用いて行われる不正な機械式預貯金払戻し等からの預貯金者の保護等に関する法律」が制定され、同法の施行を踏まえ、全銀協では、同法の対象外であった現金自動支払機を利用しない盗難通帳およびインターネットバンキングを利用した不正な払戻しによる被害も補償の対象とする自主ルールを定め、当該法律およびルールに従った運用がなされている。事案や枠組み等は異なるものの、当事者間では早期解決が困難な事案に一定の解決基準を設定し、早期解決を目指すという点では参考になる。

[16] ここでいう「過失」は免責の範囲を画する上での過失を意味し、法律上の過失とは必ずしも一致する必要はないと解する。

融機関および信用保証協会で協議の上で共通のマニュアルを作成し、当該マニュアルに従った審査を行った場合には、過失なしとすることが考えられる。

そして、このマニュアルには、①反社データベースでチェックすること、②あらかじめ決められた面談対象者（代表者等）に面談すること、③実際の業務を行っている事務所に訪問すること、④面談や訪問時のやりとりは記録化すること、⑤一定の要件を満たす場合に警察への照会を行うこと、等を規定することが考えられる。とりわけ①が重要となるが、チェック対象として、決算書等で判明する取引先、株主、商業登記簿で判明する役員についてどの程度までチェックを行うとするかや、データベースは独自のデータベースで足りるか、他機関のデータベースも確認することとするか等を協議する必要がある。また、②、③についても、金融機関、信用保証協会の双方が行うこととするか、既存の取引がある場合にどうするか等を協議する必要がある。

かかる共通のマニュアルを作成することで、保証協会付融資については、足並みを揃えた反社排除が可能となるという点でも一定の意義を有すると思料する。

b　その他の紛争解決制度の利用

前記のような保証免責という枠組みでの解決基準策定には、今後相互の上部団体同士の協議が必要となってくる。また、前記基準によっても協議が整わない場合の紛争解決機関も問題となる。すなわち、協議が長引いて解決が遅れれば、その結果反社に対する債権回収が遅延する可能性があり、また、過失の有無・程度に議論が及ぶ場合には、双方の反社該当性の審査方法等の内部情報にまで議論が及ぶ可能性がある等、公開の法廷で扱うことは望ましくない（例えば、前記のようなマニュアルを作成する場合には当該マニュアルが公開されることは望ましくない）。

そこで、訴訟よりも非公開手続で早期かつ柔軟な解決を図るべく、仲裁契約の活用や外部のADR（弁護士会の紛争解決センターなど）等の既存の機関を利用したり、仮に同種事案が多発するのであれば、費用面の問題はあるが、

事案ごとの公平性や、専門性を考えると、信用保証協会側と、金融機関側が共同で、審査会的なものを作り、場合によっては警察などからも情報提供を受け得るような形を整え、弁護士などの協力も得る形で解決する体制を構築することも一つの方策と考える。

【別表】 保証協会が反社を理由とする錯誤無効により代弁を拒否した近時の裁判例の比較

判決日	①H25.3.22大阪高裁判決（原審：H24.6.29神戸地裁姫路支部）	②H25.4.23東京地裁判決（民事48部）	③H25.4.24東京地裁判決（民事32部）
結論	保証①については錯誤無効肯定しつつ、一部信義則による制限（一部請求棄却） 保証②については錯誤無効肯定	すべての保証について錯誤無効肯定（請求棄却）	すべての保証について錯誤無効否定（請求認容）
金融機関（原告）	姫路信用金庫	足立成和信用金庫	みずほ銀行
保証協会（被告）	兵庫県信用保証協会	東京信用保証協会	東京信用保証協会
融資形態	①協会斡旋保証 ②金融機関経由保証	すべて金融機関経由保証	すべて金融機関経由保証
融資実行時期	①H22.8.3（400万円） ②H22.10.28（150万円） 保証①②とも保証委託契約書に暴排条項あり。	①H20.12.17（8000万円） ②H22.5.25（1000万円） ③H21.3.25（1000万円） ④H22.8.2（3000万円） 保証①②と保証③④の主債務者は別会社 保証②④の保証委託契約書には暴排条項あり。	①H20.7.30（3000万円） ②H20.9.26（2000万円） ③H22.8.24（3000万円） 保証③については、保証委託契約書に暴排条項あり。
請求額（訴額）	479万7471円	1億1260万1745円	6378万1192円
主債務者の属性	貸付実行時、神戸市で○○建設という屋号で鳶工業を営んでいたが、熊本市に所在する山口組系の組長であった（個人）。	貸付実行時、保証①②を受けた株式会社は住吉会系の暴力団員が実質的に支配する会社としてH22.12.8に警視庁が東京都や国土交通省に排除要請を	貸付実行時、株式会社代表取締役は住吉会の暴力団員であった。H22.12.8に警視庁が公共工事からの排除を要請した。

		行った。保証③④を受けた株式会社は、上記暴力団員が全額出資した会社である。	→「反社」ではあるが、行為属性からは反社会性の程度は具体的に明らかでない。
警察情報	不明	警視庁は、H20.7以前に暴力団員であることを把握	警視庁は、貸付実行時であるH20.7以前から暴力団員であることを把握
貸付時の反社チェックの内容	金融機関：自社DBを確認したが照合せず。H22.7.21預金口座開設。H22.7.30自社支店内で主債務者と面談。保証協会：自社DBを確認したが照合せず。金融機関に紹介。H22.7.22主債務者の事務所を訪問し、面談。H22.7.28金融機関に信用保証書を交付。	金融機関：代表者と面談し、事務所に足を運んで環境調査を行った。保証協会：不明	金融機関：自社DBを確認したが照合せず。保証協会：自社DBを確認したが照合せず。
（主張）			
動機の錯誤か（保証協会の認識の齟齬を金融機関が認識していたか）	肯定「保証協会が信用保証を行うに際し、被保証者が反社会的勢力でないことは当然の前提になっているものというべきであり、各信用保証の相手方（金融機関）においても十分認識している。」	肯定 平成19年の政府指針の公表後は、金融機関も当然に認識可能であった。	保証契約の一般論として、主債務者の属性（主債務者が反社でないこと）は、保証契約の重要な内容であったということはできない。ただし、（動機の錯誤というかどうかは措くとして）主債務者が反社でないことが明示的黙示的に相手方に示されて保証契約の内容とされていれば、錯誤無効となる。→本件では、主債務者が反社でないことが保証協会にとって重要な事項であることは、相手方は十分認識できた。しかし、主債務者が反社でないことが当事者の合意の内容となっていたとは認められない。監督指針は、事後的に反社と判
要素の錯誤に当たるか	肯定 双方とも反社との取引を未然に防止するための取組みや、反社との取引であることが判明した場合には、これを拒絶する取組みを行っているところであり、反社であることが判明していれば、融資の申込みを受けたとしてもこれに応ずることがないことは明らか。→「要素の錯誤があった」	肯定 反社と一切の取引関係を断つことを求める政府指針が出された後、金融機関や保証協会が反社排除のための契約条項を検討し、公表していた。保証協会は公的性格を有する。これらの点から本件各融資の当時、主債務者が反社であることが判明していれば、保証協会において保証することはなかったことが明らか。	

		→「主債務者が反社会的勢力関連企業でないこと」は、本件各保証にかかる法律行為の要素であった。	明した場合には速やかに関係を解消できる取組みを求めているにすぎず、主債務者が反社でないことを契約内容とするかどうかは当事者の合意に委ねられている。
全銀協と連合会の協議内容の位置付け	主張なし	法律行為の要素の錯誤があるかどうかは個別具体的な当事者間の事実関係に即して検討されるべきであり、一般的な意見交換の内容により左右されない。 意見交換（H20.12.12）の場では、錯誤無効となる可能性について一切議論されていない。	一連の全銀協と連合会の協議でも、保証契約後に主債務者が判明した場合に、保証契約を無効とすることで協議が整った形跡はない。 契約前に反社であることが判明した場合には契約を締結しないことが当然の前提となっていたとしても、それはいわば共通の行為規範を有していたにすぎず、締結後に判明した場合の保証契約の効力については共通の理解が形成されていない。
各種契約書における暴排条項の有無	指摘なし	契約書の暴排条項の有無にかかわらず、指針公表後は、当事者の合理的意思解釈の問題として、反社の場合は契約を締結しないことが当然の前提となっていた。	保証委託契約書にかかる暴排条項は、事前求償権の行使を定めたものにすぎない上、保証を委託した主債務者と保証人との契約内容であって、金融機関と保証協会の間の保証契約の内容に直ちに影響を及ぼすと解されない。
金融機関経由の意味	錯誤無効の主張が信義則違反に当たるかどうかにおいて判断。金融機関経由の場合は、信義則違反にならない。	錯誤重過失の有無において判断	保証契約の合意の内容を判断するにあたって、金融機関経由保証であることは、金融機関が保証協会に主債務者が反社でないことを表明、確約したものではない。
重過失の有無	無 ①保証協会のDBに該当な	無 ①金融機関経由保証の場	判断なし

		合、主債務者が反社でないことについて審査・確認を行う第1次的な責任は金融機関が負う。 ②保証が行われた当時、保証協会が金融機関の行った調査以上の調査をすることができたとはいえない。	
	②保証協会が事務所を訪問し、信用性を調査したが反社該当性をうかがわせる事情がなかった。 ③金融機関のDBにも該当なし。 ④いずれのDBにも該当しなかったのは、主債務者が熊本で暴力団をやっていたからと考えられる。		
錯誤無効主張の信義則違反	保証協会斡旋融資の場合に、保証協会が錯誤無効を主張してその保証債務の履行を全部免れることは著しく衡平に反する。 金融機関経由の場合は、金融機関が自らの判断で融資相当と判断して保証協会に信用保証を依頼したものであるので、保証協会が錯誤無効の主張をすることは信義則に反しない。	金融機関経由保証であっても、保証協会自身が信用調査を行った結果に基づき信用保証を行ったことは、信義則に反することを根拠付けない。 保証協会が主債務者から保証料を受け取っていたことや、保証協会に信用保険がついていることは、信義則違反の根拠とならない。	判断なし
信義則違反の割合	本件では、両者は主債務者と面談し、DBを利用して調査しているが、保証協会はさらに事務所を直接訪問して調査をしていることからすれば、2分の1について錯誤無効を主張することは信義則ないし衡平の観念に照らして許されないものと認めるべき。	判断なし	判断なし

第2部

民暴和歌山大会後の議論の深化（平成25年11月～）と近弁民暴委員の研究成果

I みずほ問題について
――4者提携ローンの問題点――
弁護士　福栄泰三

1　金融庁による行政処分

　金融庁は、平成25年9月27日、みずほ銀行に対し、反社会的勢力（以下「反社」という）との取引が存在することを把握してから2年以上も反社との取引の防止・解消のための抜本的な対応を行っていなかったこと等を理由として、反社との関係を遮断するため、法令等遵守態勢および経営管理態勢を抜本的に見直し、充実・強化すべきとの業務改善命令を発出した[1]。

　さらにその約3カ月後の12月26日には、反社に対する融資が問題とされた4者提携ローンにおける新規の与信取引の停止や4者提携ローンに関する改善の徹底を求め、この処分を踏まえた経営責任の所在の明確化、内部管理態勢および経営管理態勢を強化すべきという一部業務停止命令を含む業務改善命令を発出した[2]。

　平成25年9月27日の業務改善命令発出後、みずほ銀行の暴力団融資事件等と大々的に報道された結果、社会的にも大きな注目を集めることとなり[3]、その後、金融庁の監督指針の改正など、金融取引から反社を排除する機運が一層強まる契機ともなっている。

　なお、この問題については、みずほ銀行の特別調査委員会の報告書（以下

1　金融庁の報道発表資料（平成25年9月27日。「株式会社みずほ銀行に対する行政処分について」http://www.fsa.go.jp/news/25/ginkou/20130927-3.html）。
2　金融庁の報道発表資料（平成25年12月26日。「みずほ銀行及びみずほフィナンシャルグループに対する行政処分について」http://www.fsa.go.jp/news/25/ginkou/20131226-1.html）。
3　報道等では230件で2億円もの反社との取引を2年間も放置していたとされていた。

「調査報告書」という）[4]や4者提携ローンの当事者であるオリエントコーポレーション（以下「オリコ」という）の報告書や資料[5・6]、検証報告書[7]等が公表され、これらにより、4社提携ローンの仕組みや過去の経緯などの詳細が明らかにされてきた。

2　4者提携ローンの仕組み[8]

　行政処分で問題とされたのは4者提携ローンにおける反社との関係遮断についてである。4者提携ローンにおける4者というのは、顧客、加盟店、オリコ、みずほ銀行である。この4者提携ローンは、顧客が、オリコと加盟店契約を締結している販売店で物品等を購入するにあたり、オリコに審査を申し入れ、オリコによる承認を条件にみずほ銀行から融資を受けるという手続が予定されている。

　金銭消費貸借契約は顧客とみずほ銀行の間で成立するが、融資実行に関する審査をオリコが実施していることになる。オリコは、みずほ銀行との関係では顧客の連帯保証人の地位に立ち、顧客の返済が滞った場合、オリコがみずほ銀行に対して代位弁済する。最終的に回収不能のリスクはオリコが負担するため、みずほ銀行ではなくオリコが融資実行時における審査を実施していたものと思われる。

　一般的な金銭消費貸借契約では、顧客がみずほ銀行に借入れを申し込み、みずほ銀行から顧客に金員を貸し付けることになるが、本ローンについては顧客とみずほ銀行の直接のやりとりがない。融資実行時には、オリコが顧客

---

[4]　みずほ銀行に対して提出された平成25年10月28日付「提携ローン業務適正化に関する特別調査委員会の報告書」http://www.mizuhobank.co.jp/release/2013/pdf/news131028.pdf。
[5]　平成25年10月16日「平成25年10月1日付命令に基づく経済産業省宛報告書の概要及び資料」http://www.orico.co.jp/company/news/2013/1016.html。
[6]　平成25年11月22日「経済産業省への報告書提出について及び資料」http://www.orico.co.jp/company/news/2013/1122.html。
[7]　平成25年12月27日「みずほ銀行・オリコ間の提携ローン問題等に関する検証委員会の検証報告書」http://www.orico.co.jp/company/news/2013/pdf/20131227_1.pdf。
[8]　調査報告書前掲注4・25頁以下第4・3項(1)。

の代理人としてみずほ銀行に借入れを申し込み、みずほ銀行は顧客の代理受領者たるオリコに対して金員を送金する方法で貸付を実行し、返済についても、顧客はオリコに対して返済し、その後、オリコがみずほ銀行に対し、多数の取引を一括して返済することとされていた。

3　反社排除条項（以下「暴排条項」という）の導入漏れ

　金銭消費貸借契約は顧客とみずほ銀行との間で成立しているが、金銭消費貸借契約書は作成されていない。顧客から委任を受けたオリコが、顧客の代理人として、みずほ銀行との間で金銭消費貸借契約を締結し、その内容は、顧客が加盟店を通じてオリコとの間で締結するローン契約書兼保証委託契約書（ローン契約書）に規定されていた。このローン契約書は立替払契約条項、借入委任に関する契約条項、保証委託契約条項、金銭消費貸借契約条項、共通条項から構成されているところ、みずほ銀行と顧客との間の金銭消費貸借契約の内容となる金銭消費貸借契約条項には暴排条項は存在しない。共通条項には暴排条項が規定されており、オリコが顧客との契約を解除できることや顧客とオリコとの立替払契約条項の期限の利益喪失条項として機能しているが、金銭消費貸借契約条項における期限の利益喪失事由にはなっていない。

　ただし、みずほ銀行とオリコの間では、別途、基本契約書が作成されており、この基本契約書には、オリコまたはみずほ銀行が必要と認めたときは、オリコは顧客の残存債務につき保証債務の履行を行うこととされ、運用ルールを定めた協定書では、融資実行手続後に不適合案件であることが判明した場合には清算手続を行うこととされていた[9]。

　「企業が反社会的勢力による被害を防止するための指針について」（平成19年6月19日犯罪対策閣僚会議幹事会申合せ）を受けて策定された金融庁の「主要行等向けの総合的な監督指針」Ⅲ－3－1－4－2の主な着眼点には以下のような規定があった（改定前の監督指針）。

9　調査報告書前掲注4・25頁以下第4・3項(1)。

> (1) 反社会的勢力とは一切の関係を持たず、反社会的勢力であることを知らずに関係を有してしまった場合には、相手方が反社会的勢力であると判明した時点で可能な限り速やかに関係を解消できるよう、以下の点に留意した取組みを行うこととしているか。
> ① 反社会的勢力との取引を未然に防止するための適切な事前審査の実施や必要に応じて契約書や取引約款に暴力団排除条項を導入するなど、反社会的勢力が取引先となることを防止すること。

　監督指針では暴排条項を導入するなどして、反社が取引先となることを防止すべき旨が規定されているが、本ローンには、期限の利益喪失に導くことができる条項が導入されていない。

　また、みずほ銀行は、4者提携ローンについて、融資実行時の審査をオリコに委ねるとともに、みずほ銀行のデータベースではなく、オリコのデータベースに基づいて審査が実施されていたというのであり、入口チェックの部分に大きな問題のある取扱いとなっていた。

4 反社該当性のチェック

　本ローンにおける融資実行時、オリコがオリコのデータベースに基づいて反社該当性のチェックをしており、みずほ銀行のデータベースに基づく反社該当性のチェックをしていない。

　みずほ銀行では、「不芳属性先」、「反社会的勢力定義先」、「反社認定先」という区分を設けたデータベースを構築しており、このデータベースに基づく事前、事後の属性チェックを行い、取引の事前拒絶、取引の解消を図っていた。この「不芳属性先」というのは暴力団や総会屋という反社のみならず、金融犯罪を含むとされており、政府指針や監督指針にいう反社とは異なっている。みずほ銀行では、このような広い範囲で原則として取引を拒絶していた[10]。

　他方、オリコのデータベースでは、暴力団情報や犯罪者情報を「要注意情

報」として登録していたが、要注意情報の定義は明確ではなく、該当しても与信は原則禁止にとどまっていた。平成21年10月から「要注意先」の定義を警察庁の「組織犯罪対策要綱」に示された反社の定義とし、与信を全面禁止とする取扱いになったが[11]、それでもみずほ銀行のデータベースと比較すると排除対象の範囲は限定されていた。

みずほ銀行とオリコのデータベースにおける排除対象が異なり、かつ、オリコのデータベースの排除対象のほうが限定されているという状況のもとで、金銭消費貸借契約の当事者であるみずほ銀行ではなくオリコが融資実行の審査を実施していたため、みずほ銀行のデータベースに該当する者であっても、オリコのデータベースに該当しない者には融資が実行されていた。

今回、指摘されたのは、みずほ銀行のデータベースでは「反社認定先」に該当する取引先である。みずほ銀行のデータベースにおける「反社認定先」というのは最も取引を拒絶すべき取引先として位置付けられている。

これらの取引先は、みずほ銀行が事前審査を実施していれば融資を受けることができなかったにもかかわらず、本ローンを利用することによってみずほ銀行から融資を受けることができたのである。反対に、みずほ銀行としては、絶対に融資を実行してはならない相手方に融資を実行してしまっていたということになる。

5 反社排除に向けた態勢整備

(1) 行政処分の理由～反社との取引の存在を把握して2年以上も措置をとっていないこと～

平成25年9月27日の行政処分では、「提携ローンにおいて、多数の反社会的勢力との取引が存在することを把握してから2年以上も反社会的勢力との取引の防止・解消のための抜本的な対応を行っていなかった」との理由が指摘されている。

---

10 調査報告書前掲注4・17頁以下第4・2項(2)。
11 概要及び資料前掲注5。

このような理由が指摘された経緯の概要は以下のとおりである。

(2) 平成22年5月、オリコを関連会社化するときに事後チェック開始を決定

平成22年5月、みずほ銀行がオリコの関連会社化を承認しているが、経営会議および取締役会資料には、本ローンの事後反社チェックを開始、以後段階的に領域を拡大との記載があった[12]。

(3) 平成22年9月、第1回事後チェックにより228件が反社認定先に該当することを把握

平成22年7月には本ローンの既存債務者について事後反社属性チェックを開始することを決定し[13]、同年9月、オリコからみずほ銀行に顧客情報が提供された。この顧客情報について、みずほ銀行が第1回事後チェックを実施したところ、同年12月の事後チェック完了時、108万件中228件がみずほ銀行のデータベースにおける反社認定先に該当することが明らかになっている。

なお、平成23年1月にはこの228件の情報をオリコに還元してオリコのデータベースにも反社として登録された。この頃、みずほ銀行は、オリコに対し、みずほ銀行のデータベースにおける「不芳属性先」も登録を求めたが、みずほ銀行の不芳属性先情報はその範囲がきわめて広く、その範囲で取引を拒絶することは営業上不利益が生じる可能性があるとの理由で、オリコが受け入れなかったという事情がある[14]。

(4) 平成23年2月、コンプライアンス委員会、取締役会に第1回事後チェック結果を報告

平成23年2月16日にはみずほ銀行コンプライアンス委員会で、同月22日には取締役会で第1回事後チェックの結果が報告された。報告資料には、件数以外にも不芳属性先の取扱いも含めてフォロー予定と記載される等、取締役が関与して適切な措置をとることが予定されていた[15]。

---

12 調査報告書前掲注4・47頁以下第4・6項(5)。
13 調査報告書前掲注4・48頁以下第4・6項(6)。
14 調査報告書前掲注4・50頁以下第4・7項(1)。
15 調査報告書前掲注4・52頁以下第4・7項(2)。

しかし、平成23年3月、ATMが利用停止状態になるなどのシステム障害が発生し、コンプライアンス統括部もシステム障害の対応に追われ、さらには役職員の異動も余儀なくされたことで、本ローンにおける反社排除措置の優先順位が低下していった[16]。

(5) 平成23年7月、コンプライアンス委員会、取締役会に第2回事後チェック結果を報告

平成23年6月29日には第2回事後チェックの報告書が作成され、平成23年7月27日にはみずほ銀行コンプライアンス委員会で、同月29日には取締役会で第2回事後チェックの結果が報告されているが、第1回報告とは異なり、反社認定先に関する記述が大幅に縮小されていた。報告書記載内容は件数のみであり、さらに、自行貸付としてではなく、グループ会社における与信取引の欄に記載されていた[17]。

(6) 第3回以降の事後チェック結果は報告されず

そして、第3回の事後チェック以後は、コンプライアンス委員会や取締役会への報告はなされていない。

この点、みずほ銀行のコンプライアンス基本方針細則（反社会的勢力関係）には、みずほ銀行および重点管理会社にかかる反社取引については、コンプライアンス統括グループ長および頭取に報告する旨の規定があり、経営政策委員会規程別表では、反社への対応に関する事項については、コンプライアンス委員会に報告し、審議・調整することが求められていた。

第3回以後の事後チェックがコンプライアンス委員会、取締役会、頭取に報告されていないことは、みずほ銀行の規則に反することとなる[18]。

(7) 平成24年12月、金融検査開始

平成24年12月から金融検査が実施され、本ローンに関する反社との取引が指摘されることになったが、このとき、検査に対応したみずほ銀行の担当者は、事後チェックの結果は取締役会やコンプライアンス委員会に報告してい

---

16 調査報告書前掲注4・57頁以下第4・9項。
17 調査報告書前掲注4・61頁以下第4・11項(1)。
18 調査報告書前掲注4・64頁以下第4・11項(2)。

ないと回答した[19]。

　当時の監督指針の着眼点には以下のように規定されていたところ、平成25年9月27日の行政処分では当該担当者の報告を前提として、態勢に問題があると指摘されている。

---

(2)　反社会的勢力による不当要求が発生した場合の対応を総括する部署（以下「反社会的勢力対応部署」という）を整備し、反社会的勢力による被害を防止するための一元的な管理態勢が構築され、機能しているか。

　特に、一元的な管理態勢の構築にあたっては、以下の点に十分留意しているか。

① 　反社会的勢力による不当要求がなされた場合等に、当該情報を反社会的勢力対応部署へ報告・相談する体制となっているか。また、反社会的勢力対応部署において実際に反社会的勢力に対応する担当者の安全を確保し、担当部署を支援する体制となっているか。

② 　反社会的勢力対応部署において反社会的勢力に関する情報を積極的に収集・分析するとともに、当該情報を一元的に管理したデータベースを構築する体制となっているか。また、当該情報を取引先の審査や当該金融機関における株主の属性判断等を行う際に、活用する体制となっているか。

(3)　反社会的勢力から不当要求がなされた場合には、担当者や担当部署だけに任せることなく取締役等の経営陣が適切に関与し、組織として対応することになっているか。また、その際の対応は、以下の点に留意したものとなっているか。

① 　反社会的勢力により不当要求がなされた旨の情報が反社会的勢力対応部署を経由して速やかに取締役等の経営陣に報告され、経営陣

---

[19]　調査報告書前掲注4・78頁以下第4・15項(1)。

の適切な指示・関与のもと対応を行うこと。

　この点、第3回事後チェックの結果はコンプライアンス委員会や取締役会に報告されていないものの、第1回、第2回の事後チェックの結果は頭取以下の取締役が出席するコンプライアンス委員会でも報告されており、この点について、結果的には誤った事実を根拠に行政処分がなされることとなった。

　なお、金融検査で誤った事実を回答したことについては、平成25年12月26日の一部業務停止命令を含む業務改善命令の理由として挙げられている。

6　オリコによる代位弁済と警察照会

　みずほ銀行は、反社認定先に該当した顧客について、オリコに代位弁済を請求し、これ以降、オリコが顧客からの回収措置をとることとなった。

　一般的な融資では、銀行の独自の債権については、期限の利益喪失の可否を判断し、その後の具体的回収措置を実践することが必要になるが、本ローンにおいては、みずほ銀行からオリコに代位弁済を請求することで、銀行としての債権回収措置は完了し、債権回収措置はオリコが実施することとなる。

　オリコが代位弁済をした件数は147件である。オリコはこの147件について、顧客が反社であることを立証して一括での全額回収を図ることとした。

　顧客が反社に該当するか否かを警察に照会を実施するにあたり、回答を受けることができるのは暴排条項導入後の事案となるが、代位弁済をした案件のうち、暴排条項導入後の契約は39件であった。その余の108件は暴排条項に対応していないという理由で照会ができていない。39件のうち2件は全額の回収を得ていたため、37件について警察に照会をかけたところ、3件が該当あり、32件が該当なし、2件が未回答という結果となっている。このうち未回答2件というのは、オリコにおいて顧客が反社に該当することの資料を保有していなかったことなどを理由として対象者を特定することができず、結果として回答を受けることができなかったものと思われる。

オリコは、該当のあった3件のうち1件は全額回収し、その余の2件も全額回収のための措置をとっている。他方、暴排条項に対応していない事案や該当なしとの回答があった顧客については、取引解消に向けた督促交渉を実施している[20・21]。

一括回収を図るためには、顧客が反社であることの立証が必要となるが、この立証手段は警察からの回答に頼っているという現状では、3件のみが一括弁済を請求できる状態だったということになる。この観点からすれば、警察情報を得ることのできない事案を強制的に解消することができたかどうかという点については疑問が残る。

さらに、仮に立証手段を得ることができたとしても、即時に関係解消を図ることが財務の健全性の観点から妥当であったのかという疑問もないわけではない。すなわち、即時に期限の利益を喪失させることで、かえってグループ内における回収不能債権が生じる可能性があることを理由として、約定弁済を継続すべき事案が存在したということも考えられるのである。

しかし、金融機関としては独自にデータベースを構築してデータベースに該当する者との取引を遮断・解消するという態勢を整備している以上、かかる態勢に基づいて反社との取引を遮断・解消することが求められる。解消に向けた具体的措置を検討していく中で、関係解消を踏みとどまらなければならない事情が明らかになり、結果的に関係解消を図ることができなかったということであれば格別、解消に向けた具体的措置を検討していなかったというのであれば、批判は免れないものと思われる。

---

20 概要及び資料前掲注5。
21 前掲注6参照。

II 融資実行前の反社会的勢力排除

弁護士 團　潤子／林堂佳子／櫻田　司

1　はじめに　──融資実行前の反社会的勢力排除の重要性

　まず、暴力団を中心とする反社会的勢力（以下「反社」という）の取引からの排除が問題となるのは、暴力団を中心とする反社は、その存在や活動自体が、他者の人権侵害を伴わずにあり得ない団体であるからである（暴力団対策法2条2号）。そのため、反社が何らかの取引を通じて利益を得ることは、反社の勢力を拡大させ、広く国民に対する人権侵害の危険を高める結果となる。

　そして、排除の必要性が国民一般の基本権（生命身体の安全・財産権等）の保護にあるという点から考えれば、反社の活動を助長・促進するような効果をもつ取引は、類型的に排除の必要性が高い。反社に資金が渡れば、即それは反社の活動を助長・促進することにつながるので、反社の資金源となる融資取引は、排除すべき取引として典型的なものである。

　さらに、融資契約からの排除の場面の中でも、利益が渡ること自体を阻止する点で、融資実行前に適切に排除することが可能な体制を構築することが、きわめて重要である。平成26年6月に改正された金融庁の監督指針（「主要行等向けの総合的な監督指針」Ⅲ－3－1－4－2等）においても、適切な事前審査の実施と契約書や取引約款への暴力団排除条項（以下「暴排条項」という）の導入の徹底等、適切な事前審査の実施がより強力に求められている。

　適切な事前審査を実施するためには、一方では、融資を拒絶することによりどのような法的リスクが生じ得るかを事前に検討し、どのような審査を行いどのような場面で排除を行うのが望ましいかをシミュレーションすること

が、有益であると思われる。

以下、具体的に場面設定をして、融資実行前の排除に際して、金融機関にどのような配慮が必要であるかを考察する。

【設問】

大阪府に本店を置き近畿地方を中心に展開している甲銀行は、不動産開発会社のA社から、宅地分譲開発事業資金として3億円の融資の申込みを受けた。

甲銀行としては、A社からの申込書類等に特段の問題がみられなかったので、融資に応じるつもりでいた。

ところが、九州地方のY県の警察本部暴力団対策課から捜査関係事項照会が届き、甲銀行がY県県警に確認したところ、A社の代表取締役であるBは、Y県を本拠とする指定暴力団の組長であることが判明した。

① 甲銀行が、融資のための稟議を行い、A社に対して融資証明書を交付した後に、Bが指定暴力団の組長であることが判明した場合、甲銀行は、いかなる対応をとるべきか。A社が、すでに地権者に対して5000万円の手付けを支払っている場合、甲銀行が融資を拒絶すれば、A社から甲銀行に対する損害賠償請求が認められることはないか。

② 甲銀行の担当者が、顧客からの情報として、Bが指定暴力団の組長と親しい付合いのある会社役員であるとの噂を耳にした場合はどうか。

③ A社が、新規顧客ではなく、甲銀行がメインバンクとして過去数十年融資実績のある会社であり、甲銀行がA社の代表取締役であるBが指定暴力団の組長であることを把握していたが、A社との関係を遮断せず、融資を繰り返してきた関係にある場合に、甲銀行が、暴排条項導入を機に、融資の組直しを断ったことにより、甲銀行に法的リスクは生じるか。

2　設問①の検討

(1)　融資交渉過程における契約自由の原則

本来、融資の交渉においては、契約自由の原則が妥当するから、金融機関がどのような条件で融資するかは、金融機関が自由に判断することができ、融資申込みに対して、融資条件を満たさない場合には、融資を拒絶できるのが原則である。

しかし、以下のとおり、融資拒絶を巡る過去の裁判例によれば、一定の場合には、融資契約締結に至らなくとも、金融機関は、融資申込者に対して、契約締結上の過失または不法行為に基づき、融資申込者に生じた損害を賠償する責任を負う場合がある。

甲銀行が、A社に対する3億円の融資を拒絶した場合、A社が地権者に支払うべき買収資金を期限までに準備できず、A社が地権者に渡した5000万円が違約金として没収される可能性があるが、この場合に甲銀行に対する損害賠償請求が認められ銀行が不利益を受けるおそれはないであろうか。

(2)　融資拒絶を巡る裁判例―金融機関の責任が肯定された裁判例―

金融機関が融資拒絶による責任を問われた裁判例のうち、金融機関の責任を認めた裁判例として、①東京高判平6.2.1（金判945号25頁）、②東京地判平10.8.31（金法1547号49頁）、③東京地判平13.7.19（判時1780号116頁）などがある[1]。

a　東京高判平6.2.1

融資証明書を発行し未回収のまま融資拒絶をした銀行の責任が問われた事案である。

本判決は、銀行が企業の新規事業計画の具体的内容を了知して、融資証明書を発行して融資の約束をした場合、右融資の約束が破棄されるときは企業が損害を被ることになる等の事情を銀行が知りまたは知り得べきであるのに

---

[1] 金融機関の融資拒絶を巡る裁判例を整理・分析したものとして、上田純「金融機関の融資拒絶をめぐる法的諸問題―近時の裁判例や債権法改正議論を踏まえて―」金法1993号30頁が参考となる。

もかかわらず、一方的に融資の約束を破棄したときは、かかる行為を取引上是認するに足る正当な事由がない限り、銀行は不法行為責任を負うと判示した。

本件では、融資申込みの撤回および後日のつなぎ融資の申込みがあったとの銀行側の主張を認めず、銀行支店長がそのように理解したのは事実確認を十分調査・検討することなく、また、相手方に確認することなく、一方的に思い込んだにすぎず、本件融資約束を一方的に破棄するにつき正当な事由があるとはいえないとして、銀行の不法行為責任を認め、3514万円余の支払を命じた（請求額約3億7000万円。過失相殺肯定）。

b　東京地判平10.8.31

銀行が不動産競売における売却許可決定を得た者に対して買受代金納付のために融資の手続を進めていた（融資実行のための稟議書も作成されていた）ところ、代金納付期限の直前になって融資を拒絶したため、融資希望者が買受代金を納付できず、買受申出保証金が没収されたことから、保証金相当額の損害につき銀行の使用者責任が問われた事案である。

本判決は、融資を拒絶すること自体はやむを得ないものであり不当とはいえないが、銀行担当者が融資拒絶の理由になった事実関係の説明を原告から聞きながら、上司に報告しないまま融資の手続を進め、融資拒絶の時期を遅延させたことについては過失があるとして、銀行の使用者責任を認め、400万円の支払を命じた（請求額900万円。過失相殺肯定）。

c　東京地判平13.7.19

甲銀行の乙会社に対する約3億円余の貸金返還請求に対し、乙会社が抗弁として、甲銀行が乙会社に対し、甲銀行の支店長の勧誘により、乙会社が融資を受けて土地区画整理事業の保留地を取得した際、同支店長が引き続き建物建築代金の融資ができる旨を告げながら融資をしなかったことから、乙会社が倒産し、これに伴う損害を被ったとして、甲銀行に対する損害賠償債権と貸付金とを対当額で相殺する旨主張した事案である。

本判決は、甲銀行側の事情として、甲銀行が、単独で保留地を購入して事業を行う能力がないと判断したにもかかわらず保留地購入資金を融資してい

ること、融資に際して、形式的としかいいようがない転売のための買付証明書を提出させて貸付を行っていること、貸付の仕方も迂回融資まがいの無理をした貸付であることのような不審があること、保留地の購入に際して、甲銀行が積極的に行動したこと、乙会社側の事情として、建物建築代金の融資の目処がつかないままで無理に保留地を購入しなければならない事情があったとは認めがたいとの事実を認定した上で、甲銀行支店長が、実際には融資が困難であるにもかかわらずこれが可能である旨告げて、独力でも上記事業の遂行が可能であると誤信させ、その経営判断を誤らせた点で過失があるとして、甲銀行の使用者責任を認めた。

(3) 検　　討
a　融資拒絶における金融機関の責任
　前記2(2)のaからcの裁判例をみると、貸付を行う金融機関が、融資証明書を発行して融資する旨の明確な約束をしたり、実際には融資が困難であるにもかかわらず、引き続き融資ができる旨を告げるなど、金融機関の行為に起因して、相手方が融資を受けることができると期待してもやむを得ない事情を生じさせた場合には、金融機関は、融資拒絶に正当事由が認められない限り、過失が認められているということができる。これらの事案では、融資申込者に、融資実行に対する期待権（期待的利益）が認められたといい得る。
　このように一定の場合、金融機関は、融資拒絶につき、契約締結上の過失または不法行為に基づき、損害賠償責任を問われる場合がある。そうすると、設問①のような融資申込者が反社である完全ブラックの場合にも、融資契約締結交渉が進捗し、融資証明書を交付した段階であるため、甲銀行が本件融資を拒絶した場合、A社は、甲銀行に対して、融資契約に対する期待権または期待的利益を侵害されたことを理由に、契約締結上の過失または不法行為に基づく損害賠償を請求する可能性が考えられる。
b　反社に対する融資拒絶の特殊性
　しかし、A社が反社に該当する場合には、通常の融資取引の場面とはまったく異なる事情が存在する。
　平成19年6月に政府の犯罪対策閣僚会議幹事会申合せにより「企業が反社

会的勢力による被害を防止するための指針について」(いわゆる「政府指針」)が策定された。政府指針の解説の中では、一切の関係遮断の説明として、「反社会的勢力であるとの疑いを生じた段階においても、関係遮断を図ることが大切である」と記されており、さらに、全国で施行済みの暴力団排除条例においても、反社への融資は「利益供与」として禁じられている。

政府指針を受けて、金融庁は平成20年3月に監督指針等の改正を行っている。金融庁の監督指針においても、公共性を有する金融機関には、業務の適切性を確保する観点から、反社との関係遮断が強く求められている。監督指針では、「業務の適切性等」の評価項目の中でも、「反社会的勢力による被害の防止」は、「法令等遵守(特に重要な事項)」として重要視されている。

これら政府および民間を挙げての反社との関係を徹底的に遮断する動きの中にあっては、金融機関は、反社との一切の関係遮断を図るべく行動すべき責務を負っているといえる。

そして、取引約定書等への暴排条項の導入が定着した現在(全国銀行協会の「銀行取引約定書に盛り込む暴力団排除条項参考例の一部改正等」[2])、融資申込者であるA社は、融資申込みの段階から、当該金融機関が反社に対して一切融資取引を行わないことを熟知しており、反社でないことが融資の条件となっているといえる(その前提として、甲銀行は、A社に対して暴排条項の内容を明示し、表明保証条項の入った融資申込書を最初の段階で徴求しておくことが望ましい)。

また、A社が、A社が反社であるとは知らない甲銀行に対して、代表取締役が指定暴力団の組長であることを秘して暴排条項の入った融資申込書を提出すること自体、甲銀行に対する詐欺行為にも該当し得る行為である。

その意味で、融資申込みの当初から反社であるA社には、甲銀行から融資を受けられる期待権または期待的利益は、法的保護に値するものとして認められることはないといい得る。

---

2 岩永典之「融資取引および当座勘定取引における暴力団排除条項参考例の一部改正」金法1925号88頁等。

そこで、通常の融資取引における期待権の議論は、暴排条項を導入後の金融機関と反社企業との間の融資取引には、妥当しないといえる。

したがって、設問①において、甲銀行が、融資証明書を交付した後であっても、その後にA社が反社に該当すると判明した場合には、反社企業のA社に対して融資申込みを拒絶しても、A社から甲銀行に対する損害賠償請求が認められる余地はないと考える。

c 未然の防止策

もっとも、無用なトラブルを回避するために、金融機関としては、融資申込みを受けた段階で、直ちに反社に該当するか否かの調査を行うべきであり、調査が不十分な段階で安易に融資証明書を交付することは避けるべきである。また、諸般の事情から融資証明書を早期に交付しなければならない場合には、相手方に必ず融資が受けられるとの期待を与えたことにならないよう、例えば、融資証明書に「暴排条項に該当する事由が判明した場合には、融資合意を無条件に撤回できる」旨の条件を明記し、その旨を融資申込者に説明するなど対策を講じておくことが肝要である。

なお、平成23年に一部改正された「銀行取引約定書に盛り込む暴力団排除条項参考例」においては、暴排条項の適用により当該取引先に損害が生じても、金融機関は免責され、逆に金融機関に損害が生じたときは、当該取引先または保証人が損害賠償責任を負うことが定められている[3]。この理は、契約締結前の期待権についても妥当すると考えられる。

3 設問②の検討

では、A社の代表取締役Bが、指定暴力団の組長と親しい交際関係にある噂のある人物であった場合はどうか。甲銀行が融資を拒絶してもA社から損害賠償責任を問われることはないのであろうか。

(1) 問題の所在

既述のとおり、融資の交渉においては、契約自由の原則が妥当するため、

---

3 岩永前掲注2・92頁。

融資申込者が反社であるとの疑いがあれば、とくに理由を説明することなく、融資を拒絶できるのが原則である。

　ここで、金融庁の「主要行等向けの総合的な監督指針」（平成26年6月版）において、監督上の評価項目のうち「業務の適切性等」（Ⅲ-3）に関わるものとして、「与信取引等に関する顧客への説明態勢」（Ⅲ-3-3-1）に、「これまでの取引関係や、顧客の知識、経験、財産の状況及び取引を行う目的に応じ、可能な範囲で、謝絶の理由等についても説明する態勢が整備されているか」との記載があり、「金融検査マニュアル」（平成26年6月版）でも、「謝絶又は資金回収を行う場合には、可能な限り根拠を示して顧客の理解と納得を得るための説明に努めているか。」（40頁）等の記載があることから、反社に対する融資の謝絶の際にも、金融機関に一定の説明責任があるのではないかが、問題になり得る。

　しかし、「主要行等向けの総合的な監督指針」では、とくに重要な法令等遵守として「反社会的勢力による被害の防止」（Ⅲ-3-1-4）において、「平素より、反社会的勢力との関係遮断に向けた態勢整備に取り組む必要がある」とされ、金融検査マニュアルの「反社会的勢力への対応」では、「断固たる態度で反社会的勢力との関係を遮断し排除することが、金融機関に対する公共の信頼を維持し、金融機関の業務の適切性及び健全性の確保のために不可欠である」として、反社との関係を遮断し、断固としてこれらを排除する方針を明確にすることが求められており（マニュアル63頁）、金融機関が反社を「顧客」としてはならないことが、明確に基準として示されている。

　そこで、一般の顧客に対する融資謝絶の際の説明責任は、反社との関係の遮断の場面においては、問題とすべきではないと考えられる。そして、金融取引から排除すべき反社は、政府指針で示されたようなある一定の広がりのあるものである（監督指針Ⅲ-3-1-4-1）。

　したがって、甲銀行は、A社の代表取締役Bが、指定暴力団の組長と親しい交際関係にある噂のある人物であるとの情報を得たならば、反社である疑いが払拭されない限り、とくに理由を示さずに、融資を拒絶すればよい。

　また、仮に甲銀行がA社から損害賠償請求訴訟を提起されたとしても、甲

銀行が、訴訟において、A社が反社であることを立証できたならば、設問①と同様に、融資証明書を交付した後に融資を拒絶したとしても、融資取引における期待権の議論は適用されず、契約締結上の過失または不法行為に基づく損害賠償責任を問われることはない。

しかし、甲銀行が、訴訟において、反社立証に失敗する可能性は否定できない。

(2) 反社の疑いのあるグレー事案の対応

では、金融機関が、相応の根拠をもって、融資申込者を反社であると認定し、融資拒絶に踏み切ったが、訴訟において反社立証に失敗した場合、金融機関は、契約締結上の過失または不法行為に基づく損害賠償責任を負うことになるのか。

この点、前項「(3)検討 a 融資拒絶における金融機関の責任」での検討のとおり、融資申込者に期待権または期待的利益が認められる場面であっても、金融機関の融資拒絶に正当事由が認められる場合であれば、契約締結上の過失または不法行為に基づく損害賠償責任は否定されると考えられる[4]。

前述したとおり、政府および民間を挙げての反社との関係を徹底的に遮断する動きの中にあっては、金融機関は、反社との一切の関係遮断を図るべく行動すべき責務を負っている。政府指針の解説の中では、一切の関係遮断の説明として、「反社会的勢力であるとの疑いを生じた段階においても、関係遮断を図ることが大切である」と記されており、そして、「主要行等向けの総合的な監督指針」(平成26年6月版)では、「反社会的勢力による被害の防止」を行うための着眼点として、「反社会的勢力との取引を未然に防止するための適切な事前審査の実施や必要に応じて契約書や取引約款に暴力団排除

---

[4] 例えば、鳥取地判平25.2.14(金判1417号40頁)は、金融機関Yが融資申込者Xの信用力について審査している段階で、Xの民事再生歴、破産歴が判明したため、結局稟議に至らずに融資を拒絶したという事案につき、Xに期待権または期待的利益が認められるとした上で、融資の審査において、Xの民事再生歴を知るに至り、同人に対し再生計画の履行状況を確認したところ、同人から虚偽の説明がされ、このことが判明したことから、YがXを経済的にも人格的にも信用できないと判断して融資の拒絶を行ったとの事実関係においては、正当事由が認められるとして、Yの責任を否定している。

条項を導入するなど、反社会的勢力が取引先となることを防止すること」が留意すべき点として指摘されており、「金融検査マニュアル（預金等受入金融機関に係る検査マニュアル）」（平成26年6月版）においても、「反社会的勢力への対応」（同マニュアル63頁）に関して、同様の記載がある。

このように、反社は、金融機関がこれらの者を「取引先（顧客）」とすべきでないことが、明確に基準として示されているといえる。

そうすると、金融機関が、融資交渉段階において、反社データベース等の事前審査の結果、融資申込者が反社に該当するとの疑いを抱くに至った場合には、反社に該当するとの疑いが払拭できるまで新規融資は避けるべきである。すでに融資証明書を交付済みであるなど、融資申込者に期待権または期待的利益が認められる場合であっても、警察への照会、事業所への訪問や財務状況等の調査に加え、場合によっては、端的に融資申込者に対して反社の疑いがあるため、このままでは融資条件を満たさない旨を告知した上でヒアリングを実施するなどして、その疑いを払拭できるだけの説明が得られないのであれば、融資は拒絶すべきである。

反社の疑義が払拭できないとの理由で融資を拒絶することは、政府指針や金融庁の監督指針等に適った行動である。金融機関として可能な限りの調査を尽くした以上、相応の根拠に基づく経営判断であるとして、拒絶の正当事由が認められるはずであり、金融機関が損害賠償責任を負うことはないと考える。

なお、金融機関が、訴訟において反社であるとの疑いを摘示したものの、結果的に反社であることを立証できなかった場合に、訴訟上の反社の主張が名誉毀損等に当たらないかの問題についても、もっぱら相手方を誹謗する目的のもとに著しく適切さを欠く言辞を用いて主張を行ったと認められるような特別な事情がない限り、違法とはいえず損害賠償責任を負うことはないと考える[5]。

5　不法行為の成立を否定した裁判例として、大阪高判平13.5.23（判夕1127号184頁）がある。

4　設問③の検討

　この場合、甲銀行は、A社が反社であることを熟知した上で長年にわたりA社に融資を継続してきた関係にあり、設問①のように新規取引先が反社であると判明した事案とは事情が異なる。

　A社からすれば、何ら自社の業績に問題がなく、従前どおり、甲銀行から融資を受けられるはずであった事情のもとでは、甲銀行が、暴排条項を根拠に、融資の組直しを拒絶した場合、A社が被る損害につき、甲銀行に損害賠償責任を追及することは十分考えられる。

　この場合、甲銀行は、A社が反社であることを熟知した上で長年にわたり融資を繰り返してきた取引関係にある以上、設問①と異なり、反社からの融資申込みであると知らずに融資申込みを受け付けたという関係にはなく、A社の融資申込みが甲銀行に対する詐欺行為に該当するともいいがたい。

　しかし、既述のとおり、反社との関係遮断は金融機関に課せられた責務であり、金融機関が、反社と知りながら、融資をすることは断じて許されないことである。

　金融庁の「主要行等向けの総合的な監督指針」（平成26年6月版）においては、業務の適切性等に関する「法令等遵守（特に重要な事項）」として、「反社会的勢力による被害の防止」の項目があるが（Ⅲ-3-1-4）、その中の「監督手法・対応」として、反社との関係を遮断するための態勢に問題があると認められる場合には、必要に応じて銀行法24条に基づき報告を求め、当該報告を検証した結果、反社への資金提供や反社との不適切な取引関係を認識しているにもかかわらず関係解消に向けた適切な対応が図られないなど、内部管理態勢がきわめて脆弱であり、その内部管理態勢の改善等に専念させる必要があると認められるときは、銀行法26条に基づく業務の一部停止命令の発出を検討し、反社であることを認識しながら組織的に資金提供や不適切な取引関係を反復・継続するなど、重大性・悪質性が認められる法令違反については、銀行法27条に基づく厳正な処分（免許の取消等）について検討すると記されている（Ⅲ-3-1-4-3）。

したがって、たとえ甲銀行がA社を反社であることを熟知した上で長年にわたりA社に融資を継続してきた関係にあったとしても、甲銀行は、関係解消に向けた適切な対応をとる方向に、舵を切らないといけない。

　逆に、A社が反社であることを知りながら、新規融資を拒絶せず取引の解消に向けた行動をとらないとすれば、法令等遵守態勢、経営管理態勢に重大な問題があるとして、厳しい行政処分の対象になり得る[6]。

　以上のとおり、暴排条項に基づき、融資の組直しを拒絶することによって、甲銀行が損害賠償責任を問われることはないといえる。

---

[6] 参考となる行政処分の事例としては、金融庁が平成25年9月27日付で株式会社みずほ銀行に対し、提携ローンにおいて、多数の反社との取引が存在することを把握しながら2年間以上も放置していたとして、業務改善命令を発出した事例がある（金融庁ホームページhttp://www.fsa.go.jp/news/25/ginkou/20130927-3.html）。

III 実効的なモニタリング・プランニングの提言

弁護士 梅本章太／厚地 悟／小谷知也

1 はじめに

　本書18頁以下「反社会的勢力との融資取引解消に向けた具体的取組みについて―「モニタリング」と「プランニング」―」（以下「先論考」という）においては、具体的事例をもとに、反社会的勢力（以下「反社」という）に該当すると疑われる取引先が発覚した場合における取引解消までの具体的取組みの視点を提案した。

　先論考では、金融機関に導入されている暴力団排除条項、表明確約など反社を契約から排除する旨の条項（以下「反社排除条項」という）などの期限の利益喪失事由該当性の判断に関する調査および立証資料の収集等を「モニタリング」、モニタリングを踏まえた上での取引解消に向けた計画策定およびその実行を「プランニング」とそれぞれ定義付け[1]、融資先が反社であると疑われる事態が発覚した場合に、モニタリング・プランニングという取引解消に向けた事後措置をとることの必要性を論じた。

　また、契約締結前の事前審査の段階で反社をすべて取引から排除することは困難であり、反社を融資取引から排除するためには、一旦融資取引に入った融資先に対する適切な事後検証を行うことが求められることを先論考で指摘していたところである。

　この点、平成26年6月4日に「主要行等向けの総合的な監督指針」「中小・地域金融機関向けの総合的な監督指針」（以下「平成26年改正監督指針」

1　本論考においても、先論考において用いた定義を前提とする。

という）および「金融検査マニュアル」（以下「平成26年改正検査マニュアル」という）が改正され、そこでは、「反社会的勢力との関係遮断を徹底する観点から、既存の債権や契約の適切な事後検証を行うための態勢が整備されていること」が監督上の留意点として指摘されるに至っている。

本論考では、平成26年改正監督指針および平成26年改正検査マニュアルの公表などを経て、より実効的なモニタリング・プランニングを提言する。

2 適切な事後検証の実施

金融機関としては、融資先について反社であるとの疑いが生じた場合、当該融資先との既存取引の解消に向けたモニタリングを行うことになるが、その際には、データベースへの定期的な照合、預金口座の異動確認や入出金の動きを把握するのみならず、金融機関自らが反社該当性判断のために積極的かつ全社的な調査・情報収集を行う必要がある（先論考【本書20頁】）。

とりわけ、いわゆる密接交際者等との取引については、反社該当性に関する立証の収集が困難であることが多いため、その取引解消に向けてのモニタリングにおいては、積極的かつ継続的な監視・調査体制の整備が重要である。

また、モニタリングの結果を踏まえ、実際に融資先との取引関係を解消するにあたっては、即時の取引解消を原則としつつ、当該融資先の預金や担保の調査を行った上で業務の適切性・財務の健全性の観点から適切な回収時期を合理的な期間内に判断する必要がある（先論考【本書20頁】）。

プランニングに関する取引先の監視・調査は、典型的な事後的反社チェック（反社該当性に関するチェック）そのものではないが、既存取引解消に向けて、融資先の属性の悪質性の程度や回収可能性に関する資料を収集することは、取引解消に向けた取組みの重要な要素と位置付けられる。

この点について、平成26年改正監督指針では、「事後検証の実施等により、取引開始後に取引の相手方が反社会的勢力であると判明した場合には、可能な限り回収を図るなど、反社会的勢力への利益供与にならないよう配意しているか。」（Ⅲ－3－1－4－2(5)③）との規定が新たに設けられ、適切

にプランニングを行うことの重要性が確認されている。

　また、平成26年6月4日付「コメントの概要及びコメントに対する金融庁の考え方[2]」（以下「平成26年パブコメ結果」という）においても、暴力団排除条項導入の有無によって場合分けを行った上で、「暴力団排除条項が導入されている取引に関しては、当該条項に基づいて取引を解消することが基本的には可能となるため、原則として速やかな取引関係の解消を図る必要があると考えますが、その場合でも、反社会的勢力を不当に利することの無いよう当該取引に係る債権回収の最大化を図る観点や、役職員の安全確保の観点等を総合的に考慮した上で、具体的対応について検討することが求められます。暴力団排除条項が導入されていない取引に関しては、取引関係の解消を図るために採り得る手段について具体的に検討した上で一定の対処方針を策定し、当該対処方針に基づく対応を採ることが求められます。」として個別具体的な取引の態様に応じた実質的なプランニングが要請されている。

　このように、金融機関については、既存の融資先について反社に該当するか否かを適切に判断し、属性立証のための資料収集を行い（モニタリング）、実際に取引解消に向けた具体的対応を速やかに検討する（プランニング）ことが求められているところ、モニタリングおよびプランニングを実効性のあるものにするためには、各金融機関において、既存取引を継続的に監視し調査する態勢の整備・強化を行うことが必要不可欠である。

　近年、暴力団の不透明化・潜在化が進んでおり、取引開始時（入口）での審査には限界がある。また、契約締結当初は反社ではなかった者が契約締結後に反社になる場合もある（取引先が法人の場合、反社に当該法人の経営が乗っ取られる場合がある）。したがって、融資取引からの反社排除を徹底するためには、事後的な継続的監視や調査体制の整備および強化が重要である。

　前述のとおり、反社チェックにおいて、日々の情報の蓄積によりデータベースを増強・拡充し、照合頻度を増やすことが重要であるが、これと併せて、継続的監視・調査を行うことで、事前審査時に検出できなかった反社を

---

[2] 金融庁HP（http://www.fsa.go.jp/news/25/20140604-1/01.pdf）。

把握できる場合もあると考えられる。

3 データベースの充実・強化

(1) データベースの内容面

　融資取引における反社排除の取組段階としては、取引に入る前の事前審査の段階と融資取引後の事後検証段階とに分けられるところ、いずれの段階においても、反社排除の取組みとしては、自社データベースへの照合が端緒となる（以下、データベースへの照合を「スクリーニング」という）。このようなスクリーニングは、反社との関係遮断を図るためのあらゆる局面において重要な役割を有する。

　したがって、より実効的なモニタリング・プランニングを実施するためには、データベースの内容を拡充することがきわめて重要である。

　事前審査段階でデータベースを用いる場合、反社と疑われる相手先とは可及的に取引を行わないことが求められることから、データベースの登録情報は多いことが望ましく、情報の精度も反社と疑いがある程度のもので足りる。

　他方で、融資取引に入った後、融資先が反社であると疑われる事態が生じた段階でスクリーニングを行う場合には、仮にデータベースに合致すると期限の利益を喪失させたり、契約解除を行う等の取引解消措置をとることとなるが、その場合には事前審査段階とは異なり、事後的に損害賠償請求訴訟等のリスクを考慮すると、期限の利益喪失事由に客観的に該当することについての精度・確度の高い情報である必要がある[3]。

　また、データベースに該当するとしても、当該融資先とデータベース上の登録情報の同一性が確認できなければ、反社であると疑われる場合でも結果

---

[3] 仮に、数十年前に登録された情報をもとに契約解除等の措置をとった場合、その後に反社でなくなっている可能性もあり、このような場合、事後的に損害賠償請求訴訟等を提起される危険性がある。とくに事後検証段階においてデータベースを利用する場合、定期的にデータベース上の情報を見直し、更新（変更・削除）をしていくことが求められる。データベースの更新のあり方については、冨塚浩之「金融機関における反社会的勢力データベースの更新——削除を中心として——」本書238頁参照。

として取引解消措置をとることを躊躇させてしまう可能性がある。

　このように、事後検証段階においては、データベースの情報は、期限の利益喪失事由該当性・解除事由該当性について精度・確度の高いものであり、かつ、スクリーニングの際に同一性が確保できる情報が登録されている必要がある。

(2)　データベースの運用面

　データベースは存在するだけで効果が生じるわけではなく、その運用面の充実も求められる。

a　一元的管理

　平成26年改正監督指針においては、反社との関係を遮断するための対応を総括する部署（以下「反社対応部署」という）によるデータベースの一元的な管理態勢を構築していることが、より明確に求められるようになった。

　反社排除の取組みが各支店・営業店ごとに区々であってはならず、全社的な対応が求められる。そのためには、反社対応部署が反社に関する情報の収集・集約を一元的に管理することが望ましい。

　もっとも、実際に顧客と対応する現場担当者が反社に関する情報を取得することも多いことから、現場やその周辺地域の情報についてはそれぞれの支店・営業店が情報収集することも有益である。したがって、反社対応部署と各支店・営業店において情報収集に関する役割分担を図り、各支店・営業店からの情報収集を反社対応部署に迅速に伝達する手続を整備することが必要となる[4]。

b　情報共有

　金融機関の情報収集能力には差異があるが、融資取引から反社を排除する必要性は、金融業界全体の要請であり、その規模や情報収集能力の差異によって変わるものではない。

　そこで、金融業界全体としては反社を排除するために、金融機関同士での

4　この指摘は、石塚智教＝西村亜希子「金融検査結果事例集から学ぶ営業店のリスク管理第6回」金法1995号96頁、97頁に依拠している。

情報共有を行うことが求められる。平成26年改正監督指針においても、「当該情報の収集・分析等に際しては、グループ内で情報の共有に努め、業界団体等から提供された情報を積極的に活用しているか」という点が監督上の留意点として挙げられている。

昨今の反社に関する情報取得の困難性や、反社排除の高度の必要性からすると、情報共有の範囲をグループ内に限定することなく、業界団体等からの「情報提供」にとどまらない、業界全体での統一的データベースの構築が求められる。この点、全国銀行協会（以下「全銀協」という）が、8業界団体（日本クレジット協会、全国信用金庫協会、全国信用組合中央協会、労働金庫連合会、信託協会、日本貸金業協会、生命保険協会、日本損害保険協会）にデータベースを提供することおよび他の業界団体のデータベースを全銀協が受領し会員各行に提供する旨の公表を行っているところであり、このような取組みは望ましい[5]。

情報共有がなされる場合、どのような情報の共有が認められるかが問題となる。個人情報保護法においては、「人の生命、身体又は財産の保護のために必要がある場合であって、本人の同意を得ることが困難であるとき」には本人の事前の同意がなくても目的外利用（法16条3項1号）および第三者の提供（同法23条1項1号）が認められているところ、暴力団（員）であることが明確ないわゆる「ブラック情報」については、この例外事由に該当すると考えられている。

しかし、データベース上の登録情報の多くは、暴力団（員）であることが疑わしい情報、共生者等の周辺者であることを疑わせる情報など、「ブラック情報」以外の情報（ここでは、便宜的にこれらの情報を「グレー情報」という）である。このグレー情報についてどこまで情報共有が許されるか問題と

---

[5] 全銀協は、警察庁データベースとの接続について警察庁と協議をすでに行っていたが、平成26年9月に、全銀協と警察庁のデータベースを直接接続するのではなく、全銀協が預金保険機構を通じて警察庁のデータベースに照会を行う仕組みとする検討に修正されている。個人情報保護の問題があることから、公的機関である預金保険機構を通じて照会を行う制度設計となったが、より迅速・徹底的な反社排除を果たすためには、将来的には、直接に警察庁のデータベースへ接続できる制度設計が求められる。

なるが、グレー情報についての共有が認められなければ、反社排除の実効性は挙げられないことからすると共有の必要性は高い。他方で、他社では反社とは認識していない単なる顧客情報についてまで共有の対象とすることは、反社にかかる第三者提供の例外として許容することは難しいという指摘もある[6]。

したがって、グレー情報については、反社であると疑うに足る合理的な理由がある場合等一定の要件のもと、第三者提供等が可能となると考えられる。

c　定期的かつ高頻度のスクリーニング

契約締結時点で反社に該当していない場合でも、事後的に属性が変化している場合は十分に想定される。それにもかかわらず、既存融資先について一旦融資をした後、長期間スクリーニングを行わない場合には、相当以前から反社に該当していた事実を放置してしまう危険性がある。

したがって、既存融資先についても、定期的かつ高頻度のスクリーニングを行うことが求められる。

4　「プランニング」再論

(1)　プランニングの位置付け

以上のとおり、事後検証として、金融機関には、既存債権・契約の事後的反社チェック態勢の強化が求められているところ、その中核的内容として「モニタリング」があり、その結果、融資先が反社排除条項による期限の利益喪失事由に該当し、その該当性が客観的資料等から明らかな場合には、原則として即時回収を目指す必要がある。

ただし、反社に該当する融資先も一様ではなく、また、問題となる場面も多種多様である。暴排条項の列挙事由に該当するとしても何の調査もせず、方針や計画を策定しないまま、漫然と暴排条項を適用すると、債権の回収が

---

[6] 國吉雅男「改正監督指針案を踏まえた今後の反社対応の留意点」銀法772号40頁以下参照。

困難となり、金融機関に経済的損失が発生し、かえって反社側に回収不能による利益を与える結果となる可能性もある。

　そのため、期限の利益を喪失させるべき時期については、立証の確実性の判断や、担保価値・預金残高などの把握にとどまらず、具体的な事情を考慮し、合理的かつ適切なタイミングでの関係解消を図ること（プランニング）が求められている[7]。その意味において、プランニングは、事後的な反社該当性チェックそのものではないものの、中間管理の重要な要素としても位置付けることが可能である。

(2) プランニングの内容

　まず、モニタリングにより反社該当性が明らかになった時点において、担保権を実行することで全額の回収が期待できる場合には、「即時」に期限の利益を喪失させるべきである。

　他方で、約定弁済が継続している状況で、担保や預金からでは、ほとんど回収の見込みがない場合については、対処の仕方について議論の余地があり得る。担保価値や預金残高の確認により全額回収が見込まれない場合であっても、業務の適切性を重視し、関係解消に向けた一括回収を図ることが原則であるが、例外的措置として、反社としての悪質性や反社会性、融資金の使途、一括回収を図った場合の損失見込額等の諸般の事情を考慮した上で、合理的かつ適切な回収計画の策定・実行を検討することになる。

　とくに、悪質性・反社会性が強い場合や、資金使途に問題があることが判明した場合には、たとえ約定弁済が継続しているとしても、業務の適切性がより強く要請されることから、金融機関に相当の経済的損失が生じるとしても早期の関係解消を優先すべきである。

　また、悪質性・反社会性が強い融資先については、今日の反社排除の社会的情勢においてはそのまま事業を継続することは難しく、資産が目減りして

---

[7] 反社に該当する取引先については、現存する債権の回収と併せて、追加融資を謝絶することになる。平成26年改正監督指針においても、「いかなる理由であれ、反社会的勢力であることが判明した場合には、資金提供や不適切・異例な取引を行わない態勢を整備」する必要がある旨が明示されている。

いくことが予測され、約定弁済が今後継続する保証はなく、早期回収が望ましいといえる[8]。

(3) プランニングの時的制限（合理的な期間）

金融機関としては、回収の最大化を図るべく担保物件以外の財産調査やその所在など、反社と判明した融資先の責任財産に関して直ちに調査を行う必要がある。ただし、反社との融資取引を可能な限り早急に解消することが前提になるため、「財産の調査」という名目で長期間にわたり期限の利益を喪失させないことは許容されず[9]、「財産調査に必要な合理的期間」の中で情報収集を行い、関係解消に向けた具体的なプランニングを行うべきである。

具体的には、財産調査に必要な合理的期間において責任財産の増殖が現実的に想定できない場合または責任財産の減少が現に認められるような場合には、債権回収の最大化の観点からも、可及的速やかに期限の利益を喪失させた上で、担保権実行や相殺を行うべきである。

他方で、調査に必要な合理的期間内に、責任財産の減少がなく、むしろその増殖が現実的に想定できる場合には、回収最大化の観点から適切であると判断した時機まで金融機関が担保権実行と相殺を行わず、約定弁済を受けておくこともあり得ると考えられる。ただし、その場合には、少なくとも継続的に財産状況などを注視し、繰上返済を求める等の対応も検討すべきである。また、期限の利益を喪失させた上で、その一括支払義務の分割支払に応じる方法なども考えられる。

なお、この「合理的な期間」については、反社立証の確実性、融資先の規模、資産状況、債務残高、反社としての悪質性などの具体的事情によって異

---

[8] 他方で、融資先の悪質性や反社会性がとくに強いとはいえず、また、資金使途にも問題がないような場合には、約定弁済を継続させ、債権の残額を担保価値程度にまで減少させた上で、期限の利益を喪失させて担保権実行し回収を図ることも検討し得ると考えられる。ただし、反社の関与する不動産については、一般に担保価値が下落する傾向にあり、どの時点で期限の利益を喪失させて一括回収に踏み出すかについては慎重な検討・判断を要する。

[9] 反社と判明した融資先に関して、安易に暴排条項の適用を留保し、その結果、金融機関に事実上の回収不能が生じた場合には、取締役等の任務懈怠責任が成立する可能性がある。

なってくるところであるが、プランニングの決定機関である取締役会がおよそ月1回の頻度で開催されることが通常であることからすると、その期間内（1カ月以内）を一つの基準と考えることも可能である（ただし、これについては、個々の事案によって異なるところである）。

(4) 小　括

いずれにしても、「モニタリング」と「プランニング」は、いわゆる「中間管理」の一環として、正に両輪の関係にあり、即時解消を原則としつつも、少しでも回収の最大化を図るために方針や計画を策定した上で、調査に必要な合理的期間内にプランニングを行うべきである。

5　モニタリングとプランニングを支える制度的担保

実効性のあるモニタリングとプランニングを行うためには、反社排除の取組みを強化するための制度的担保として、内部管理態勢の整備・徹底が重要となる。平成25年12月26日に金融庁が公表した「反社会的勢力との関係遮断に向けた取組みの推進について」でも、「反社との関係遮断に係る内部管理態勢の徹底」が、「事後的な反社チェック態勢の強化」とともに、中間管理の柱とされており、その趣旨は、平成26年改正監督指針や検査マニュアルにも反映されている。

この「内部管理態勢の徹底」につき、本論考においては、組織的対応の実施、反社対応部署の整備、報告体制の構築、反社との関係遮断に関する委員会の設置、社内規程やマニュアルの整備等について論じることとする。

(1) 組織的対応の実施

反社との融資取引の解消を図るにあたっては、金融機関において組織的な対応が不可欠であり、現場の担当者や担当部署だけに処理を任せることなく、取締役等の経営陣が適切に関与し、組織として対応することが重要である[10]。とくに、関係解消の方針を定めるプランニングについては、担当者や担当部署のみで行うことはできず、経営陣の適切な関与に基づく組織的な方針決定と計画策定が不可欠である。

(2) 反社の対応を総括する部署の整備

　組織的な対応を行うためには、金融機関内部での意識の迅速な統一と情報の適切な共有が前提となり、各部門や各営業店に反社に関する情報や資料が共有されずに点在しているという事態を防止する必要がある。

　そこで、反社対応部署を整備し、融資取引解消におけるモニタリングの実効性確保のために、一元的な管理態勢を構築すべきである。また、反社対応部署は、プランニングに基づき具体的な関係解消の取組みを行うにあたって、金融機関側の窓口としても機能することになる。

　この反社対応部署は、金融機関の規模にもよるが、反社との取引遮断や関係解消等を専門に担当する部署を設置し専属の従業員により、積極的な情報収集・分析[11]などを行い、専門的かつ集中的に反社排除の役割を担うことが望ましいといえる。他方で、中小規模の金融機関では、経営資源（とくに人員面や費用面）が限られていることから、反社対応のみを行う部署を設けることが現実的でないことも考えられる。しかし、いかなる規模の金融機関であっても、反社との関係遮断・関係解消が強く要請されていることから、反社対応部署の果たすべき機能が不可欠であることに変わりはない。そのため、少なくとも、反社関連情報の一元化や反社対応窓口の一本化などの反社対応部署の主たる機能は組織構造として備えておく必要がある。

　また、反社排除の取組みは経営上重要な課題であることから、「反社担当役員」の選任は必要的である。役員数の関係で他の担当統括業務と兼任になったとしても、反社対応部署には、必ず反社担当役員を選任しておくべきである。

---

[10] 平成26年改正監督指針によれば、銀行単体のみならず、グループが一体となって、反社の排除に取り組むことが求められており、グループ外の他社（信販会社等）との提携による金融サービスの提供などの取引を行う場合には、その他社とも連携して反社排除に取り組むことが求められている。

[11] 日常業務に従事する中で意識的に情報のアンテナを張り、新聞報道等に注意して幅広く情報の収集を行い、また、外部専門機関等から提供された情報なども合わせて、その正確性や信頼性を検証するなどの対応を心がけるべきである（平成26年パブコメ結果No.33参照）。

なお、当然のことであるが、組織構造として反社対応部署を設置するだけでは足りず、一元的な管理が現実的に機能していることが求められ、その点について継続的に検証・評価しておくことが必要である。内部監査部門が、PDCA（Plan-Do-Check-Act）サイクルに基づき実際の運用状況等を定期的に検証・評価し、必要があれば、規程の見直しを含めて、修正や変更を行うべきである。

　この反社対応部署の役割としては、反社対応部署による一元的な管理態勢の整備のために、少なくとも以下の業務を担うことが考えられる。

① 　反社に関する情報の積極的な収集・分析
② 　収集した情報を集約し、実効的なデータベースの構築
③ 　データベースの適時・適切な更新
④ 　既存融資先に対する定期的なスクリーニングの実施
⑤ 　経営陣に対して迅速かつ適切な報告
⑥ 　既存顧客との関係解消に際しての窓口としての対応
⑦ 　外部専門家等との平素からの緊密な連携態勢の整備
⑧ 　反社対応マニュアル等の整備や役職員に対する研修活動の実施

　そして、これらの業務内容や権限等について、組織規程・職務分掌規程・組織図等で明らかにしておく必要がある。

　また、反社対応部署以外に、各部門や拠点において、それぞれ「反社対応担当者」を選任しておくことも有用である。反社対応担当者を配置することで、現場における迅速な調査や事実確認を行うことが可能となり、本社における反社対応部署と密な連携を保ちながら、実効性ある迅速な対応が期待できる。

(3)　報告体制の構築

a　報告体制として求められていること

　反社排除の取組みは経営上重要な課題であることから、反社への対応に関する重要な事項について、反社対応部署から、経営陣に対し、迅速かつ適切に報告・相談がなされる体制の構築が必要となる。平成26年改正監督指針においても、その点が明確化されている。

この「報告体制の構築」について具体的に求められていることは、事案の重大性や緊急性等の個々の取引状況等に応じて、時機に後れることなく適切なタイミングで適切な情報量が報告されることである。平成26年改正監督指針においても、経営陣に対する報告の時機・内容・方法などについて、一律の対応が要求されているわけではない[12]。

　以下では、平成26年改正監督指針の記載を前提に、「経営陣」への「迅速」かつ「適切」な報告体制の具体的な内容について検討する。

b 「経営陣」への報告

　反社対応部署が「経営陣」に対して反社情報の報告をすることが求められているが、その報告相手である「経営陣」の具体的内容としては、反社対応部署の反社担当役員だけでは足りず、少なくとも取締役会等の取締役で構成される会議体が想定される。

　ただし、組織的な取組みを可能にするためのものであることから、反社対応部署が直接的に取締役会等に報告することまでは要せず、反社担当役員に報告・相談し、反社担当役員が取締役会等の会議体に報告すれば足りるといえる。すなわち、反社関係情報の伝達の流れが明確になっているとともに、「経営陣」に情報が到達して判断の基礎とし得る状態が確保されていれば足りると考えられる。

c 「迅速」な報告

　次に、経営陣への「迅速」な報告が求められるところ、その起算点としての端緒は、「各金融機関内のデータベースに該当したこと」が典型例であるが、マスコミの報道や業界の風評なども契機となり得る。各金融機関内のデータベースに該当すれば、反社対応部署は、その反社に関する情報および該当した事実を経営陣に報告することが求められる。そして、第一報については、迅速性の観点を重視し、各金融機関内のデータベースに該当しさえすれば、警察への照会結果や新聞報道等の補強資料がなくとも、まずは即座に

---

[12] 平成26年パブコメ結果でも、「報告の方法や頻度等は、事案の重大性や緊急性等の個々の取引状況等を考慮して、各金融機関において判断すべきと考えます。」とされているとおり（No.41参照）、一定期間での報告が画一的に義務付けられているわけではない。

経営陣へ報告すべきである。とくに重大な事案や緊急性が求められる事案の場合には、電子メール等で取締役会の構成員全員に対して、速報が入るような形も考えられる[13]。

また、「迅速」な報告との関係で、追加で判明した情報や事後的な経緯に関する情報等については、「どのような方法や頻度で報告するべきか」という点も検討しておく必要がある。この点は、定期的な報告を基本としつつ、事案の緊急性や重大性等にかんがみて、追加情報が判明した時点または事案の進展が発生した時点の都度、反社担当役員ないし取締役会に報告をすることが考えられる。

d 「適切」な報告

さらに、経営陣に対して「適切」な報告が求められるところ、ここでは、「どの程度の情報を報告するべきか」という問題も生じ得る。

この点については、反社との関係解消が重要な経営課題として位置付けられ、経営陣を含めた組織的な対応が求められている趣旨からすれば、経営陣は、適切かつ合理的なプランニングを行うために必要な情報を得ておかなければならない。

そのため、経営陣に対して、少なくとも以下のような情報が提供されていなければならない[14]。

① 警察照会の回答結果、暴追センターの意見、弁護士による法律意見書などの立証可能性に関する情報
② 反社としての悪質性や濃度、および融資金の使途などに関する情報
③ 融資先の規模、その資産状況（担保価値や債務残高を含む）、担保物件の時価の推移など等の回収可能性に関する情報
④ 融資時のやりとり、約定弁済の状況などの経緯に関する情報

e 情報伝達の円滑化

反社に関する情報が、各部門・拠点等の現場から反社対応部署に対して、

---

13 この電子メールの利用に関しては、漏洩防止等の情報管理に十分な注意が必要である。
14 ただし、第一報については、迅速性を重視して、すでに判明している事実のみを即座に報告すべきである。

迅速かつ適切に報告・相談される体制となっており、また、反社対応部署は、その集約した情報や自ら積極的に収集した情報を、迅速かつ適切に経営陣に報告することが求められている[15]。

情報の円滑な伝達を図るために、①報告義務者、②報告相手、③報告内容、④報告義務が生じる条件などを社内規程等で明確にしておくことが必要であり[16]、それと同時に、そのルールの周知が図られていなければならない。

そして、そのような情報伝達体制の整備状況、その手続や仕組みが実際に実行されているかという運用状況を、内部監査において評価し検証することになる。

(4) 反社との関係遮断に関する委員会の設置

a 反社との関係遮断に関する委員会

平成26年改正監督指針においては、適切な事後検証を行うための態勢整備、資金提供や不適切・異例な取引を行わないようにするための態勢整備が求められている。

そして、経営陣の適切な指示・関与のもとに反社対応を行うことが求められており、経営陣の判断過程を含めた適切性担保の整備が必要であると考えられる。

そこで、反社対応に関する事項を専門的に担う「反社対策委員会」や「反社排除委員会」等の名称の機関（以下「反社対策委員会」という）を新設することで、より適切かつ実効性の高い反社対応が可能になると思われる[17]。

---

15 なお、反社排除の取組みが進んでいる金融機関において、仮に普通預金等の解約が日常業務になっているとしても、経営陣に対して何らの報告もなされていないのは適切ではないとされている（平成26年パブコメ結果No.41）。

16 あらかじめ書式を整備し、報告に際して記入すべき事項を事前に明確にしておくことが望ましい。

17 みずほ銀行の平成25年10月28日付業務改善計画においては、「反社取引排除委員会」の新設を明記しており、実際に外部委員（弁護士）を含めて実施されている。
　なお、鈴木仁史「反社会的勢力との融資取引の解消(5)―融資取引解消についての判断基準―」金法1996号94頁以下でも「反社排除委員会の設置」が提唱されている。

b 具体的な運用

反社対策委員会の具体的な運用は、定期に開催される常置機関とすることが考えられ、必要に応じて臨時で開催することも想定される。反社対策委員会は、反社対応部署から、定期的および必要に応じて、反社排除の取組状況に関する報告を受け、それに対し助言や提言を行うとともに、融資取引に関するモニタリング状況の確認や、プランニングの適否を判断することになる。また、金融業界全体における最新動向や専門的な情報の収集・調査・提言等に取り組み、全社的な反社対応の態勢整備や体制構築を担う。

なお、反社対策委員会の構成メンバーとして考えられるのは、取締役、常勤監査役、反社対応部署、関連部署などの人員だけではなく、第三者の視点から客観的かつ専門的見地による提言を受けられるように、社外の専門家を特別委員として招聘することが考えられる[18]。これにより、構成メンバーである役職員の反社排除の意識を高めるという効果も期待できる[19]。

c 設置による有用性

専門の機関である反社対策委員会の設置により、以下のような有用性が考えられる。

個別具体的な事案における反社対応の処理においては、より客観的かつ専門的な観点から、モニタリング状況の確認やプランニングの適否の検証・評価・判断・提言等を行うことで、チェック機能を高めることが可能となる。とくに、経営陣によるプランニングの適否については、監査役や内部監査部門等による監査では十分に行うことができない可能性が高いため、反社排除に関する委員会により、反社排除の意思決定における判断過程をチェックす

---

[18] コンプライアンス態勢を従来以上に強化する観点から、危機管理関連の専門家を社外取締役として招聘することも考えられ、それによって、経営陣の判断過程の合理性を担保し得る。

[19] 反社対策を専門に取り扱う常置機関の設置が困難な場合でも、取締役と関係部署で構成される「コンプライアンス委員会」や「リスク管理委員会」等を定期的に開催し、その中で、反社対応部署と顧問弁護士等の外部委員が出席した上で、反社対策委員会と同様の審議・検証・提言等を行うことも検討に値する。これについても、必要に応じて臨時の開催が想定される。

ることができ、プランニングの適切性担保につながる。

　また、反社排除に関する委員会により、全社的な視点に立った抜本的な反社排除の取組みを策定・実施することができ、反社対応の態勢整備や体制構築といった制度設計も可能である。そのため、個々の事案の適否を評価等するだけにとどまらず、より実効性の高い抜本的な反社排除を実現することが可能になる。

d　他の機関との相違

　次の表のように、反社排除委員会は、反社対応部署、内部監査部門および監査役会と比較して、反社排除に関して、より専門的かつ客観的な観点か

機関名	反社対策委員会	反社対応部署	内部監査部門	監査役会
目標	反社排除の取組みにおける適切性の確保 判断過程の合理性の担保	反社関連情報の一元的管理等	内部統制の有効性 業務の効率性 リスク状況の評価	取締役の職務執行の適法性の確保
性質	常置機関	常置部門	常置部門	常置機関
メンバー	役員＋一部の従業員＋外部専門家	担当役員＋従業員	主に従業員 （主に、検査部、考査部、監査部などと呼ばれている）	監査役
根拠	社内規程	社内規程	社内規程	会社法・定款
対象領域	反社排除に関連する事項全般	反社排除に関連する事項全般	組織内のすべての業務活動	会計監査と業務監査
反社排除における役割	モニタリング状況を確認・評価するとともに、プランニングの適否の判断を行い、提言を行う 反社対応の全社的な態勢整備や体制構築を行う	積極的な情報収集と点在する情報の集約を行い、対応窓口となる 具体的には本論考122頁参照	反社排除の取組みについての整備状況や運用状況を監査する	取締役の善管注意義務違反がないかを監査する

ら、モニタリングやプランニングを検証・評価・判断・提言等するとともに、制度設計を含めた全社的な対応を行う機関である。

e　留　意　点

反社排除委員会を設置するに際しては、社内規程を整備して、その目的・存在意義を明確にしておくとともに、反社対応部署との連携、内部監査部門ならびに総務部門およびコンプライアンス統括部門等との定期的な情報交換、取締役会への報告を義務付けることなど、組織構造上の位置付けや権限責任等を明確にすべきである。

(5)　社内規程およびマニュアルの整備・改定

a　社内規程の整備

適切かつ合理的にプランニングを行うためには、経営陣の反社排除の意識を明確にするとともに、各部店の役割や反社対応部署の位置付けや権限責任を明確にしておくことが重要である。

具体的には、反社対応に関する具体的な指針やルールを確立しておく必要がある。また、情報集約・情報共有・報告体制など情報伝達体制に関するルールを明確化し（報告すべき情報項目、報告頻度、報告方法など）、実際の情報共有および連絡方法のインフラ整備（速報のメーリングリストなど）を進めるべきである。その上で、各機関における権限と責任の所在を明らかにし、職務分掌規程や組織図等での明示しておくことが必要である。

さらに、反社との対応記録に関するルール（記録方法、記録媒体の報告、保管、外部機関への提供など）もあらかじめ明確にしておくことが望ましく、書式を整えておけば、蓄積として一覧性が高まると考えられる。

そして、反社排除の社会的要請の変化を前提として、社内規程や組織構造を定期的に検証して必要があれば見直すこととし、常に最新の内容を整備すべきである[20]。

b　社内規程の整備とマニュアルの周知徹底

モニタリングでは、単にデータベースに照合するなどの機械的対応では限

20　その際には、役職員に対して周知徹底を図る必要がある。

界があるため、重要なのはそれを有効に活用するための人員やルールであり、継続的な調査・監視等を行う体制である。

プランニングの実施においても、適時に資料収集を行い、適切な対応窓口となるといった運用面の整備が必要不可欠である。

具体的には、反社対応部署が研修やテレビ会議によって、社内規程の改正部分やマニュアル内容を十分に役職員全員に把握させる必要がある。その際には、反社対応部署がロールプレイングやシミュレーションを実施しながら、周知を図るべきである。

また、反社対応部署が各部店を訪問し、反社対応担当者とともに、窓口でのOJTを実施することも有用である。

加えて、反社排除の取組みの前提として、全役職員（現場の担当従業員だけではなく、全従業員、全役員を含む）の暴排意識を醸成することが重要である。

そのためには、役職員に対し、各金融機関の現状・実態を踏まえた具体的なコンプライアンス研修を行い、その中でもとくに「反社会的勢力の排除」を重要な項目と位置付け、具体的な事例を踏まえたロールプレイングの実施をするなど、内容・方法を工夫することが考えられる。

また、反社排除に関する研修を定期的に実施するとともに、実際の業務に即した実践的内容とすることによって、より実効性のある研修を行う必要がある。

6 おわりに

本論考では、民暴和歌山大会において提言した融資取引解消に向けた具体的取組みについて、その後の監督指針等の改正、いわゆるみずほ問題に関する調査報告等を踏まえながら、先論考では触れなかったデータベースの拡充や内部管理態勢の整備等の観点を中心に論じてきた。

そもそも「モニタリング」と「プランニング」という取組みの整理は、融資先との既存取引解消について、単に融資先を継続的に監視・調査するにとどまらず、一歩進んで、取引解消に向けた具体的方針を合理的期間内に決定

し、これを実施すべきことをより明確にするための試みであるが、反社排除の態勢整備を行う上でも「モニタリング」「プランニング」のいずれの場面に関するものであるか意識することは有益であると考える。

「モニタリング」「プランニング」はいまだ確固たる概念ではなく、今後の実務の推移や議論の展開をみながら検討と改善を重ねる必要があるが、今後の反社排除の取組みの一助となれば幸いである。

Ⅳ 融資取引における反社排除条項適用方針についての再検討

弁護士 谷口和大／若宮隆幸／藤田隼輝

1 本稿の目的

　平成25年11月1日に実施された日本弁護士連合会第79回民事介入暴力対策和歌山大会における協議会資料を前提とした本書35頁の論考「融資取引における暴排条項の適用と金融機関取締役等の善管注意義務」においては、「4 融資取引における暴排条項の適用方針」として、金融機関に導入されている暴力団排除条項、表明確約など反社会的勢力（以下「反社」という）を契約から排除する旨の条項（以下「反社排除条項」[1]という）の適用方針の判断において考慮すべき要素を複数挙示して論述した[2]。

　本稿においては、当該論考において挙示した各要素の意味や位置付けについて、再度整理し、検討を深めようとするものである。本稿が金融機関において、融資取引における反社排除条項の具体的適用の実務の参考になることを願う。

2 融資取引における反社排除条項の適用に関する考慮要素

(1) 反社排除条項の趣旨

　金融機関にとって、融資取引の相手方が反社に該当すると判明したとき

---

[1] 従前の論考においては、「暴排条項」との略称を用いていたが、現在では排除の対象が暴力団構成員のみに限られず、「反社排除条項」と呼称するほうが適切と思われるので、本稿でもこの略称を用いる。

[2] 同大会の成果を踏まえ、日弁連民事介入暴力対策委員会において、融資取引からの反社の排除に向けたガイドラインの策定が検討されている。

に、いかなるタイミングで反社排除条項を適用し、当該融資の期限の利益を喪失させ融資回収業務に入っていくべきかについて考える上では、反社排除条項の導入の趣旨について確認しておくことが必要である。

平成19年6月19日付犯罪対策閣僚会議幹事会申合せ「企業が反社会的勢力による被害を防止するための指針」では、反社排除の目的について、企業の社会的責任の観点と企業防衛の観点の双方から必要であると論じられている。すなわち、反社の排除は各企業に対して、公的な面と私的な面の双方から要請されるところであり、反社排除条項はかかる要請に応えようとするものであると考えられる。

そこで、金融機関の公的な側面とは何かについてみてみると、信用の維持、預金者の保護、金融の円滑を図るという目的を有している点に集約することができる（銀行法1条、信用金庫法1条参照）。金融機関としては、信用の維持、預金者の保護、金融の円滑を図るという目的を達する必要性から反社排除条項を運用し、反社を排除すべきことになる。

また、金融機関の私的な側面についてみると、金融機関も企業の一種であり、損失の発生は回避しなければならない。ところが反社は、一般市民と比較すると、様々な取引上のリスクをはらんでいる。すなわち、反社が取引に関して相手方に虚偽の説明をしたり、取引上の債務を合理的理由なく履行しなかったりすることはままみられることである。また反社は常習的に犯罪を含む違法行為に及ぶ傾向にあり、突然逮捕されることもある。さらに、全国的に暴力団排除条例が施行されている現在においては、常に取引先から取引を拒絶されるリスクをもはらんでいる。

その結果、金融機関の融資先が反社である場合は、一般的な取引先と比較して、常に融資の返済が滞り、金融機関に損失が生じる危険がより大きいといえる。そこで金融機関は、このような危険を回避する目的から、反社排除条項を運用し、融資取引から反社を排除すべきことになる。

(2) **公的観点からの反社排除条項適用方針**

a **速やかな関係解消**

金融機関にとって、反社の排除は金融庁の「主要行等向けの総合的な監督

指針」(以下「監督指針」という)においても義務付けられており、これに反したときは行政処分を受けることがある。

したがって、金融機関としては、融資先が反社であると判明したときには、直ちに融資回収業務に入ることが原則である。どのような回収方法をとるかは各金融機関の合理的裁量に委ねられているが、可及的速やかに関係解消を図ることのできる方法を選択することが基本となろう。

b　業務の適切性確保による信用の維持

業務の適切性が害されている場合は金融機関の公共性という存立の基礎が害されかねないため、業務の適切性が害されている程度が大きいほど、早期回収は強く要請されると考えられる。

したがって、金融機関としても反社に対する債権回収方法としては、早期回収に重点を置いた方法を選択すべきことになる。

c　財務の健全性確保による信用の維持

他方で、早期回収を優先させるあまり、回収不能額が増大し金融機関の財務の健全性に相当の悪影響を及ぼすに至る場合には、そのことでかえって金融機関は信用確保、預金者保護、金融の円滑化といった公共的使命を果たせなくなる場合も考えられそうである。

そのような財務の健全性に相当の悪影響を生じる場合には、例外的に早期回収の要請は後退し、回収の極大化の要請が強く働くものと考えられる。なお、財務の健全性に与える悪影響の程度については、回収不能見込額と当該金融機関の財務状況や当該貸付金債権について計上済みの貸倒引当金の額を総合的に考慮して判断すべきである。

(3)　私的観点からの反社排除条項適用方針

a　早期回収か、回収の極大化か

前述のとおり、そもそも金融機関としては、基本的に損失発生は回避すべきものである。

取締役や理事などの金融機関経営陣は、金融機関に対して善管注意義務を負っており、これに違反していたずらに金融機関に損失を発生させたときには、株主代表訴訟や会員代表訴訟を通じて金融機関に対する損害賠償責任を

負うこともある。金融機関経営陣は、融資先が反社であると判明しても、かかる責任を免れるわけではないから、回収の極大化という観点も無視はできない。

他方で、反社排除が義務付けられ、これを怠れば行政処分が予定され、金融機関の重大な信用毀損を招きかねないことからすれば、回収を遅らせることにより反社との関係解消が遅れ、かえって金融機関にさらなる損害を与えるおそれがあるといえる。

したがって、融資先が反社であると判明した場合、金融機関はあくまで早期回収を目指すことが原則となるが、回収の極大化が期待できる合理的な回収方法がある場合には、例外的にそのような方法を選択することも許容されると解すべきであろう。

b　回収の極大化にあたって考慮すべき要素

金融機関として回収方法を決定するにあたっては、回収方法ごとに、発生する損失額と、その発生の蓋然性を明らかにし、回収の極大化に最適な回収方法を判断すべきことになる。

損失額や損失発生の蓋然性の判断にあたっては、一般的に、物的・人的担保による保全の有無や程度、融資先の事業状況、これまでの返済実績などを考慮すべきことになる。

ちなみに、貸倒引当金は計算上の数値にすぎず、むしろ損失額や損失発生の蓋然性の判断の結果であって、判断要素としては関係がないと思われる。

c　反社による約定弁済継続の見通し

もっとも、回収方法の判断とはいうものの、その判断において現実的に最も重要なのは、いつまで反社排除条項を適用せず融資先に約定弁済を継続させるかになる。したがって、反社たる融資先が一体いつまで約定弁済を継続すると見込むことができるかが顕著に問題となる。

しかし、一般市民の場合と比較して、反社の場合、融資に対する約定弁済が途絶え、金融機関に損失が発生するおそれが強いのは、反社が融資の審査において虚偽の申告をすることがあること、約定弁済を故意に怠ることがあること、犯罪行為によって逮捕されることがあること、その行為や属性ゆえ

に取引先から取引を拒絶されることがあることなどに起因する。そのほとんどは、客観的リスクというよりはむしろ、反社自身の人為的または主観的行動によって支配されるものであり、客観的確率として把握しがたい不確実性というべきである。融資審査や与信調査の際の虚偽申告や故意の弁済懈怠が反社特有の不確実性とみる以上、反社側から報告を受ける事業状況も容易には信用できないし、これまでの弁済実績も今後の弁済継続の判断の根拠としては不十分である。

また、反社が契約上の義務を履行する確実性についての統計資料なども当然ない。そのため、金融機関側としては、理論的にも統計的にも約定弁済継続の見込みを算定することは困難といえる。

結局、金融機関としては、融資先が反社であると判明すれば、その約定弁済の継続可能性についてはきわめて慎重な判断をせざるを得ないものと思われる。

3 融資取引における反社排除条項適用方針

(1) 早期回収の原則と回収の極大化の観点からの調整

金融機関としては、以上のような公的観点と私的観点を踏まえ、早期回収を原則とし、回収の極大化の観点から調整した結果として、反社排除条項の適用方針を決定することになる。金融機関の財務の健全性や回収の極大化を重視すれば、反社排除条項を適用して期限の利益を喪失させる時期を遅くする方向に判断が傾く余地があるようにも思えるが、先にも述べたとおり、回収の極大化のために回収を遅らせることは、例外的な選択であるべきである。

しかも、個々の融資額が金融機関全体の財務の健全性に直ちに顕著な悪影響を生じるような場合は非常に限定的であると思われるし、反社が約定弁済を継続する可能性をきわめて慎重に評価する以上、当面反社排除条項を適用せず反社に約定弁済を継続させるとの判断をすべき場合はほとんどないと思われる。

よって、原則として、融資先が反社である旨判明すれば、速やかに反社排

除条項を適用して期限の利益を喪失させ、早期回収に入るべきと考えられる。その上で、回収の極大化の観点は、例外的に中長期的な回収方法を検討する際の考慮要素と位置付けるべきである。

(2) 金融機関経営陣の立場からの検討

　金融庁の監督指針からは、融資取引からの反社排除は金融機関の義務であるといえる。反社による約定弁済継続の可能性については客観的に見通すことは困難で、約定弁済を継続させても十分な回収が図れる保証はない。反社の排除が強く求められる現在の社会情勢にも照らせば、反社との関係を早期に解消した結果、回収不能による損失が生じたとしても、経営者が有している合理的裁量を逸脱していると判断されることは基本的に考えにくい。

　したがって、金融機関が直ちに反社排除条項を適用して、期限の利益を喪失させて早期回収に入り、結果的に金融機関が融資を全額回収できなかったとしても、そのような金融機関経営陣の判断が善管注意義務に反するものと評価されることはほとんどないと思われる。

　その一方で、金融機関が直ちに反社排除条項を適用することなく反社に約定弁済を継続させたものの、約定弁済が途中で途絶え、担保価値の下落等の理由によって、結果的に早期回収を図るよりも回収額が下回ったような場合には、金融機関経営陣の判断が善管注意義務に反するものと評価されることがあり得ると思われる。

　そうだとすれば、金融機関経営陣の責任という点から考えても、融資先が反社であると判明した場合には、直ちに反社排除条項を適用して早期回収を図ることを原則とすべきである。

(3) 約定弁済の継続を認め得る例外的な場合

　前述のとおり、融資先が反社と判明した場合には、直ちに反社排除条項を適用して融資金の早期回収を図ることが原則となり、回収の極大化の観点は、例外的に中長期的な回収方法を検討する際の考慮要素と位置付けるべきである。

　本書34頁「融資取引における暴排条項の適用と金融機関取締役等の善管注意義務」において挙示した考慮要素についても、回収の極大化のために回収

を遅らせるだけの例外的理由があるか、という視点で検討する必要がある。
　したがって、約定弁済の継続等の手段を選択することによって、即時に回収を目指す場合に比して回収の極大化を実現できる蓋然性があるかという点が、まず問題となる。
　反社の約定弁済継続の可能性は、相当慎重な判断が求められることは先に述べたとおりであり、残債の額が大きく、残る弁済期間が長期にわたるような場合には、即時回収に比して、約定弁済の継続によって回収の極大化を実現できる蓋然性は高いと判断すべきではないであろう。また、相当価値の担保を有している場合や、預金や不動産等その他の資産からの強制回収によって相当の回収が見込める場合なども、後の担保価値の低下や資産の散逸により回収額が減少する可能性を考慮すれば、約定弁済の継続によって回収の極大化を実現できる蓋然性は高いと判断すべきではないと考えられる。
　また、約定弁済の継続等によって回収の極大化を図り得る蓋然性が認められる場合であっても、回収の極大化のために関係解消を遅らせることが業務の適切性の観点から不相当な場合、例えば、暴力団組長への迂回融資と知りつつ融資をしているなど融資時の経緯に問題があるケースや、融資金が組事務所用物件の購入に充てられているなど資金の使途が問題となっているケース等、行政処分や信用毀損のリスクが重大である場合には、たとえ約定弁済の継続により回収の極大化を図り得る場合であっても、例外的に関係解消を遅らせることは相当でない。
　そうすると、実際に約定弁済の継続が合理的と考えられる場合としては、前記のような業務の適切性の観点から関係解消を遅らせるような事情がなく、残債務額がわずかで、近い将来債務の完済が予定されているような場合や、物的担保があり、近い将来残債務額が担保価値を下回ることが予定され、残債務額が担保価値を下回った時点で担保権実行によって全額回収を図ることができる場合などに限られるように思われる。
　(4)　和解的処理による回収
　なお、前記のように約定弁済の継続が認められる場面を限定的に解した場合でも、分割弁済であれば相当額の回収が見込めるという事案においては、

一旦反社排除条項を適用して期限の利益を喪失させた上で、実現可能な分割弁済案を提示して回収の極大化を図るという和解的処理を検討することも考えられる。

　反社排除条項を適用した上での和解的処理という形であれば、回収の極大化を図りつつ、可及的速やかな関係解消を目指す姿勢を明らかにでき、信用毀損や行政処分等の関係解消が遅れることによる種々のリスクを軽減する効果も期待できると思われるからである。

　なお、このような手法に対しては、反社排除条項を適用することにより、融資先の態度が硬化して返済が滞るという懸念（開き直りのリスク）があり、現実的でないとの見解もあるが、担保実行や強制執行のリスクがある場合には融資先も容易に返済を滞らせることはないように思われる。今後の検討課題ではあるものの、実際に開き直りにより返済が滞る事例が頻発するようでない限り、抽象的な懸念により反社排除条項の適用を躊躇することは避けるべきであると思われる。

Ⅴ 反社債権回収における問題点のその後

弁護士　橋森正樹／櫻井朋子／樫元雄生

1 反社債権回収における債務免除の利益供与該当性に関する警察庁関係者の見解とその評価

(1) 民暴和歌山大会以降に示された見解

　債権回収会社（以下「サービサー」という）などによる債権回収において一般的に実施されているリスケジューリングや債務免除などが、暴力団排除条例（以下「暴排条例」という）におけるいわゆる利益供与に該当するかどうかについて、平成25年11月1日に実施された日本弁護士連合会第79回民事介入暴力対策和歌山大会（以下「民暴和歌山大会」という）以降、平成25年11月28日の参議院財政金融委員会における警察庁刑事局組織犯罪対策部長の答弁で、下記①の見解が示され、その後、警察庁関係者から、下記②の見解が示されたと聞き及んでいる。

① 個別具体の事案に即して判断すべき問題であり一概にいうことはできないが、免除等を行うことをもって直ちに暴力団員等への利益供与に当たるとは考えていない。

　また、個別具体の事案の類型化というのはなかなか難しいが、免除する額あるいはその理由等について検討する必要があるのではないかとは考えている。

② 債務免除等をすることは利益供与の疑いが濃厚である。

　ただし、サービサーにしろ、金融機関にしろ、通常業務の一環として、反社会的勢力（以下「反社」という）に対して行った融資にかかる債権（以下「反社債権」という）につき債務免除等をしたとしても、（東京都暴排）条例のただし書でいう「その他正当な理由がある場合」に該

当するということで、勧告対象にはならないと考えるべきである。なお、暴排条例の中には「正当な理由がある場合」という除外規定を置いていないところがいくつかあるが、そのような規定がなくても、「正当な理由がある場合」にまで勧告すべきではないことは当然のことである。

(2) これらの見解に対する考察
a 具体的な基準策定の必要性
　反社債権につき債務免除等をすることが利益供与に当たるかという問題について、以前は、きわめて例外的な場合を除いて利益供与に該当するとの見解が示されていた。しかし、その後、上記のように、利益供与に該当しない場面も相当程度あるという見解が示されるに至っており、警察関係者においても当初の見解では実務上かなり不都合な結果を招くことに理解が及んでいるものと推察される。もっとも、このような見解をもってしても、利益供与に該当するか否かの具体的な判断基準は未だ示されていない状況にあるといえる。
　そして、このように具体的な判断基準がない状況においては、サービサーなどによる積極的な債権回収が進まず、その結果、逆に反社に利益を与えてしまいかねないという懸念もある。そこで、まずは、サービサーなどによる債権回収における萎縮効果をなくすために、是非とも警察庁として具体的判断基準が示されることが望ましい。

b 暴排条例の趣旨からの検討の必要性
　ア 理論的な検討の要否
　まず、理論的には、反社を債務者とする場合に債務免除等をすることは、そもそも利益供与に当たらないと考えるのか、利益供与に当たるが勧告対象とならないと考えるのか、という点が一応問題となる。
　しかし、いずれの考え方をとるにせよ、前記の警察庁関係者の見解は、反社を債務者とする場合の債務免除等のすべてを許さないとするのではなく、サービサーが適切に債務免除等をするのであれば、条例違反として問題視しない、というスタンスを示しているといえる。そうだとすれば、結局のとこ

ろ、実務で重要なのは、前述のとおり、サービサーに萎縮効果をもたらさないようにすることである以上、いずれの見解が理論的に正しいのかを検討すべき重要性は低いといえる。

イ 「通常業務の一環として」の解釈

前記見解の中には、「通常業務の一環として」ということについて、要するに、「暴力団員を相手にしても、一般人を相手にするのと同じ手続を踏んで、最大限の債権回収を図ろうとしていろいろ手続を踏んだ、しかし、その結果として債務免除等をするしかないという結論に至った」ということであればよいとしているものが見受けられる。これは、債務免除等を一律に利益供与に該当すると解釈するのは現実的ではないという価値判断が背景にあるものと思われ、その意味では十分拝聴すべき見解である。

しかし、「一般人に対する回収」といっても、サービサーによってその内容や程度は様々であろうから、このような考え方によった場合には、一般的に、反社に不当な利益を与えてしまう結果となる可能性のあることは否定できないであろう。

すなわち、例えば、あるサービサーが、債務者が反社かどうかを問わず、単に対応困難な債務者に対してはある程度緩やかな回収でもよいなどという運用をしている場合、当該サービサーにとっては、反社債権に対する緩やかな回収をしても「これは通常業務の一環である」と主張すれば問題とならないということにならないであろうか。

やはり暴排条例が反社に経済的な利益を与えさせないということを目的としている以上、この目的のために、例えば反社についてはサービサー業界全体に共通する最低限の具体的基準を設定するということを考えるべきであろう。

(3) まとめ

冒頭に挙げた1(1)①の見解は、債務免除等は広く暴排条例上の利益供与に該当し、その例外はきわめて限られるとしていた従前の見解とは異なり、反社に対する債務免除等が直ちには利益供与に当たらないとするなど、反社債権がなかなか回収されず、金融機関やサービサーに滞留しているという事態

を憂慮して、利益供与該当性を否定（またはその例外を比較的広く）する方向へと変化してきている。このような傾向は、暴排条例における利益供与についての解釈としては正しい方向であるといえる。

　もっとも、同答弁では「類型化が難しい」として、一般化した基準を示すことを躊躇している。しかし、サービサーによる反社債権買取りが激減しているという現状を踏まえれば、具体的な判断基準が強く望まれるところである。そして、その基準の定立にあたっては、各種暴排条例が、暴力団への資金流入を遮断し、事業者に対して、暴力団に立ち向かうための決断を後押しし、暴力団と関係遮断する機会を提供することを目的として利益供与を禁止する規定を設けていることに鑑みれば、やはり反社債権の性質（住宅ローンか、事業資金かなど）のほか、債務免除等を含めた回収方法の具体的内容、すなわち、可能な限りの調査を尽くし、それによって判明した債務者の清算価値を踏まえ、最大限の回収を試みたかどうかなどの事情を考慮すべきであり、このような諸要素を踏まえた基準の一般化が望まれるところである。

　この点、冒頭に挙げた1(1)②の見解は、同①の見解の後になされたものであるが、「通常業務」というキーワードを使うことで基準の一般化を試みている点で評価できる。

　もっとも、その内容は単に「一般人とまったく同じような回収でよい」といった解釈の余地もあり、前述のとおり、各サービサーの運用が少なからず結論に影響する。そうすると、基準としては少々客観性に欠ける面があるとともに、運用次第では逆に反社に利益を与えるおそれも否定できず、少々行き過ぎた見解ともいえそうである。

　やはり、暴排条例が利益供与を禁じた趣旨に立ち返り、前述の債務者の清算価値や最大限の回収の試みを中核とした諸要素を考慮すべきという基準が、警察庁の公式見解として示されることが早急に望まれるところである。

2　特定回収困難債権買取制度および関係する制度の動き

　特定回収困難債権買取制度に関する民暴和歌山大会以降の動きは、次のとおりである。

(1) 特定回収困難債権買取制度の改善策の実施

　預金保険機構（以下「預保」という）は、平成25年12月26日、金融機関に向けて特定回収困難債権買取制度のより積極的な活用を促進するため、買取スケジュールの改善および買取対象となる債権にかかる運用の明確化を図ることを通知した[1,2]。

　その内容は以下のとおりである。

a　買取スケジュールの改善

　第4回買取りにかかる仮申込受付期限（平成26年1月31日）以降は、年間を通じて仮申込みを受け付ける。また、買取りの実施時期については、3月のほか、今後の仮申込みの受付状況等を勘案の上、年間複数回を設定する。

b　運用の明確化

①　属性要件に該当する者の債権であれば、約定どおりに返済され、期限の利益を喪失していなくても、本制度買取りの対象債権となることを明確化する。

②　保証会社等が債務保証している債権について、保証付きのまま買い取ることが可能であることを明確化する。

③　また、保証会社等が代位弁済したことにより当該保証会社等が保有することとなった求償権および貸付債権については、当該貸付債権がもともと金融機関の保有するものであれば、当該金融機関が買い戻した場合であっても、金融機関の保有する貸付債権として買取対象となり得る。

c　その他の改善策

　金融機関において行為要件に該当する債権かどうかを判断する際の参考として、預保のHPで公表している事例集を随時、追加・充実させていく。

---

[1]　http://www.dic.go.jp/katsudo/kaishukonnan/kaizen.htmlを参照。

[2]　また、平成26年7月2日付でさらなる改善策が実施され、買取対象債権が明確化されたほか、ガイドライン等を見直し、属性要件およびその考え方等が明確化された。同日付けでガイドラインが改訂されている。
　http://www.dic.go.jp/katsudo/kaishukonnan/kaizen2607.html（改善案）。
　http://www.dic.go.jp/katsudo/kaishukonnan/guideline.html（ガイドライン）。

(2) 改善策に対する評価

a 買取スケジュールの改善に対する評価

買取りは金融機関からの要望に応じて実施するものであるところ、第4回買取り以降は、仮申込みを常時受け付け、かつ、仮申込みの状況に応じて買取りの実施を複数回設定するとされている。

これにより、金融機関側は随時制度の利用を検討できることになると考えられる。

b 運用の明確化に対する評価

ア 期限の利益喪失の不要

期限の利益を喪失していなくとも買取りの対象となることを明確化した点は、金融機関がより早期に反社との関係を遮断することを可能にする点で積極的に評価できる。現実には住宅ローンで約定弁済が継続している債権が持ち込まれることが多いとのことである。

イ 保証会社が債務保証している債権

改善策の実施以前から、預保が保証付債権を買い取ることは可能であったが、この点を今般明確にしたものである。

この保証付債権の買取りが預保に持ち込まれることが想定されるのは、主に金融機関が有する債権につきその金融機関のグループの保証会社が保証しているなど、当該金融機関グループ全体で反社を排除しようとする場合である。

もっとも、この場合には、預保が保証付債権のままで買い取るため、買取時点で保証債務が履行されるかどうか不明であることが多く、保証債務が履行されない可能性を想定して買取価格は低くなる傾向にある。そこで、このような場合には、金融機関、保証会社および預保の三者間で、保証債務を履行するか否か、履行する場合にはその後の求償債権をどのように取り扱うかなどについて、事前に協議し、その上で買取価格を決めるという方法もとられているようである。

また、保証会社が保証債務を履行（代位弁済）した後の求償権自体は、特定回収困難債権買取制度の対象とはならない。しかし、後述のとおり、整理

回収機構（以下「RCC」という）のサービサー機能を利用した買取りにより回収を図る方法がある。したがって、前述の保証付債権のままで買い取る際に、将来の代位弁済後の求償債権をRCCが買い取ることを想定して、RCCを含めた四者間で事前に協議し、その上で買取価格を決めるという方法も考えられる。

　さらに、自治体の信用保証協会による保証付債権についても、買取りの対象となることは上記と同様である。これに関連して、金融機関と信用保証協会との間で、反社債権につき錯誤があったなどとして保証契約の有効性が問題となっているケースは、たとえ訴訟係属中の場合であったとしても、その債権も買取りの対象となる。ただし、訴訟の結果次第では信用保証協会が免責される可能性があるため、買取価格は備忘価格に近い金額になろう。

　　ウ　求償権の金融機関買戻し後の買取り
　前述のとおり、保証会社が金融機関に対して保証債務を履行（代位弁済）した後の保証会社がもつこととなる求償権自体は、特定回収困難債権買取制度の対象とはならない。しかし、代位弁済後であっても、再度、金融機関が保証会社より求償債権ないしは貸付債権を買い戻した場合には、買取対象とされていた。このような取扱いは従前からなされていたが、保証会社をグループ会社にもつ金融機関から、このようなケースでの買取りの可否についての相談が多かったために、この点を公表することで従来の取扱いを明確化したとのことである。

(3)　**金融庁の反社との関係遮断に向けた取組みの推進**

　金融庁は、預保が改善策を公表したのと同じ平成25年12月26日、金融庁および各金融機関・業界団体が、反社との関係遮断の実効性を高めるために、以下の取組みを推進することを明らかにした。

a　**反社との取引の解消の推進**

　各金融機関は、警察当局・弁護士等と連携し、反社との取引の解消を推進する。なお、事後に反社取引と判明した案件については、可能な限り回収を図るなど、反社への利益供与にならないよう配慮する。

b　金融機関による、特定回収困難債権買取制度の活用促進

金融庁および預保は、特定回収困難債権の買取制度の運用改善を図るとともに、提携ローンにおいて、信販会社が代位弁済した債権を買い戻した場合も同制度の対象となること等を周知することにより、同制度の活用を促進する。

c　信販会社・保険会社による、サービサーとしてのRCCの活用

特定回収困難債権の買取制度の対象とならない信販会社・保険会社等の反社債権について、RCCのサービサー機能を活用する。

(4)　RCCのサービサー機能を活用した反社債権の回収・管理

RCCは、平成26年3月28日、「RCCのサービサー機能を活用した反社債権の回収・管理について」を公表した。

これは、特定回収困難債権買取制度の対象となっていない信販会社、保険会社等の保有する反社債権の管理・回収についての対応が、現状では一般のサービサーにはなお困難であるという事態を受けて、RCCがこれらの反社債権を買い取り、または管理・回収を受託し、厳正な管理・回収を行うことによって、信販会社、保険会社等と反社等との関係を遮断することを目的とするものである。

RCCのサービサー機能を活用したこの制度は、特定回収困難債権買取制度の補完的なものといえる。

もっとも、これはRCCのサービサー機能の活用にすぎないから、この制度によって買い取った反社債権については、RCCは預保の財産調査権を行使できない。

ただ、実際には、回収能力に長けたRCCが回収をするということの事実上の効果は大きいといえよう。

(5) 第3回、第4回買取りの実情[3]
a　第3回の買取りの結果

第3回買取り（平成26年3月運営委員会決定分）

契約日	買取債権数	買取債権総額	買取価格総額
平成26年3月11日	9件	325,650千円	24,321千円
平成26年4月11日	7件	1,448,435千円	25,547千円
合　計	16件	1,774,085千円	49,868千円

(注) 1．単位未満四捨五入
　　 2．買取債権数については1債務者につき1件として計上

b　第4回買取りの結果

第4回買取り（平成26年6月運営委員会決定分）

契約日	買取債権数	買取債権総額	買取価格総額
平成26年7月	22件	499,557千円	31,697千円

c　買取りの要件の内訳

買取実績要件別内訳（累計）

要件	属性要件	行為要件	両要件
件数	45	7	4

(注)　属性要件は属性要件のみに、行為要件は行為要件のみに、両要件は属性および行為の両要件に、それぞれ該当した債権を示す

d　第2回買取りまでのデータとの比較と検討

　買取りの結果を第2回買取りとの比較でみると、買取総件数、買取債権総額、買取価格総額のいずれも大幅に増加した。これは、主に改善策を先取りして、約弁継続中の債権や保証債権付きの債権の買取りが増えたことによるものと思われる。

　買取要件の内訳は、第2回買取りまでは属性要件12、行為要件1、両要件2であったが、第3回買取りにおいては、属性要件11、行為要件3、両要件

---

[3]　http://www.dic.go.jp/katsudo/kaishukonnan/jokyo.htmlを参照。

2の合計16件であった[4]。第4回買取りにおいては、属性要件19、行為要件3の合計22件であった。

　第2回買取りまでの買取債権総数は15件であったのに対し、平成26年に行われた第3回および第4回買取り債権総数は38件であり、このことから、特定回収困難債権買取制度の利用が増加していることがみてとれる。

　また、第3回および第4回買取りでは、行為要件を認定して買い取った債権が増加している。この中には、金融機関から当初属性要件を満たすとして買取りを求められた債権について、属性要件は満たさないものの行為要件を満たしているとして買い取ったケースがあるとのことである。

e　買取価格

　（買取価格総額÷買取債権額面総額）は約3.6％[5]となっており、買取価格が低廉なのではないかという指摘もあると思われる。

　しかし、詳細な内訳は明らかでないものの、備忘価格で買取りをしているものもあれば、担保付債権等で比較的高額で買い取っているものもあると思料されることから、一概に低廉であると評価することはできないように思われる。

3　まとめ

　民暴和歌山大会以降の特定回収困難債権買取制度を巡る運用や利用状況は、みずほ銀行の問題もあってか、大きく前進したと思われる。

　金融機関は、みずほ銀行の問題の後、積極的に反社との関係を遮断すべく、特定回収困難債権買取制度の積極的な利用を検討していると思われ、このことが第3回、第4回買取実績の増加に現れていると思われる。

　預保においても、この買取制度の利用の増加に応じて、反社債権を積極的に買い取るべく、改善策の実施を公表し、制度の柔軟な運用に力を入れているものと思われる。

4　「特定回収困難債権買取制度における買取業務の運用」しんくみ61巻5号19頁。
5　第4回買取りまでの買取債権数53件について、買取価格総額である93,251千円を買取債権額面総額である2,569,381千円で除したものである。

他方で、特定回収困難債権買取制度の対象外であった反社債権についても、RCCのサービサー機能を利用して買取りをすることが公表されている。これにより、金融機関以外に滞留していた反社債権の回収も進むものと思われ、広く反社債権の回収が進む制度・運用状況が整ってきたと思われる[6]。

　この意味で、特定回収困難債権買取制度は定着しつつあり、これを補完する制度の運用も図られてきているというのが、反社債権の回収場面の現状といえる。

　もっとも、依然として買取りの対象となっていない反社債権が存在している以上、さらなる制度の拡充等が望まれるところである。

6　RCCは平成26年4月28日に以下の内容の特定回収困難債権の買取りをした旨を公表した（http://www.kaisyukikou.co.jp/oshirase/oshirase_043.pdf）。
　買取債権元本額　　1,448百万円
　買取価格　　　　　26百万円
　買取債権数　　　　7件（1債務者につき1件として計上）

VI 保証協会付融資における錯誤を巡る裁判例の動向

弁護士 和田 篤

1 裁判例の動き

(1) 反社会的勢力に対する融資事案

信用保証協会による保証のもとに融資が行われたものの、後に主債務者が反社会的勢力（以下「反社」という）であることが判明した場合に、信用保証協会が錯誤を主張して保証契約の無効を主張した事案について、日本弁護士連合会第79回民事介入暴力対策和歌山大会の協議会資料（第1部「保証協会付融資からの反社会的勢力排除」本書73頁。以下「先行論考」という）では【別表】の三つの事案（事案①、②、③）について紹介していたが、その後、事案②について平成25年10月31日に、事案③については平成26年3月12日にそれぞれ高裁判決が出された[1・2]。

a 事案②・③の控訴審

これらの二つの事案では、反社とされた主債務者が同一で、ほぼ同時期の融資に関する事案でありながら、地裁判決では結論が分かれたために控訴審での判断が注目されていたが、高裁判決においてもそれぞれ原審の結論が維持され、依然として結論が分かれたままとなっている。

すなわち、事案②においては、信用保証協会は、主債務者が反社であることが融資の時点で判明していれば信用保証することはなかったことが明らかであり、このことは金融機関においても当然に認識可能であったことから、

---

1 事案②の東京高裁平成25年10月31日判決については金判1429号21頁・金法1991号108頁。
2 事案③の東京高裁平成26年3月12日判決については金法1991号108頁。

【別表】 主債務者が反社会的勢力の場合の事案

事案		日付	裁判所	錯誤主張の結論
①	第1審	H24.6.29	神戸地裁姫路支部	錯誤無効
	控訴審	H25.3.22	大阪高裁	錯誤無効(ただし、斡旋保証については信義則による主張制限あり)
②	第1審	H25.4.23	東京地裁	錯誤無効
	控訴審	H25.10.31	東京高裁	錯誤無効
③	第1審	H25.4.24	東京地裁	有効
	控訴審	H26.3.12	東京高裁	有効
④	第1審	H25.8.13	東京地裁	錯誤無効
	控訴審	H25.12.4	東京高裁	錯誤無効
⑤	第1審	H26.2.3	松江地裁	有効

「主債務者が反社でないこと」は保証契約締結の当然の前提条件なっており、保証契約における法律行為の要素に錯誤があったとしたのに対し、事案③では、錯誤の枠組みについては、「主債務者が反社でないこと」という認識にかかる事実が、明示または黙示に意思表示の相手方である金融機関に表示されて保証契約の内容になっていることが必要であるとしつつ、本件保証契約においては、「主債務者が反社でないこと」が契約成立の前提条件とされていたのか、そうではなく、これが反社である可能性が想定されていて、そのことが判明した場合のリスクを信用保証協会が負担するものと定められていたのかについて判断すべきとし、結論として、「主債務者が反社でないこと」は契約締結の前提条件とはなっておらず、その場合のリスクは信用保証協会が負うものとなっていたとして、信用保証協会の錯誤主張が認められなかった。

このように結論が分かれたのは、錯誤の枠組みについて、前者では動機が明示ないし黙示に表示されており、相手方にとっても認識可能性があったことを重視しているのに対して、後者では単に動機が表示されているだけでは足りず、さらに契約の内容になっていたかどうかという点を重視したためであると思われる[3]。その結果、後者の判例では、後になって主債務者が反社

であることが判明した場合のリスクをどちらが負担することになっていたかという点について、当事者間における約定書等の事実関係を踏まえて当事者間の契約内容を吟味し、「主債務者が反社でないこと」は保証契約締結の当然の前提条件となっておらず、そのリスクは信用保証協会が負うことが契約の内容になっていたと認定した[4]。

b 事案④

また、和歌山大会後に公刊された同種事案として事案④があり、ここでは第1審、控訴審ともに錯誤無効の主張が認められている[5]。

この事案は、平成21年12月28日に行われた融資につき、主債務者（Z会社）の代表取締役Aが暴力団の組長であったことが融資後に判明した事案であるが、保証契約ないし融資時点では代表取締役がその妻B（後に離婚）に変更されていた事案であり、主債務者が反社であるかどうかも争点となった事案である。

しかしながら、判決では、融資時点において①Zの株式の3分の2をAが所有していること、②Aが所有する建物をZに賃貸し、AがZから賃料を得ていること、③この建物にABがともに居住していること等の理由から、融資時点においてもZが反社であったと認定しており、錯誤については、「主債務者が反社でないこと」は動機に関する錯誤であったとしても黙示的に表示されているので、要素の錯誤に当たるとして、ほぼ事案①・②と同様の枠組みで錯誤無効を認めた。

c 事案⑤

他方、事案⑤は、信用保証協会の錯誤無効の主張が認められなかった事案であり、事案③と結論を同じくするものである[6]。

---

3 錯誤における動機表示の意味について後掲注9参照。
4 事案③の第1審についてではあるが、事案①の高裁判決と比較して錯誤無効を認めなかった結論について疑問を呈するものとして、中村也寸志「信用保証協会が締結した保証契約の主たる債務者が反社会的勢力であった場合と当該保証契約の錯誤無効の成否」金法1979号6頁以下。
5 事案④の地裁・高裁判決については金判1435号27頁。
6 事案⑤の地裁判決については金判1446号54頁。

判決では、動機の錯誤に当たるかという点につき「当事者が、本件保証の表示行為に付与した共通の意味（真意）が、錯誤無効のリスクを表意者である被告（信用保証協会）から相手方である原告（金融機関）に転嫁することにあった場合には、被告が主張する動機が本件保証の内容とされていることになると解することになる。」としつつ、この契約の解釈にあたっては「①動機の取引的重要性、②相手方の動機の認識可能性、③当事者の属性、④相手方の積極的な不実表示によって表意者に動機の錯誤が形成された場合か否かという点に着目して、総合判断するのが相当である。」とした。

その結果、信用保証契約においては、信用保証協会も自ら信用調査をして与信の可否を判断しており、その調査結果から生ずるリスクについては自ら負担するのが原則であること、金融機関から信用保証協会への信用保証の依頼は、主債務者の属性を積極的に表明、確約する意味合いをもつものとはいえないことから、本件保証に付与した共通の意味が、信用保証が錯誤無効となることから生ずるリスクを金融機関に転嫁することまでを合意していたものとは即断し得ない、として動機が本件保証の内容とされていたものとは認めなかった。

このように、錯誤無効を認めなかった判例は、錯誤無効の内容について、保証契約における当事者の合意内容を重視し、リスクをどちらが負担することが予定されていたかという点に着目するものといえる[7]。

(2) **融資詐欺に関する事案—東京高判平26.1.30—**

前記のとおり、反社に関する融資事案については、現状下級審において、錯誤無効が認められるか否かについて結論が一致していない。

一方、主債務者が反社ではないものの、企業実体を偽って融資を受けるよ

---

[7] 以上の錯誤を肯定・否定する一連の事案についての評論につき、佐久間毅「信用保証協会による保証と錯誤無効」金法1997号6頁参照。同評論によれば、保証は主債務の不履行のリスクを保証人が引き受けることを内容とする契約であり、主債務者が反社に当たる者であることについて債権者たる金融機関のリスク負担とすべき特段の事情がない限り、錯誤無効を認めるべきでないとする。そして、ここにいう特段の事情としては、金融機関が必要な注意を怠っていた場合や、主債務者が反社に当たることを知っていたような場合に限られるとする。

うな、いわゆる融資詐欺事案についても、事案によって結論が分かれているが、保証人である信用保証協会が本来負うべきリスクであるとして、錯誤無効が認められないケースが多い[8]。

これらの融資詐欺事案と反社に関する融資事案とで錯誤無効の判断枠組みが異なるのかについて、近時出された東京高判平26.1.30（金法1988号109頁・金判1435号21頁。原審：東京地判平25.8.8金法1982号162頁・金判1425号44頁）が注目される。

すなわち、本件は、詐欺グループがペーパーカンパニーを利用し、その代表者に成りすまして融資金を詐取する目的を秘して融資を行わせたという事案であるが、原審においては、要素の錯誤に当たるかどうかに関し、貸付金詐取のリスク負担に関する当事者間の合意内容を吟味するものとした上で、「信用保証を行うことが信用保証協会の公的性格に著しく反するような場合（例えば、いわゆる「反社会的勢力」に公的資金が流入することになる場合等。このような場合には、そもそも金融機関による貸付自体が厳しい社会的批判にさらされることが予想され、金融機関としても、そのような事態が生じないように努める責務があるともいえる。）には、その事情に応じて別途の考慮が必要となることがあるとしても、そうでない場合には、」信用保証協会の公的性格を理由として、当然に貸付金詐取のリスクが金融機関に転嫁されていると解することは相当でない、とされており、反社に対する融資の場合は、どちらがリスクを負うか別途考慮の余地があるかのような判断がなされていた。

しかし、控訴審判決は、前記鍵括弧部分の判旨を削除した上で「金融機関が当該信用保証協会の保証付き融資案件において金融機関に期待される相当な融資審査を行った場合には、上記融資金詐欺によって信用保証協会に生じ

---

[8] さいたま地判平19.6.6（金法1820号55頁）およびその控訴審である東京高判平19.12.13（金法1829号46頁）は、金融機関経由保証において錯誤無効が認められたケースであるが、融資にあたって金融機関において現地調査を行っておらず、信用保証協会に対する報告書に現地調査を行った旨の虚偽の記載がされている事案であった。錯誤無効が認められなかった事案としては、那覇地判平23.2.8およびその控訴審である福岡高裁那覇支判平23.9.1（どちらも金法1982号143頁）、那覇地判平24.1.18およびその控訴審である福岡高裁那覇支判平24.7.26（金判1421号14頁）がある。

るリスクは、信用保証協会の保証付き融資において想定された範囲内のリスクであり、信用保証協会が正常な融資であると信じて信用保証をしたことを理由として、信用保証契約が要素の錯誤により無効となるものではない」とした。

　この控訴審判決があえて反社の場合に関する原審の判示部分を削除したのは、当該事案の解決に不要と判断したためであるとも考えられるのであって、仮に反社が融資詐欺を行った場合であっても、通常の融資詐欺と同じように当然に信用保証協会がリスクを負うものとまで判断したかどうかは必ずしも明らかでない。

　なお、この判例のように、要素の錯誤に当たるかどうかの判断に際し、当該契約における当事者間の合意（リスク負担の合意）を重視する判断枠組みは、反社に関する事案において錯誤無効を認めなかった事例③と同様であり、これは、錯誤顧慮の要件設定につき、「合意主義」の考え方に立ち、判例理論にいう動機が表示されて法律行為の内容になった場合には錯誤が適用されるという意味につき、いわゆる「内容化重視説」[9]に依拠するものであるという指摘がされている[10]。

2　錯誤無効訴訟の結論とその対応

　(1)　1(1)で述べたとおり、融資先が反社であることを理由とする錯誤無効訴訟の結論は、大きく分けて、①錯誤無効肯定（事案①の第1審判決、事案②・④）、②錯誤無効肯定・信義則で制限（事案①の控訴審判決）、③錯誤無効否定（事案③・⑤）となるが、最高裁がいかなる立場をとるかはいまだ不明

9　山本敬三『民法講義Ⅰ（総則）〔第三版〕』（有斐閣、2011年）179頁以下。同書によれば、錯誤の要件を顧慮するにあたっては、相手方の正当な信頼を保護する考え方である「信頼主義」と、双方の当事者がした合意を尊重するという考え方である「合意主義」とがあり、動機が表示された場合に錯誤が認められるのは（動機表示構成の意味）、「信頼主義」の立場からは、動機が表示されているかどうかを重視することになるのに対して（動機表示重視説）、「合意主義」の立場からは、動機が表示されて「法律行為の内容」になったかどうかを重視する（内容化重視説）ことになるとされる。
10　金法1982号166頁コメント欄参照。

である。もっとも、最高裁がいかなる立場をとるにせよ、以下のとおり、問題の本質的な解決には至らない。

現時点で、金融機関と信用保証協会が最高裁の結論を待っている状態であれば、最高裁がいかなる立場をとるにせよ、何らかの対応を行う必要があることを踏まえ、問題の本質的な解決に向けた枠組みの検討（この点についての具体的な提言については、先行論考を参照されたい）を速やかに開始することが望まれる。以下、最高裁で予想される結論を踏まえて場合に分けて論じる。

(2) 検　討
a　錯誤無効肯定の場合

前掲の先行論考にも記載しているとおり、信用保証協会の錯誤無効が肯定されるとすると、信用保証委託契約が無効となり、信用保証協会の債務者に対する求償債権も存在しなかったことになり、これに伴い、附従性で保証も担保も無効という自体が生じる。この場合、保証人や担保提供者が反社であれば、結果的に反社を利するということになりかねない。

同論考では、かかる事態が生じないための処理も検討したが、仮に最高裁が錯誤無効を肯定する見解を示したとしても、金融機関と信用保証協会間で協議の上、先行論考（本書81頁）で提案したように、保証免責の枠組みで解決策を模索する等、そもそも担保や保証が無効とならないような枠組みを検討する必要が生じる。

b　錯誤無効肯定・信義則で制限の場合

この見解を採用する事案①の大阪高裁判決では、金融機関や信用保証機関の融資審査の実態等に踏み込んで、信義則違反の有無やその割合を判断している。仮に最高裁が同様の見解を示すとすると、本事案における金融機関と信用保証協会の争いは、融資実態等の双方がどのような体制のもとで反社に対する審査を行っているか等が問題となり、これが公開の訴訟の場で明らかにされるということになりかねない。

また、同様の事案が発生する都度、信義違反の有無、その割合が争いとなるため、今後も紛争が継続するということにもなる。

したがって、仮に最高裁が同様の見解を示したとしても、かかる事態が生じないよう、金融機関と信用保証協会間で協議の上、先行論考で提示していたような保証免責の枠組みでの処理等を検討する必要がある。

c　錯誤無効否定の場合

　この見解を採用する事案③の高裁判決は、「本件各保証契約において、A社が反社関連企業でないことが契約締結の前提条件とされていたということはできず、これが反社関連企業である可能性は当事者間で想定されていて、そのことが判明した場合も控訴人はそのリスクを負担して保証債務を履行することが契約の内容となっていたものであり、また、仮に控訴人の内心がこれと異なるものであったとしても、そのことは明示にも黙示にも被控訴人に対して表示されていなかったので、本件各保証契約の内容となってはいなかったものと認められる。」としている。

　仮に、最高裁が同様の見解を示したとしても、あくまで個別の事実関係を前提とした判決となる。したがって、例えば、信用保証協会が、最高裁判決を踏まえて、今後、「債務者が反社でないことが契約締結の前提条件であり、これが判明した場合には、保証債務を履行せず、錯誤無効を主張する。」というように明示して信用保証をしていた場合には、結論が変わる可能性があり、結局のところ、同様の事例においては、金融機関と信用保証協会間の紛争は継続することになりかねない。

　したがって、仮に最高裁が同様の見解を示したとしても、かかる事態が生じないよう、金融機関と信用保証協会間で協議の上、この場合も先行論考で提示していたような保証免責の枠組みでの処理等を検討する必要がある。

3　まとめ

　以上みてきたとおり、裁判例においては、反社に関する事案についても、融資詐欺の事案についても、錯誤理論の理解の相違も相まって、結論の一致をみていない状況にある。

　しかし、反社に対する融資事案については、錯誤に関する結論がどうあっても、その後の回収の問題は依然として残るのであり、金融機関か信用保証

協会のどちらがリスクを負うべきかという問題にとどまるものではない[11]。

保証協会付融資において反社に対して融資が行われた場合の回収、すなわち出口論についても、預金保険機構による特定回収困難債権買取制度ないし、整理回収機構（RCC）によるサービサー機能の利用など公的な回収制度の整備を進めつつ、金融機関および信用保証協会の上部団体による協議が早急に必要であることは、現状においても変わりがない。

---

11 この点、事例③の控訴審判決（東京高裁平成26年3月12日判決）においても、「控訴人（信用保証協会）と被控訴人（金融機関）はそれぞれ融資と信用保証を行うことを専門とする法人であり、融資先が反社会的勢力関連企業であることが事後的に判明するという事態は、融資の現場において生じうることとして十分認識されてきているのであるから、その処理はあらかじめ定めるべき事柄であり、そこで当事者双方がどのような場合にどの程度リスクを負うかということは、さまざまな要請をどう実現するかという政策的観点に従って双方で取り決めるのが適切であることは、異論のないところではないかと思われる。にもかかわらず、この点につき定めが置かれていないのであれば、問題が生じた場合には、既存の契約書等から導かれる合意の内容に従って処理するほかはないのであって、それを元来想定外の事態が生じた場合に例外的に表意者を救済することを趣旨とする錯誤無効の法理を援用し、意思表示の効力の問題として解決しようとすることには無理があるものといわざるを得ない。」と指摘されている（金法1991号120頁ク）。

VII 反社会的勢力を債務者とする求償債権の管理

弁護士 古川純平

1 はじめに

　信用保証協会、保証会社および信販会社（以下「保証会社等」という）の保証付融資について、融資先が反社会的勢力（以下「反社」という）であると判明した場合、保証会社等としては、反社であると知っていれば保証契約をしなかったとして、錯誤無効を主張して代位弁済を拒絶するか検討することになろう。

　この点について、現状、金融機関と信用保証協会との事例で、複数の裁判例[1]が出されており見解も分かれているところ、反社排除という観点からすれば、かかる争いが継続していること自体問題が大きく、解決に向けた取組みが待たれるところである。この点に関する検討の詳細は73頁の「保証協会付融資からの反社会的勢力排除」の論考（以下「先行論考」という）を参照いただきたい。

　そして、仮に錯誤無効を主張しない場合（あるいは錯誤無効の主張が認められない場合）には、代位弁済を行うことになるが、代位弁済後の求償債権の管理をどうするか、という点についても悩ましい問題を含んでいる。

　本稿では、この反社を債務者とする求償債権の管理について、検討することとしたい。

---

[1] 東京高判平26.3.12（金法1991号108頁）、東京高判平25.12.4（金判1435号27頁）、東京高判平25.10.31（金法1991号108頁）、大阪高判平25.3.22（金法1978号116頁）等。

2　問題の所在

現在、債務者が反社と判明した場合、銀行等であれば、預金保険機構の特定回収困難債権買取制度を利用することが可能である。しかしながら、保証会社等は、預金保険法における金融機関でもないため、預金保険機構の特定回収困難債権買取制度の対象にはならない（預金保険法101条の2第1項、2条第1項）。

そのため、債務者が反社と判明している場合、代位弁済を行った保証会社等は、原則として自身で債権管理、回収を検討する必要があるが、安易なリスケジュールや一部免除の和解を行うと利益供与と捉えられる可能性がある。

他方で、代位弁済にまで至る債務者であれば、全額弁済となるケースは多いとはいえず、全額弁済に至らない場合には、原則として保証会社等は管理を継続していくことになるが、消滅時効が完成して時効の援用をされるとなると、利益供与と評価される危険性もあるため、時効中断措置も適宜検討しなければならない。

したがって、保証会社等としては、一部弁済等の債務承認行為がなければ訴訟を提起するなどして、時効管理を行う必要があるが、カードローンの保証や信販会社の保証の場合には、求償債権の額自体小さく、費用対効果の観点からは裁判上の請求を行うことについて経済合理性を欠くケースも存在し、また、債務者から債務承認を取得することが困難なケースも多々ある。そのような場合にまで、時効消滅を避けるために、裁判上の請求を行わなければならないとなると、保証会社等にとっては大きな負担となる。

この点、反社の債務者が破産申立てを行った結果破産免責となった場合や、相続等によって当該求償債務が反社以外の者に承継されるといった事情が生じれば、かかる債権管理の負担も回避可能となるが、いずれも反社側の事情であって保証会社等でコントロールできるものではない。

そこで、保証会社等の側で有効な手段がないか、検討をしてみたい。

3 和解の可否

　一般の債権回収の手段として、相手方に任意の弁済を促すために、一部免除や、期限の利益を与えて分割弁済を許容することは多々ある。求償債権についても、かかる和解は一般の債務者であればよく行われているところであろう。もっとも、前述のとおり、債務者が反社である場合、一部を免除することや、分割弁済を許容することは、反社を利することになりかねず、場合によっては、利益供与に該当すると評価されかねないため、慎重な検討を要する。

　この点、平成25年11月28日付参議院財政金融委員会において、警察庁刑事局組織犯罪対策部長は、「一部を免除することが、各自治体において制定されております暴力団排除条例における暴力団員等への利益供与に当たるかどうかについては、やはり個別具体の事案に即して判断すべき問題でありまして一概に申し上げることはできませんが、そのことをもって直ちに暴力団員等への利益供与に当たるとは考えてはおりません。」との見解[2]を示しており、従前の警察庁の担当者の見解[3]よりはやや柔軟な印象も認められるものの、和解が可能となる具体的な基準までは示されていない[4]。

　したがって、一部免除等が認められるか否かを検討するにあたっては、個別案件ごとに諸般の事情を踏まえて総合考慮を行うほかないが、主な考慮要

---

[2]　第185回国会参議院財政金融委員会会議録第5号2頁。http://kokkai.ndl.go.jp/cgi-bin/KENSAKU/swk_dispdoc.cgi?SESSION=4824&SAVED_RID=5&PAGE=0&POS=0&TOTAL=0&SRV_ID=10&DOC_ID=2590&DPAGE=1&DTOTAL=4&DPOS=1&SORT_DIR=1&SORT_TYPE=0&MODE=1&DMY=11211

[3]　平成23年11月8日に行われた全国サービサー協会主催の第17回コンプライアンス研修会における警察庁担当者の見解ではあるが、「反社債権の放棄は、放棄する金額の多寡、回収費用を問わず原則として暴排条例で禁止されている利益供与に該当し、その例外はきわめて限られる」「債権放棄でなく、リスケにとどまるのであれば、そのリスケ自体は利益供与に該当しないとするものの、延滞分の利息の減免等があれば、それらはすべて利益供与に該当する」との見解が示されていた（本書50頁）。

[4]　「類型化というのはなかなか難しいんでございますが、やはりその免除する額あるいはその理由等について検討する必要があるのではないかというふうには考えております。」との回答はなされているが具体的な基準は示されていない（前掲注2・2頁）。

素としては、以下のような要素が考えられる。なお、一部免除等を行うにしても、様々な事情を考慮した上での判断になる。かかる判断の合理性を担保するためにも、事案によっては弁護士の意見書を徴求するなどしておくことが望ましい。

(1) 免除する債務の種類、金額

免除する債務が元金であるのか、未収利息金であるのか、遅延損害金であるのか、その金額はいくらであるのか（どれくらいの割合を免除するのか）、という点は考慮要素となる。

(2) 反社の属性

債務者がどのような理由で反社と認定されているのかについても、考慮要素となる。例えば構成員も多い暴力団の現役組長と、単なる一構成員とでは、資力の蓋然性という点でもレピュテーションリスクの点でも差異が生じる。

(3) 債務者の資力

債務者の資力も考慮要素となり、一部弁済の場合にはその原資が何かという点も考慮要素となろう。

(4) 融資の形態、資金使途

融資の形態や資金使途も考慮要素となろう。

例えば、融資が事業性資金であり、暴力団組織活動を助長している場合や、住宅ローン資金であるが、住宅が暴力団事務所になっている場合などには、一部免除等をすることは、暴力団組織を助長することにつながりかねない。

(5) 関係解消までの期間

関係解消までの期間、すなわち、速やかな一括返済か、長期間の分割返済かといった事情も考慮要素となる。

反社との速やかな関係遮断という観点からすれば、一部の免除はしても一括で回収を図って事件を終結し、反社との関係を消滅させることが許容される場面も想定されるが、免除はしないとしても、長期の分割弁済などは、延々と反社との関係が継続することになり、その間、強制執行等ができない

のであれば、かかる分割弁済の合意には合理的な理由を見出すことが困難な場合が多いといえる。

(6) 通常債務者の場合の処理との差異

暴力団以外の債務者に対する場合の基準との差異は一つの考慮要素にはなり得る。

4 債権者破産

前述のとおり、債務者が破産を申し立て、免責に至るのであれば、時効管理等も行う必要はなくなるため、債務者が破産の申立てを行わない場合には、債権者の側で申立てを行うということが考えられる。

しかしながら、債権者破産の申立ての場合、第一に申立費用の負担が大きいという問題がある。例えば、東京地方裁判所では、債権者破産申立ての場合の予納金は、負債総額5000万円未満で、法人の場合70万円、自然人の場合50万円、負債総額5000万円以上1億円未満で法人の場合100万円、自然人の場合80万円、負債総額1億円以上5億円未満で法人の場合200万円、自然人の場合150万円とされている[5]。破産管財人が選任されて財産調査等を行うことで相応の回収が見込まれる場合であればともかく、そうでない場合に、かかる高額の費用を拠出することは困難な場合が多いであろう。また、債務者が破産を望んでいた場合には、債務者の破産費用を保証会社等が代わって支出したことが、利益供与に該当する可能性もある。

また、債権者破産の申立ての場合には、通常の訴訟等よりは、債務者からの一定の反発も強くなる可能性が高いため、従業員等の安全にも配慮する等、十分な準備を要する。

したがって、債権者破産の申立ては、半永久的な管理から解放されるという点でメリットはあるものの、実際に申立てを行うにあたっては、慎重な検討が必要となる。

---

5 東京地裁破産再生実務研究会編著『破産・民事再生の実務〔第3版〕破産編』150頁。

5　預金保険機構の利用

　預金保険機構は、「保証会社等が代位弁済したことにより当該保証会社等が保有することとなった求償債権及び貸付債権については、当該貸付債権が元々金融機関の保有するものであれば、当該金融機関が買い戻した場合であっても、金融機関の保有する貸付債権として買取対象となり得ます。」[6]との見解を示しており、同日付の金融庁「反社との関係遮断に向けた取組の推進について」という発表でも同趣旨の記載がある。

　また、金融庁の同発表では、「特定回収困難債権の買取制度の対象とならない信販会社・保険会社等の反社債権について、RCC[7]のサービサー機能を活用する。」との記載もある。

　これらの制度について、その有効性等を検討してみたい。

(1)　買戻スキーム

　金融機関と保証会社が同じ企業グループに属する場合には、買戻しを柔軟に行うことができるため、同スキームは利用しやすい。そして、求償債権の段階であっても、買戻し後の買取りが可能か否か、預金保険機構に対して事前に相談をすることは可能なようである[8]ので、保証会社がグループ会社の場合には、同スキームの利用を検討する事例は今後も増えることが想定される。

　なお、代位弁済前に保証会社等の保証付融資の債務者が反社であることが判明した場合、保証付きの状態で買取りをするのか、一旦代位弁済を受け、買戻しを行った上で買取りをするのかは債権者の選択となると思われるが、前者の場合には、買取り後に保証会社の代位弁済をどうするのかや、預金保険機構に対して代位弁済する場合には、代位弁済後の求償債権をどうするの

6　平成25年12月26日付「特定回収困難債権買取制度の改善策の実施について」(https://www.dic.go.jp/katsudo/kaishukonnan/kaizen2512.html)。
7　株式会社整理回収機構の英文名称の略称。以下、同じ。
8　これができないのであれば、買戻しはしたが、買取りはされないというリスクを抱えることになり、利用が困難となろう。

か等の問題を事前に協議しておく必要がある。

今後、実例が増えていき、その概要が利用者に情報提供されることで、本スキームのよりスムーズな利用が促進されることを期待したい。

(2) RCCのサービサー機能

「RCCのサービサー機能を活用する。」とあるため、RCCが買取りを行うケースと、RCCが回収行為の委託を受けるケースが考えられる。

これらが可能な場合の要件については公表されていないが、民間の他のサービサーの業務への影響等に配慮し、特定回収困難債権買取制度の買取要件（属性または行為要件）を満たすことが求められると考える。

買取りの代金や回収行為の手数料についても明らかではないが、今後実例が増えていく中で情報が開示されることが期待される。

効果の面では、買取りの場合であれば、債務者である反社との関係が遮断され、管理コストが軽減するという点ではメリットがあり、回収行為を委託するというケースでも、利益供与の問題や安全対策等で一般の債務者よりも回収に労力とコストを要する先について、これらの負担が一定程度軽減されることを重視すれば、手数料如何では検討に値するのではなかろうか。

(3) 信用保証協会の求償債権

信用保証協会の求償債権については、保証会社や信販会社の求償債権とは別途の検討が必要となる。すなわち、信用保証制度では、信用保証協会は、代位弁済後、代位弁済の事実を中小企業金融公庫（日本政策金融公庫に業務移管。以下「公庫」という）に通知すると、同公庫は、代位弁済額の一定割合を保険金として信用保証協会に支払うが、その後、信用保証協会が回収した場合には、保険で賄われた割合に応じて、信用保証協会は同公庫に案分納付するという仕組みになっており[9]、かかる仕組みに応じた検討を要する。

a 買戻スキーム

前記仕組みからすると、仮に信用保証協会の保証付融資について、信用保証協会の代位弁済後に買戻しということになれば、公庫との関係でも協議が

---

[9] 江口浩一郎編『信用保証〔第3版〕』（金融財政事情研究会、2005年）12頁参照。

必要となる。仮に、実際に買戻しを行って買取りがなされるとなれば、買取りがなされた後に回収が行われた場合でも、公庫に案分納付することが可能かという問題[10]もある。

また、そもそも、買戻スキームについては、グループ会社の金融機関と保証会社間でのやりとりを想定していると思われ、グループ外である信用保証協会との関係で行うことは、金融機関が応じるメリットもなく、現実的でもない。

したがって、信用保証協会の求償債権については、買戻スキームを利用することは困難であろう。

b　RCCのサービサー機能の利用

前述のとおり、RCCのサービサー機能の利用にあたっては、①買取りと②回収行為の委託が存在する。

①買取りについては、買戻スキームの場合と同様、RCCによる回収後に、回収金の一部を公庫に案分納付することが可能かという問題がある。

②の回収行為の委託については、一定の手数料を支払って回収行為を委託するだけであり、債権者はあくまで信用保証協会であるため、検討の余地はあるが、RCCのサービサー機能を利用する場合にはRCCには財産調査権までは認められないと思われ、そうすると、手数料を支払ってまで回収行為を委託するメリットがどの程度あるかという点が問題となろう。

信用保証協会の求償債権についても、債務者が反社の場合の管理コスト等の問題は、保証会社や信販会社の求償債権の場合と同様であり、種々の問題があるとしても、預金保険機構、RCC、信用保証協会、公庫、その他の関係諸機関の間で、信用保証協会の求償債権についても、有効な回収方策を検討していくことを期待したい。

10　信用保証協会と公庫の関係でも求償債権を第三者に債権譲渡することは想定していないと思われ、買戻スキームでも、買取り後に回収した場合に、回収金の一部を第三者に納付することは想定していないと思われる。

VIII 提携ローン問題等を踏まえた金融機関に求められる反社対応にかかる態勢整備上の留意点[1]

―― 平成25年12月26日付「反社会的勢力との関係遮断に向けた取組の推進について」および平成26年6月4日付改正監督指針の解説ならびに具体的論点の検討 ――

弁護士　**國吉雅男**

1　はじめに

　金融庁は、平成25年に行われたみずほ銀行等に対する提携ローンにかかる行政処分[2]等を契機として、同年12月26日に「反社会的勢力との関係遮断に向けた取組の推進について」(以下、便宜上、本稿においては「取組推進」という)および「みずほ銀行等における反社等の問題を踏まえた今後の検査について」[3]を公表し、預金保険機構も、これに平仄を合わせる形で、同日に「特定回収困難債権買取制度の改善策の実施について」を公表した。また、これらの内容を受け、金融庁は、平成26年2月25日に「主要行等向けの総合

1　本稿は、金融法務事情1991号(46頁以下)に掲載された論稿を、パブコメ結果等を踏まえ加筆・修正したものである。
2　みずほ銀行等に対する行政処分の内容、行政処分の理由、行政処分に至った経緯等については、金融庁および同行のウェブページ上に公表されているところであり、紙幅の関係上、本稿では、解説、検討に必要な範囲で適宜触れるにとどめる。
3　本稿では、紙幅の関係上、本公表文については触れないが、本公表文には平成25年9月6日公表の金融モニタリング基本方針に沿った対応が記載されている。金融モニタリング基本方針については、和田良隆「平成25事務年度金融モニタリング基本方針の概要」金法1980号70頁以下、森信親ほか「新しい金融検査・監督」週刊金融財政事情2013年10月21日号10頁以下に詳しい。

的な監督指針」等および「金融検査マニュアル」等の一部改正（案）の公表を行い、意見募集手続（パブリックコメント）を経て、平成26年6月4日に、「コメントの概要及びコメントに対する金融庁の考え方」（以下「パブコメ結果」という）を公表し、改正監督指針等については同日より適用が開始された。

　平成19年6月の政府指針[4]のとりまとめ、平成20年3月の監督指針の改正以降、各金融機関においては、契約約款への暴力団排除条項（以下「暴排条項」という）の導入、反社データベースの整備等の取組みを進めてきたところであるが、今後は、より実効性ある反社対応が求められることになる。

　本稿では、取組推進および改正監督指針[5]の内容に沿って、①反社会的勢力との取引の未然防止（入口）、②事後チェックと内部管理（中間管理）、③反社会的勢力との取引解消（出口）の各局面において、金融機関に求められる態勢整備等の留意点について解説し、具体的に問題となり得る論点について検討を行う（本文中、罫囲みの箇所については、取組推進の引用）。

　なお、本稿はすべて現時点における筆者の個人的な見解を示すものであり、筆者が現在所属する法人および過去に所属した組織・団体の意見・見解を表明するものではない。

2　反社会的勢力との取引の未然防止（入口）

(1)　暴排条項の導入の徹底

> 各金融機関は、提携ローン（4者型）を含め、暴力団排除条項の導入を改めて徹底する。

　みずほ銀行の事案における第三者委員会（提携ローン業務適正化に関する特別調査委員会）の平成25年10月28日付報告書において「みずほ銀行は、一定

4　企業が反社会的勢力による被害を防止するための指針（平成19年6月19日犯罪対策閣僚会議幹事会申合せ）。
5　本稿では、「主要行等向けの総合的な監督指針」の内容をもとに論ずるが、他業態における改正監督指針の内容も基本的に同様である。

の場合、所定の手続により清算手続（オリコによる保証債務の履行（代位弁済）又はみずほ銀行が有する融資債権のオリコへの譲渡（債権譲渡））を行うことができることとされているが、本キャプティブローンを自行債権として認識し、自行債権と同等の反社取引管理を実施する施策を講じる以上、本キャプティブローンのみ暴排条項導入の例外として取り扱う合理的理由は見出しがたく、本キャプティブローンの「金銭消費貸借契約条項」への暴排条項の導入の検討を再発防止策に盛り込むことが相当（注：下線は筆者。以下同じ）と考えられる」との提言がなされている。

　金融庁も、上記取組推進の記載に加え、改正監督指針の(3)適切な事前審査の実施の項において「提携ローン（4者型）については、暴力団排除条項の導入を徹底の上、銀行が自ら事前審査を実施する体制を整備し、かつ、提携先の信販会社における暴力団排除条項の導入状況や反社会的勢力に関するデータベースの整備状況等を検証する態勢となっているか。」という点を監督上の着眼点としており、提携ローンにかかる金銭消費貸借契約への暴排条項導入の徹底を求めている（Ⅲ-3-1-4-2(3)）。したがって、今後、金融機関が提携ローン（4者型）を実施するにあたっては、金銭消費貸借契約への暴排条項の導入が不可欠といえよう。

　また、取組推進は、提携ローン以外の取引についても暴排条項の導入の徹底を求めており、前記改正監督指針の(3)適切な事前審査の実施の項においても、従来からと同様に、「反社会的勢力との取引を未然に防止するため、反社会的勢力に関する情報等を活用した適切な事前審査を実施するとともに、契約書や取引約款への暴力団排除条項の導入を徹底するなど、反社会的勢力が取引先となることを防止しているか。」という点が監督上の着眼点とされている（Ⅲ-3-1-4-2(3)）。

　したがって、金融機関としては、この機会に今一度、自金融機関のすべての約款・契約書類につき合理的な理由がないにもかかわらず暴排条項が導入されていないものがないか精査の上、もし該当があれば、可及的速やかにその導入を図るべきである[6]。

　また、従来からの監督指針の記載内容（反社会的勢力との取引を未然に防止

第2部　民暴和歌山大会後の議論の深化（平成25年11月〜）と近弁民暴委員の研究成果

するため、反社会的勢力に関する情報等を活用した適切な事前審査を実施する）に加え、今般、提携ローン（4者型）について金融機関が自ら事前審査を実施する体制の整備が求められたことや事後排除と比較した事前審査による取引謝絶の優位性[7]からすれば、提携ローン（4者型）以外の契約についても、金融機関が契約当事者となる契約については、合理的理由がない限り、事前審査を実施の上、取引謝絶のための態勢を整備する必要があると考える。

　また、事前審査の徹底という点に関しては、預金取引の反社検証にかかるパブコメ結果のNo.45が重要である。これまで、普通預金口座の開設にあたり、申込者から表明確約を取り付け、これを徴求できた場合には、一旦口座を開設し、口座開設後に反社検証を行い、該当した者について事後的に解約を行うという取扱いを行ってきた金融機関もあったが、こうした取扱いの可否について今般コメントが提出された。

　これに対する金融庁の考え方は、

　「近時、反社会的勢力への対応に対する社会の関心が高まっている状況を踏まえると、反社会的勢力との取引を未然に防止するため、普通預金口座の開設前に、反社会的勢力に関するデータベースを用いて申

6　監督指針が第一義的に念頭に置いているのは、金融取引にかかる約款・契約書類であると考えられるが、それ以外の取引にかかる約款・契約書類についても暴排条項導入の必要性は認められる。暴排条項の導入にあたっては、リスクベース・アプローチの観点から優先順位を付けて対応することも考えられるが、当該監督指針の内容は、監督指針に「反社会的勢力による被害の防止」にかかる項が新設された当時（平成20年3月）から盛り込まれていたものであり、すでに相当期間経過していることから、現時点においていまだ導入がなされていないことをもってその不備を問われるリスクはある。
7　①契約自由の原則（本来、契約を締結するまでの時点は、〈契約自由の原則〉に基づき、反社会的勢力との契約を、企業の総合的判断に基づいて拒絶することは自由であること（政府指針解説(5)）、②契約締結後の関係解消の困難性（一旦契約を締結してしまうと、相手方に既得権が発生するため、関係解消のためには相手方が反社であることの十分な立証を要し、また暴排条項による解除・期限の利益の喪失が可能だとしても、従業員等に対する十分な保護対策が必要など、実際に関係を解消するためには多大な労力を要し、非常な困難を伴うこと）が事後排除に比した事前排除の優位性の根拠として挙げられる。

> 込者についての照合を行う必要があると考えます。
> 　なお、その場合でも、個々の取引状況等を考慮して、即時に営業店で排除することが困難等のやむを得ない事情がある場合に、例外的に口座開設に応じる取扱いを取ることも考えられますが、関係機関等の連携の上、直ちに反社会的勢力を取引から排除する態勢が整備されていることが必要と考えます。」

というものであり、原則として上記のような取扱いは許容されないことが明確となったといえる。したがって、上記のような取扱いを行っている金融機関は、早急に事前審査実施のための態勢整備に取り組む必要がある。

(2) 反社データベースの充実・強化

a 各金融機関・業界団体の反社データベースの充実

> 　各金融機関・業界団体において、引き続き反社会的勢力の情報を積極的に収集・分析して反社データベースの充実を図るとともに、グループ内や業界団体間での反社データベースの共有を進める。

　業界団体間での反社データベースの共有については、全国銀行協会(以下「全銀協」という)が、これまで独自に収集した反社データベース(公知情報)を、適切な情報管理等を条件に、8業界団体(日本クレジット協会、全国信用金庫協会、全国信用組合中央協会、労働金庫連合会、信託協会、日本貸金業協会、生命保険協会、日本損害保険協会)に提供する[8]旨および全銀協の反社データベースの強化の観点から他の業界団体の反社データベースを全銀協が受領し[9]、会員各行に展開することを今後検討する旨を公表している(全銀協平成25年11月14日付公表文「反社会的勢力との関係遮断に向けた対応について」参照)。

　こうした各業界団体間における反社データベースの共有の取組みにより、

8 　全銀協から反社データベースの提供を受けた各業界団体は、同反社データベースを傘下会員金融機関等に提供することが想定されている。

各業界団体および傘下会員金融機関等が保有する反社データベースの底上げが期待できる。

　他方、こうした反社情報の共有にあたっては、個人情報保護法との関係を整理しておく必要がある。この点については、「企業が反社会的勢力による被害を防止するための指針に関する解説」（平成19年6月19日犯罪対策閣僚会議幹事会申合せ）の「⑾個人情報保護法に則した反社会的勢力の情報の保有と共有について」により、反社情報の第三者への提供については、同法23条1項2号（人の生命、身体又は財産の保護のために必要がある場合であって、本人の同意を得ることが困難であるとき）に該当するとして、第三者提供にかかる本人の同意は不要とされている。

　もっとも、同指針解説は、あくまで「反社会的勢力の情報」の共有にかかるものであるため、実務上は、いわゆる「グレー先[10]に係る情報」の取扱いが問題となる。この点に関しては、「金融分野における個人情報保護に関するガイドライン」の改正（案）に対するパブコメ回答No.27（金融庁、平成21年11月20日）が、平成20年9月の内閣府国民生活局（当時）企画課個人情報保護推進室の見解を引用しており、参考となる。すなわち、同室は「反社会的勢力の疑いがある情報であっても、人の証言、それを疎明する資料があるなど、証券会社等において反社会的勢力と疑うに足りる合理的な理由があるものは、本人の同意を得ないで第三者提供が可能」との見解を示しており、この見解によれば、グレー情報であっても、反社会的勢力と疑うに足りる合理的な理由があるものについては、本人の同意を得ないで第三者提供は可能

9　この点に関し、生命保険協会（以下「生保協」という）と日本損害保険協会（以下「損保協」という）が、全銀協から反社データの提供を受けるとともに、自協会の反社データを他の団体に提供することを検討する旨公表している（生保協平成25年11月15日付公表文「反社会的勢力との関係遮断に向けた今後の取組みについて」、損保協平成25年11月21日付公表文「反社会的勢力の排除に向けた取組みを強化～基本方針を改定、データベースの拡充を図る～」参照）。

10　一般にグレー先という場合、暴力団などのいわゆるブラックに直ちに該当しなくてもブラックと一定の関係がある者（または反社の範囲に含めるか微妙な先）とブラック（または反社）に該当するとの疑いがあるが確証が得られていない者をいうが、ここでは後者を指すものとする。

となる。

　反社情報を積極的に収集・分析する際に着目すべきは、改正監督指針の(2)反社会的勢力対応部署による一元的な管理態勢の構築の項の①において「反社会的勢力対応部署において反社会的勢力に関する情報を積極的に収集・分析するとともに、当該情報を一元的に管理したデータベースを構築し、適切に更新（情報の追加、削除、変更等）する体制となっているか。また、当該情報の収集・分析等に際しては、グループ内で情報の共有に努め、業界団体等から提供された情報を積極的に活用しているか。(以下、略)」という留意点が示されていることである（Ⅲ-3-1-4-2(2)①）。

　金融機関の中には、これまで反社情報を情報ソースの精度・鮮度を問わずできるだけ多く収集し、それに基づき事前審査を行い、できるだけ幅広く反社排除を行ってきたところもある。しかしながら、改正監督指針において、今般新たに情報の適切な更新（情報の追加、削除、変更等）が求められた趣旨は、信用性の疑わしい情報や現活性を推認させない古い情報によって、少なくとも現在反社でない者が将来にわたっていつまでも金融取引から排除されるのは適切ではないという価値判断によるものと思われる。

　こうした改正監督指針の内容を踏まえると、各金融機関としては、この機会に、①反社の範囲をどのように設定するか（どこまでを共生者と認定するか、暴力団員の親族、不芳属性先をどのように取り扱うか等）、②反社情報の確度、反社情報の鮮度等を反社認定あるいはとるべき対応手段（即時解除、厳格なモニタリング等）との関係でどのように考慮するか（情報の分析）、③どこまでの情報をグループ会社等の第三者との間で共有するかなどについて再検証を行い、必要があれば従来の反社排除の基準やそれに沿った対応手段を見直し、適切な反社排除の基準や対応手段を再設定することが、実効性ある反社排除態勢の構築に資すると考えられる。

b　銀行界と警察庁データベースとの接続の検討加速化

> 警察庁が保有する暴力団情報について、銀行からオンラインで照会できるシステムを構築するため、金融庁、警察庁及び全国銀行協会の

> 実務担当者の間における、情報漏洩防止の在り方を含めたシステム構築上の課題の解決に向けた検討を加速する。

　同様の反社情報照会システムについて、証券業界においては、平成25年1月から運用を開始している。照会システムの概要は、警察庁のサーバ（暴力団員等に関するデータベース）と日本証券業協会（以下「日証協」という）のサーバを接続し、有価証券取引等に必要な口座開設を申請する者または口座を保有する者の暴力団構成員等該当性について、警察庁が日証協を通じて、その会員各社に設置された照会端末を利用した各社からの照会に応じるというものである（照会システムによる照会の結果、日証協独自のデータベースまたは警察庁のデータベースのいずれかにヒットした場合、日証協から各都道府県の刑事部組織犯罪対策課に相談がなされ（二次照会）[11]、改めて該当性の有無について検証の上、その結果が会員証券会社に還元される）。

　銀行業界における同様のシステムの構築についても、これまで関係者間で検討が進められてきたところであるが、取組推進においては、金融庁、警察庁および全銀協の実務担当者におけるシステム構築上の課題の解決に向けた検討を加速するものとされている。反社会的勢力にかかる情報は、機微にわたるものであるため、システムの構築においては情報漏洩がなされないよう情報を取り扱う職員の守秘義務を徹底し、システムのセキュリティ等も頑健なものとする必要がある。また照会対象とする取引の範囲をいかに設定するかという課題もある。こうした課題解決には相応の時間を要することが見込まれるが、本システムの構築は銀行業界における反社排除の取組みに資するものであり、速やかな実現を期待したい。

　なお、銀行業界において本システムが実現したとしても、警察庁のサーバへの照会により回答が得られるのは、証券業界におけるシステムと同様、暴力団員等にかかる情報のみと考えられる。そのため、その周辺の共生者等の

11　データベースにヒットしたとしても、同姓同名者である等の可能性があるため、反社会的勢力でないものを誤って排除することがないよう二次照会を実施することとされている。

排除を実効的に行っていくためには、合わせて、引き続き各金融機関・業界団体において、反社会的勢力の情報を積極的に収集・分析して反社データベースの充実を図り、グループ内や業界団体間での反社データベースの共有を進めていく必要がある。

(3) 提携ローンにおける入口段階の反社チェック強化

> 提携ローンについて、金融機関自らが事前に反社チェックを行う態勢を整備する。また、各金融機関は、提携先の信販会社における暴力団排除条項の導入状況、反社データベースの整備状況等を検証する。

前述のとおり、改正監督指針の(3)適切な事前審査の実施の項においても、同様の内容が監督上の着眼点として掲げられている（前記(1)参照）。各金融機関としては、提携先の信販会社における暴排条項の導入状況や反社データベースの整備状況等を検証し、態勢に不備が認められる場合には、その不備が是正されるよう適切な指導、支援を行い、それでも不備が改善されない場合には、当該信販会社との間では提携ローンを実施しないなど反社排除のために適切な対応をとる必要がある。また、合わせて、前述のとおり、金融機関自らも提携ローンにかかる金銭消費貸借契約に暴力団排除条項の導入を徹底の上、事前に反社チェックを行う態勢を整備する必要がある。

3 事後チェックと内部管理（中間管理）

(1) 事後的な反社チェック態勢の強化

> 各金融機関は、反社データベースの充実・強化、反社チェックの頻度アップ等、既存債権・契約の事後的な反社チェック態勢を強化する。

改正監督指針は、「反社会的勢力との関係遮断を徹底する観点から、既存の債権や契約の適切な事後検証を行うための態勢が整備されているか。」という点を監督上の留意点としている（Ⅲ－3－1－4－2(4)）。

事前審査をいくら強化しても、各金融機関の反社データベース自体を完全なものとすることは不可能ないし著しく困難であるため、反社が事前審査の

網をかいくぐり取引関係に入ってくる可能性は否定できない。また、契約締結当初は反社ではなかった者が契約締結後に反社となる場合もある（取引先が法人の場合、反社に乗じられて当該法人の経営が乗っ取られる場合もある）。そのため、反社を捕捉しこれを排除するためには、事前審査の徹底と合わせて、既存債権・契約の事後的な反社チェック態勢を強化することが重要である。

なお、この点に関し、取組推進においては、「反社チェックの頻度アップ」が既存債権・契約の事後的な反社チェック態勢の強化の例示として挙げられているが、どの程度の頻度でチェックするのが適切であるかについては、各金融機関の業容、規模、特性によって異なるため、第一義的には、各金融機関が、その実効性を勘案の上、自主的に判断すべきである[12]。

(2) 反社との関係遮断にかかる内部管理態勢の徹底

> 各金融機関は、反社会的勢力との取引の経営陣への適切な報告や経営陣による適切な関与等、反社との関係遮断に係る内部管理態勢を徹底する。

この点に関しては、改正監督指針の(1)組織としての対応の項において「反社会的勢力との関係の遮断に組織的に対応する必要性・重要性を踏まえ、担当者や担当部署だけに任せることなく取締役等の経営陣が適切に関与し、組織として対応することとしているか。また、銀行単体のみならず、グループ一体となって、反社会的勢力の排除に取り組むこととしているか。さらに、グループ外の他社（信販会社等）との連携による金融サービスの提供などの取引を行う場合においても、反社会的勢力の排除に取り組むこととしているか。」との着眼点が示され（Ⅲ－3－1－4－2(1)）、(2)反社会的勢力対応部署による一元的な管理態勢の構築の項の③においては「反社会的勢力との取

---

[12] パブコメ結果のNo.59においても、事後検証の実施頻度については、一律の対応が求められるわけではなく、データベースの更新状況や取引の相手方の属性が事後的に変化する可能性等を踏まえ、各金融機関において、個別の債権や契約内容に応じて、実施頻度を検討すべきであるとされている。

引が判明した場合及び反社会的勢力による不当要求がなされた場合等において、当該情報を反社会的勢力対応部署へ迅速かつ適切に報告・相談する対応となっているか。また、反社会的勢力対応部署は、当該情報を迅速かつ適切に経営陣に報告する体制となっているか。さらに、反社会的勢力対応部署において実際に反社会的勢力に対応する担当者の安全を確保し担当部署を支援する体制となっているか。」との留意点が示されている（Ⅲ－3－1－4－2(2)③）。

　反社取引が判明した場合の反社会的勢力対応部署（以下「反社対応部署」という）への報告・相談、反社対応部署による経営陣への報告・相談および経営陣による適切な関与による組織を挙げた対応の重要性については、以前から態勢整備上の留意点として指摘されてきたところである。しかしながら、みずほ銀行の事案においては、こうした点においても不備が見られたため、改めてかかる内部管理態勢の徹底の必要性が説かれている。このような組織的な対応については、入口、中間管理、出口のいずれの局面においても重要であるが、とりわけ次に述べる反社との取引が判明した場合の反社との取引解消（出口）の局面においてとくに重要である（具体的に求められる対応については、後述する）。

　一方で、今般の改正監督指針においては、グループ一体となった反社排除のための態勢整備の構築およびグループ外の他社（信販会社等）との連携による金融サービスの提供などの取引を行う場合における反社排除への取組みが、新たに監督上の着眼点とされている。グループ管理については、各金融機関は、これまでも子会社等における反社対応について一定の管理を行ってきたところだが、今般の改正監督指針の内容を踏まえ、今後は、持株会社または銀行等のグループの中核金融機関により子会社、関連会社を含めグループ一体となった反社排除態勢が構築されているか、あるいは、グループ外の他社と連携して金融サービスを行う場合には、適切に連携するなどして反社排除のための取組みが実効的になされているか等につき、自金融機関のグループ管理態勢等の検証を行うことが必要とされる。

　この点に関し、パブコメ結果のNo.6によると、グループ一体となった取

組みとして、具体的にはグループ内の会社間で反社会的勢力の排除に向けた取組方針の統一化や情報交換を適切に図ることが求められる。したがって、グループ内の会社間で、例えば、排除すべき反社の範囲、反社情報の活用方法、反社との取引が判明した場合の対応方針等が異なっている場合にはこれを統一化する必要があり、また、反社情報の共有化を含め、実効性ある反社排除が実現できるようグループ会社間で適宜情報交換を行う必要がある。

なお、同パブコメ結果は、「グループ」の範囲については、各金融機関の業務内容や組織構成等に応じて、個別具体的に検討する必要があるとしており、必ずしも、子会社や関連会社に限定していないことにも留意が必要である。

また、グループ外の他社(信販会社等)との連携による金融サービスの提供などの取引を行う場合の反社会的勢力の排除については、パブコメ結果のNo.9により、当該「取引」とは、原則として、金融機関自身が契約当事者となる取引が対象となることが示された。したがって、こうした場合に反社排除のための取組みを実施するに際しては、自らが契約当事者とならない取引先の反社該当性の審査については他の金融機関等に審査を委ねるなどの対応も許容されると考えられる。もっとも、当該他の金融機関等による審査によって実効的な反社排除が図られるか等については、なお検証の必要があり、他の金融機関等による対応が不十分ということであれば、必要な支援を行う等の対応が必要と考えられる。

4 反社との取引解消(出口)

(1) 反社との取引の解消の推進

> 各金融機関は、警察当局・弁護士等と連携し、反社との取引の解消を推進する。なお、事後に反社取引と判明した案件については、可能な限り回収を図るなど、反社への利益供与とならないよう配意する。

融資取引については、取引先が反社と判明した場合には、速やかに期限の利益を喪失の上、金融機関等の業務の健全性を確保する観点から、債権回収

の極大化を図るべく、様々な債権回収方策をとることになる。この過程において債権の放棄（一部放棄）を行うことが、利益供与に該当するかという点が従来から議論されてきた。この点に関し、金融法務事情1984号53頁[13]において、平成23年11月8日付全国サービサー協会主催の第17回コンプライアンス研修会における警察庁担当官の見解が紹介されているが、その見解は、

「反社債権の放棄は、放棄する金額の多寡、回収費用を問わず原則として暴排条例で禁止されている利益供与に該当し、その例外は極めて限られている」

「債権放棄ではなく、リスケにとどまるのであれば、そのリスケ自体は利益供与に該当しないとするものの、延滞分の利息の減免等があれば、それらはすべて利益供与に該当する」

というものであり、この見解を前提とする限り、サービサーや金融機関が反社に対し債権放棄を伴う和解による債権回収方策をとることは現実的に著しく困難であった。

しかるところ、平成25年11月28日の参議院財政金融委員会において、一部免除が反社会的勢力への不適切な利益供与に当たるかという趣旨の質問に対し、政府参考人（警察庁刑事局組織犯罪対策部長）は「暴力団員等を債務者とする債権の回収を図るため、その一部を免除することが、各自治体において制定されております暴力団排除条例における暴力団員等への利益供与に当たるかどうかについては、やはり個別具体の事案に即して判断すべき問題でありまして一概に申し上げることはできませんが、そのことをもって直ちに暴力団等への利益供与に当たるとは考えておりません。」と答弁し、続いて不適切な利益供与に当たらない場合の類型化は可能かという趣旨の質問に対し、「類型化というのはなかなか難しいんでございますが、やはりその免除する額あるいはその理由等について検討する必要があるのではないかというふうには考えております。」と答弁している[14]。

---

[13] 橋森正樹ほか「期限の利益喪失後の具体的回収方法と問題点―回収に伴う利益供与のおそれと特定回収困難債権買取制度の拡充―」。なお本書50頁以下参照。

かかる警察庁の政府参考人答弁によれば、債務免除が利益供与に該当しない場合はあり得、実際に利益供与に当たるかは、個別具体的な事案ごとに、債務免除額、免除する債権の性質（元本か遅延損害金か等）、免除する理由、通常の債務者の場合の処理との差異等を総合考慮の上、判断することになると思われる。具体的にどのような場合に利益供与に当たらないかという点については事案の集積を待つほかないが、具体的事案においては、その判断の是非を問われた場合に備え、弁護士等の意見書を徴求した上で慎重に対応していくこともリスク管理上有効だと考えられる。

　また、具体的に反社会的勢力との融資取引を遮断する上においては、できる限り早期に関係解消を図るというのが原則であるが、画一的に直ちに期限の利益を喪失させなければならないというものではない。金融機関は、かかる原則を踏まえた上で、債権回収方法の適法性・適切性を確保しつつ、債権回収の極大化を図るため、以下のような事情を考慮しつつ、個別具体的な事案ごとに、適切に期限の利益喪失のタイミングを見極め、適切な債権回収方法を選択することが求められる。

（期限の利益喪失のタイミングを図る上において考慮すべきと考えられる事情）
・反社会的勢力の属性、危険性の程度
・期限の利益を喪失した場合に想定されるリアクションの程度
・債権の種別
・約定弁済の有無
・担保の有無（即時回収の可能性）
・最終弁済期までの期間　　　　　　　　　　　　　　　　　　等

　そして、具体的にどのような債権管理・回収手段をとるかは、一概にはいえず、債務者の資産、回収可能性、それに要するリソース（コスト・人員）、社会的相当性などの種々の要因を総合的に判断して個別具体的に検討する必

14　第185回国会参議院財政金融委員会議録第5号2頁。

要がある。

> （とり得べき債権回収の手段）
> ・任意弁済の受領
> ・担保物件に対する競売
> ・訴訟提起
> ・個別資産に対する強制執行（財産開示手続の利用を含む）
> ・債権者破産の申立て
> ・預金保険機構の特定回収困難債権の買取制度の利用
> ・サービサーとしてのRCCの活用　　　　　　　　　　　　　　等

　反社会的勢力との取引の解消について、パブコメ結果No.71～74および78は、「暴力団排除条項が導入されている取引」と「導入されていない取引」に分けて、以下のような考え方を示している。

> 「暴力団排除条項が導入されている取引に関しては、当該条項に基づいて取引を解消することが基本的には可能となるため、原則として速やかな取引関係の解消を図る必要があると考えますが、その場合でも、反社会的勢力を不当に利することの無いよう当該取引に係る債権回収の最大化を図る観点や、役職員の安全確保の観点等を総合的に考慮した上で、具体的に検討することが求められます。
> 　暴力団排除条項が導入されていない取引に関しては、取引関係の解消を図るために採り得る手段について具体的に検討した上で一定の対処方針を策定し、当該対処方針に基づく対応を採ることが求められます。」

　かかる考え方は、下記「企業が反社会的勢力による被害を防止するための指針に関する解説」の内容を踏まえたものと理解される。

> (4)　反社会的勢力との一切の関係遮断
> 　反社会的勢力による被害を防止するためには、反社会的勢力である

> と完全に判明した段階のみならず、反社会的勢力であるとの疑いを生じた段階においても、関係遮断を図ることが大切である
> 　勿論、実際の実務においては、反社会的勢力の疑いには濃淡があり、企業の対処方針としては、
> 　① 　直ちに契約等を解消する
> 　② 　契約等の解消に向けた措置を講じる
> 　③ 　関心を持って継続的に相手を監視する（＝将来における契約等の解消に備える）
> などの対応が必要となると思われる。
> 　ただ、いずれにせよ、最終的に相手方が反社会的勢力であると合理的に判断される場合には、関係を解消することが大切である。
> 　なお、金融機関が行った融資等、取引の相手方が反社会的勢力であると判明した時点で、契約上、相手方に期限の利益がある場合、企業の対応としては、関係の解消までに一定の期間を要することもあるが、不当要求には毅然と対応しつつ、可能な限り速やかに関係を解消することが大切である。

　すなわち、金融機関としては、暴排条項が導入されていない取引については、契約上、相手方に期限の利益がある場合等、速やかな取引関係の解消が困難であるため関係解消までに一定の期間を要するとしても、不当要求には毅然と対応しつつ、新規与信はしない、暴排条項以外の他の期限の利益喪失条項に該当した場合には同条項に基づき関係解消を図るなどの対処方針を立て、これを実行することが求められているといえる。

　他方、暴排条項が導入されている取引については、法律上も期限の利益喪失等により関係解消を図ることが可能であることから、原則として速やかな解消を図ることが必要とされる。

　また、各金融業界においては、暴排条項が導入されている取引であっても、実際に反社との関係解消を図るためには、原則として、警察からの情報提供を得る運用が行われてきたところであるが、この点に関し、パブコメ結

果のNo.77は、「警察から当該当事者が反社会的勢力に該当する旨の情報提供が得られず、かつ、他に当該契約当事者が反社会的勢力に該当すると断定するに足りる情報を入手し得なかった場合」について、こうしたケースは様々な手段を尽くしたものの反社会的勢力であると判断できなかった場合と理解されるため、期限の利益喪失等の特段の措置を講じないことは必ずしも利益供与となるものではなく、また、必ずしも金融機関の業務の適切性が害されていると評価されるものではないとの考えを是認している。この点に関し、重要なことは、反社会的勢力を排除するためにできる限りの手段を尽くすということであって、警察から情報提供が得られないだろうとの見込みでもって軽々に判断することは適切ではない。

なお、不適切・異例な取引を行わないという点については、パブコメ結果のNo.83が重要である。同パブコメ結果は、不動産購入資金として融資の申込みがあった場合、金融機関は、当該融資申込者のほか、取引の相手方ではない当該不動産の売主（第三者）の反社チェックの要否について、当該第三者にかかる反社チェックまでは求めるものではないとしており、あくまで反社チェックの対象は、原則として、契約当事者とする、前記パブコメ結果のNo.9と軌を一にしているといえる。

(2) 預金取扱金融機関による、特定回収困難債権の買取制度の活用促進

> 金融庁及び預金保険機構は、特定回収困難債権の買取制度の運用改善を図るとともに、提携ローンにおいて、信販会社が代位弁済した債権を買い戻した場合も同制度の対象となること等を周知することにより、同制度の活用を促進する。

預金保険機構は、金融庁による取組推進の公表と合わせて、平成25年12月26日に「特定回収困難債権買取制度の改善策の実施について」を公表し、買取スケジュールの改善と対象債権にかかる運用の明確化を図ることとした。具体的な内容は、以下のとおりである[15]。

(買取スケジュールの改善)
・第4回買取りに係る仮申込み受付け期限(平成26年1月31日)以降は、年間を通じて仮申込みを受け付ける
・買取りの実施時期については、3月のほか、今後の仮申込みの受付け状況等を勘案のうえ、年間複数回を設定する

(運用の明確化)
・属性要件に該当する者の債権であれば、約定通りに返済され、期限の利益を喪失していなくても、本制度買取りの対象債権となることを明確化する
・保証会社等が債務保証している債権について、保証付きのまま買取ることが可能であることを明確化する
　また、保証会社等が代位弁済したことにより当該保証会社等が保有することとなった求償権及び貸付債権については、当該貸付債権が元々金融機関の保有するものであれば、当該金融機関が買い戻した場合であっても、金融機関の保有する貸付債権として買取対象となり得る

(3) 信販会社・保険会社等による、サービサーとしてのRCCの活用

　特定回収困難債権の買取制度の対象とならない信販会社・保険会社等の反社債権について、RCCのサービサー機能を活用する。

　預金保険機構の特定回収困難債権の買取制度は、預金取扱金融機関の債権を対象としているため(預金保険法101条の2、2条)、信販会社・保険会社等の反社債権についてはその対象とならない。そのため、こうした債権については、整理回収機構(以下「RCC」という)のサービサー機能を活用によ

15　他に、(その他の改善策)として、金融機関において行為要件に該当する債権かどうかを判断する際の参考として、預金保険機構のHPで公表している事例集を随時、追加・充実させていくことが掲げられている。

り、その処理を進めることとされている[16]。

(3)の預金保険機構の特定回収困難債権の買取制度と同様、RCCのサービサー機能についても、今後どのくらい活用されるかは未知数であるが、関係者により具体的な運用基準の明確化が図られるなどの条件が整えば、今後有効に機能し得ると思われるので、出口戦略の一環として両者の活用が促進されることを期待したい。

5 結 び

冒頭でも述べたが、これまでの反社対応は、暴力団排除条項の導入や反社データベースの整備など、いわば「反社と戦うための武器を具備しているか」という点に重点が置かれ、金融庁の検査・監督も、まずはそうした観点から検証が行われてきた。しかしながら、今後は、事前審査の徹底とともに、「具備した武器を如何に駆使し、反社取引の解消等に実効的に取組んでいるか」という出口の局面における取引解消に向けた対応が、重点的に検証されるものと推察される。

そのための内部管理態勢の構築のポイントとしては、グループ一体となった反社排除のための態勢整備の構築、反社取引の有無について定期的な事後検証の実施、所管部署等による経営陣への迅速かつ適切な報告等を前提に、

・経営陣の主導のもと、関係部署が緊密な連携を図り、関係解消に向けた具体的な対応方針を策定する（すべての反社取引について、どのような方法により、いつまでに関係解消を図るか、タイムラインが示されたアクションプランを策定する）【Plan】

・策定された具体的な対応方針に基づき、警察、暴力追放運動推進センター、弁護士等の外部専門家と緊密に連携しつつ、預金保険機構の特定回収困難債権の買取制度やRCCのサービサー機能を活用する等して、

---

[16] RCCのサービサー機能の活用については、平成26年3月28日に、RCCより「RCCのサービサー機能を活用した反社債権の買取り等について」として、「RCCのサービサー機能を活用した反社債権の管理・回収の概要」および「サービサー機能を活用した反社債権の買取り等に係るガイドライン」が公表されているので、参照されたい。http://www.kaisyukikou.co.jp/intro/intro_101.htm

速やかに関係解消方策を実施する【Do】
・事情変更、新たな情報の入手等に基づき、絶えず対応方針を評価し、適時・適切に対応方針の見直しを行う【Check/Action】
といったPDCAサイクルを有効に機能させることが重要である（Ⅲ－3－1－4－2(5)参照）。

各金融機関の所管部等におかれては、今後も、改正監督指針案にかかるパブコメ結果の公表や、預金保険機構の特定回収困難債権買取制度の運用の明確化、RCCのサービサー機能の活用の議論等も踏まえつつ、引き続き自金融機関およびそのグループが一体となった反社排除のための態勢整備に取り組んでいただければと思う。

なお、その際には、平成26年7月14日公表の「金融モニタリングレポート」、同月30日公表の「金融検査事例集」および同年9月11日公表の「平成26年度金融モニタリング基本方針（監督・検査基本方針）について」の反社対応にかかる部分を合わせて参考とされたい。

【資料】

主要行等向けの総合的な監督指針（抜粋）

Ⅲ－3－1－4　反社会的勢力による被害の防止
Ⅲ－3－1－4－1　意義
Ⅲ－3－1－4－2　主な着眼点

反社会的勢力とは一切の関係をもたず、反社会的勢力であることを知らずに関係を有してしまった場合には、相手方が反社会的勢力であると判明した時点で可能な限り速やかに関係を解消するための態勢整備及び反社会的勢力による不当要求に適切に対応するための態勢整備の検証については、個々の取引状況等を考慮しつつ、例えば以下のような点に留意することとする。

(1) 組織としての対応

　反社会的勢力との関係の遮断に組織的に対応する必要性・重要性を踏まえ、担当者や担当部署だけに任せることなく取締役等の経営陣が適切に関与し、組織として対応することとしているか。また、銀行単体のみならず、グループ一体となって、反社会的勢力の排除に取り組むこととしているか。さらに、グループ外の他社（信販会社等）との提携による金融サービスの提供などの取引を行う場合においても、反社会的勢力の排除に取り組むこととしているか。

(2) 反社会的勢力対応部署による一元的な管理態勢の構築

　反社会的勢力との関係を遮断するための対応を総括する部署（以下「反社会的勢力対応部署」という。）を整備し、反社会的勢力による被害を防止するための一元的な管理態勢が構築され、機能しているか。

　特に、一元的な管理態勢の構築に当たっては、以下の点に十分留意しているか。

① 反社会的勢力対応部署において反社会的勢力に関する情報を積極的に収集・分析するとともに、当該情報を一元的に管理したデータベースを構築し、適切に更新（情報の追加、削除、変更等）する体制となっているか。また、当該情報の収集・分析等に際しては、グループ内で情報の共有に努め、業界団体等から提供された情報を積極的に活用しているか。さらに、当該情報を取引先の審査や当該金融機関における株主の属性判断等を行う際に、適切に活用する体制となっているか。

② 反社会的勢力対応部署において対応マニュアルの整備や継続的な研修活動、警察・暴力追放運動推進センター・弁護士等の外部専門機関との平素からの緊密な連携体制の構築を行うなど、反社会的勢力との関係を遮断するための取組みの実効性を確保する体制となっているか。特に、平素より警察とのパイプを強化し、組織的な連絡体制と問題発生時の協力体制を構築することにより、脅迫・暴力行為の危険性が高く緊急を要する場合には直ちに警察に通報する体制

となっているか。
   ③ 反社会的勢力との取引が判明した場合及び反社会的勢力による不当要求がなされた場合等において、当該情報を反社会的勢力対応部署へ迅速かつ適切に報告・相談する体制となっているか。また、反社会的勢力対応部署は、当該情報を迅速かつ適切に経営陣に対し報告する体制となっているか。さらに、反社会的勢力対応部署において実際に反社会的勢力に対応する担当者の安全を確保し担当部署を支援する体制となっているか。
(3) 適切な事前審査の実施
　反社会的勢力との取引を未然に防止するため、反社会的勢力に関する情報等を活用した適切な事前審査を実施するとともに、契約書や取引約款への暴力団排除条項の導入を徹底するなど、反社会的勢力が取引先となることを防止しているか。
　提携ローン（4者型）(注)については、暴力団排除条項の導入を徹底の上、銀行が自ら事前審査を実施する体制を整備し、かつ、提携先の信販会社における暴力団排除条項の導入状況や反社会的勢力に関するデータベースの整備状況等を検証する態勢となっているか。
　　(注) 提携ローン（4者型）とは、加盟店を通じて顧客からの申込みを受けた信販会社が審査・承諾し、信販会社による保証を条件に金融機関が当該顧客に対して資金を貸付けるローンをいう。
(4) 適切な事後検証の実施
　反社会的勢力との関係遮断を徹底する観点から、既存の債権や契約の適切な事後検証を行うための態勢が整備されているか。
(5) 反社会的勢力との取引解消に向けた取組み
   ① 反社会的勢力との取引が判明した旨の情報が反社会的勢力対応部署を経由して迅速かつ適切に取締役等の経営陣に報告され、経営陣の適切な指示・関与のもと対応を行うこととしているか。
   ② 平素から警察・暴力追放運動推進センター・弁護士等の外部専門機関と緊密に連携しつつ、預金保険機構による特定回収困難債権の買取制度の積極的な活用を検討するとともに、当該制度の対象とな

らないグループ内の会社等においては株式会社整理回収機構のサービサー機能を活用する等して、反社会的勢力との取引の解消を推進しているか。
　③　事後検証の実施等により、取引開始後に取引の相手方が反社会的勢力であると判明した場合には、可能な限り回収を図るなど、反社会的勢力への利益供与にならないよう配意しているか。
　④　いかなる理由であれ、反社会的勢力であることが判明した場合には、資金提供や不適切・異例な取引を行わない態勢を整備しているか。
(6) 反社会的勢力による不当要求への対処
　①　反社会的勢力により不当要求がなされた旨の情報が反社会的勢力対応部署を経由して迅速かつ適切に取締役等の経営陣に報告され、経営陣の適切な指示・関与のもと対応を行うこととしているか。
　②　反社会的勢力からの不当要求があった場合には積極的に警察・暴力追放運動推進センター・弁護士等の外部専門機関に相談するとともに、暴力追放運動推進センター等が示している不当要求対応要領等を踏まえた対応を行うこととしているか。特に、脅迫・暴力行為の危険性が高く緊急を要する場合には直ちに警察に通報を行うこととしているか。
　③　反社会的勢力からの不当要求に対しては、あらゆる民事上の法的対抗手段を講ずるとともに、積極的に被害届を提出するなど、刑事事件化も躊躇しない対応を行うこととしているか。
　④　反社会的勢力からの不当要求が、事業活動上の不祥事や役職員の不祥事を理由とする場合には、反社会的勢力対応部署の要請を受けて、不祥事案を担当する部署が速やかに事実関係を調査することとしているか。
(7) 株主情報の管理
　定期的に自社株の取引状況や株主の属性情報等を確認するなど、株主

第2部　民暴和歌山大会後の議論の深化（平成25年11月〜）と近弁民暴委員の研究成果

> 情報の管理を適切に行っているか。

Ⅸ シンジケートローンにおける反社情報の取扱い

弁護士 窪川亮輔／尾野大樹／東　紘資／濱　和哲／
高木大地／小谷知也／富塚浩之

1　はじめに〜本稿の目的

(1) シンジケートローン市場の広がり

　シンジケートローンとは、複数の金融機関が協調して同一の借入人に対して融資を行う手法の一つである[1]。

　シンジケートローンの最大の特徴は、融資契約の締結過程および締結後の各段階において、とりまとめ役となる金融機関が存在することである（融資契約の締結過程におけるとりまとめ役を一般に「アレンジャー」といい、融資契約締結後において融資の実行・回収に至るまでの様々な事柄を担当するとりまとめ役を一般に「エージェント」という。詳細は後述する）。

　借入人にとっては多額の資金調達が可能であることがメリットであり、貸付に参加する金融機関（以下「参加金融機関」という）にとってはクレジットリスクを分散できること、アレンジャーやエージェントに就任して手数料やコミットメントフィー収入を得られること、参加金融機関の間で融資条件を統一して融資の透明性を確保できることがメリットである。

　欧米では1960年代からさかんに利用されてきたが、日本においては、1990年代後半にコミットメントライン契約の有用性が認められたこと、金融不安から透明性の高い融資が求められたことを背景に近年国内のシンジケートローン市場が急速に発展している[2]。

1　森下哲朗「シンジケートローンの法的問題と契約書」金法1591号6頁。

近年では、平成20年９月のいわゆるリーマン・ショックに端を発した世界同時不景気に伴う信用収縮を受け、金融庁は、平成21年３月10日付で「金融円滑化のための新たな対応について」を公表し、金融円滑化に向けた措置の一つとして、「直接金融の機能低下と間接金融へのシフトを踏まえ、リスク分散を図ることにより資金供給を促進する観点から、シンジケート・ローン等の積極的活用を金融機関に対して要請する」と明言している。地域金融機関等も例外ではなく、シンジケートローンへの一層の積極的な関与が求められている[3]。

(2) シンジケートローン取引に反社会的勢力が関与する機会の拡大

　このようなシンジケートローン市場拡大の中で、シンジケートローンの裾野は広がりをみせている。これまで、シンジケートローンのアレンジャーといえば都市銀行等の大手銀行や外国銀行のイメージが強かったが、最近では、地方銀行はもちろんのこと信用金庫（およびその中央機関）などの中小金融機関も登場するようになっている。また、商工組合中央金庫、農林中央金庫や政府系金融機関などがアレンジするケースも少なからず見受けられる[4]。

　このようなシンジケートローン市場の拡大に伴い、今後、シンジケートローン取引に反社会的勢力（以下「反社」という）が関与する機会が拡大すると考えられる。

　アレンジャーの裾野の広がりに伴い、これまで以上に多種多様な業種・規模の借受人が登場すると予想される。これまで健全と思われていた上場企業であっても、資金繰りが苦しくなり第三者割当増資やMSCB等の手法によっ

---

[2] 木下正俊「シンジケートローン市場の拡大と課題」広島法科大学院論集第９号（2013年）10頁。
　全国銀行協会「貸出債権市場取引動向」によれば、2012年末におけるシンジケートローン取引の残高は約61兆円に上っており、これは、同統計が把握をはじめた2004年末（約25兆円）から８年間で約2.4倍強に増加したことになる。この間、国内銀行の貸出が1990年代初のバブル崩壊に伴い大幅に減少した後も緩やかな増加にとどまっているのとは対照的である（木下前掲10頁、11頁）。
[3] 長谷川聡明＝大上良介「地域金融機関とシンジケート・ローン」銀法703号30頁。
[4] 木下前掲注２・10頁。

て資金調達を行った結果、それが反社の手段で企業が乗っ取られてしまうという事例があるが、これを非上場企業等にまで広げて考えれば、借入人が取引中に反社の支配下に置かれるということは十分にあり得るだろう。

実際にも、あるメガバンクがアレンジャーとなり、シンジケートローンが組成されたが、組成後しばらくして借入人に履行遅滞が発生し、その半年後に借入人から代表者変更通知が来たため、変更後の代表者についてデータベース照会を行ったところ、新しい代表者が反社であるとの結果が出たというケースがある。

(3) 本稿の目的

現在まで、シンジケートローンにおいて、借入人と反社との関係を示す情報全般（以下「反社情報」という）をどのように取り扱うべきかについて十分に議論されているとはいいがたい状況である。

それは、これまでメガバンクを中心とした金融機関がアレンジャーとなり、社会的信用のある優良かつ大規模な企業が借入人となるケースがほとんどであったことにも原因があると考えられる。

しかし、シンジケートローン市場の急速な拡大に伴い、今後、反社がシンジケートローンに関与する可能性も拡大すると見込まれる中で、反社情報が与信審査に重大な影響を及ぼし得るものであり、大局的には金融取引からの反社排除の社会的要請があることにかんがみれば、シンジケートローン取引における反社情報の取扱いについて議論すべき必要性は高い。

このように、シンジケートローン市場が拡大しその裾野が広がりつつある中、最高裁は、シンジケートローンのアレンジャーが、他の参加金融機関に対して借入人に関する情報を伝えなかった場合、不法行為責任を負うべき場合があるとの判断を示す判決を下した（詳細は、後述する）。

本稿では、かかる最高裁判決を踏まえつつ、シンジケートローン取引における反社情報の取扱いについて、アレンジャー・エージェントの情報提供義務および守秘義務の観点を中心に検討を行う。

2 シンジケートローンの概要

(1) シンジケートローンの組成の流れ

シンジケートローン組成までの一般的な流れは、次のとおりである[5]。

a 融資の基本条件の協議

まず初めに資金の借入を希望する者（借入人）とシンジケートローンの組成を担当する金融機関（アレンジャー）との間で、融資の金額、条件等について協議が行われる。その際、「タームシート」と呼ばれる融資基本条件書が用いられる。

アレンジャーは、借入人のメインバンクが務めるケースが多いと考えられるが、それに限られるものではない。

b マンデートの付与

融資の基本条件について協議が整った場合に、借入人は、アレンジャーに対し、「タームシート」に記載された条件でシンジケートローンを組成することを依頼する。これを「マンデートの付与」と呼び、その際に「マンデート・レター」が交付されるのが一般的である。

マンデート・レターでは、将来最終的な契約書で規定されるべき融資条件のほか、組成の方針、マンデート付与の期間などが規定される[6]。

c 参加の勧誘

マンデートを付与されたアレンジャーは、シンジケートローンに参加する金融機関を招聘する活動を開始する。その際、アレンジャーは、招聘対象金融機関に対し、借入人の財務状況等の信用情報が記載された「インフォメーション・メモランダム」および「タームシート」を交付する。招聘対象金融機関は、このようにして得た信用情報および契約条件に基づき、必要があればアレンジャーを通じて借入人に追加の情報提供の依頼を行うなどして参加の検討を行う[7]。

---

5 木下前掲注2・14頁以下。
6 森下前掲注1・7頁。
7 御厨景子「シンジケートローンの基本的仕組みと法的問題点」銀法695号11頁。

d　参加の表明

招聘対象金融機関は、アレンジャーから提供された借入人の信用情報および契約条件をもとに参加の可否を検討し、その結果を書面によりアレンジャーに通知する。参加する場合にはその旨表明し、参加表明においては、参加希望額や参加条件等が記載されていることが一般的である。

e　契約協議

アレンジャーは、参加を表明した金融機関と借入人との間で契約書の作成につき協議を行う。協議においては、すべての参加表明金融機関と借入人が同一の契約条件で合意に至るまでアレンジャーを介しての交渉が行われ、その過程で条件の修正が行われることもあり得る。

なお、この協議の段階において、参加表明金融機関が参加表明を撤回することもあり得るが、撤回には合理的な理由が必要であり、合理的な理由もなく一方的に撤回した場合には、不法行為責任等を問われることがあり得る。

f　契約締結

契約書の内容について、借入人、全参加金融機関、アレンジャー間で合意に至れば、その内容で契約が締結される。その際、アレンジャーは、参加金融機関の一員として契約を締結するとともに、全参加金融機関の代理人たるエージェントに就任することが通例であるとされる。

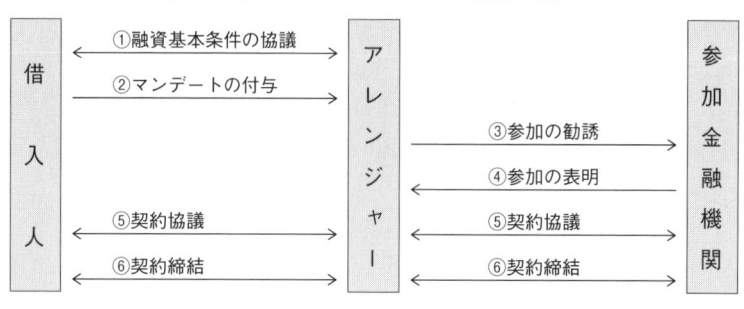

【図表１】　シンジケートローン組成の流れ

借入人		アレンジャー		参加金融機関
←①融資基本条件の協議→				
②マンデートの付与→				
			③参加の勧誘→	
			←④参加の表明	
←⑤契約協議→			⑤契約協議	
←⑥契約締結→			⑥契約締結	

参考：御厨前掲注7・13頁

(2) 各当事者の法的関係[8]

a　アレンジャーと借入人との関係

　借入人はアレンジャーに対し「マンデート」を付与することにより、シンジケートローンの組成を委任したと考えられ、両者の間には委任もしくは準委任の関係が生ずると考えられる。したがって、アレンジャーは、委任の本旨に則ってローンを組成すべき責務を負い、具体的には、参加金融機関の招聘、インフォメーション・メモランダムやタームシートの作成、参加金融機関への情報提供、契約書の作成等を行う。

　なお、アレンジャー自身が参加金融機関を兼任することが一般的であり、実際上は、条件交渉や契約書作成段階においては参加金融機関の立場にも配慮するという二重の役割を果たしている。

b　アレンジャーと参加金融機関との関係

　シンジケートローンにおいて、アレンジャーから招聘を受けた金融機関は、専門業者として、必要があれば追加情報の提供や融資条件の変更を働きかけることが可能であり、その上で自ら参加の可否を判断することになる。

　一般的にはアレンジャーと参加金融機関との間には何らの契約関係も存在しないとされており、参加金融機関の参加の可否の判断はあくまで自己責任でなされるべきことが原則である。

　しかし、そうであるからといってアレンジャーは、シンジケートローンの組成において参加金融機関に対し何ら責任を負わないということではない。例えば、後述の最高裁判例でも争点となっているように、アレンジャーが参加金融機関に対して借入人に関する情報を提供しなかった場合に、信義則上の情報提供義務違反が問われることはあり得る。アレンジャーの情報提供義務については、後述する。

c　借入人と参加金融機関との関係

　参加金融機関は、調印したシンジケートローン契約書に基づき同一の条件で借入人に貸付を行う。

8　木下前掲注2・17頁以下。

借入人と各参加金融機関との間でそれぞれ別個の金銭消費貸借契約が締結されていると解されている（貸付人の権利義務の個別独立の原則）。

d　エージェントと借入人との関係

エージェントと借入人とは、エージェント業務の受任者・委任者に類する関係に立ち、借入人からエージェントに対し、エージェント業務遂行の対価としてエージェントフィーが支払われる。

なお、前述のとおり、シンジケートローン組成後、アレンジャーがそのまま参加金融機関の一員になるとともにエージェントに就任するのが通例であり、その場合のエージェントと借入人は、受任者・委任者に類する関係に加え、金銭消費貸借契約の債権者・債務者という関係にも立つことになる。

e　エージェントと参加金融機関との関係

エージェントは、参加金融機関の代理人として、参加金融機関から委任された各種の事務を処理する。

日本ローン債権市場協会（以下「JSLA」という）が公開しているシンジケートローンの標準契約書（2013年JSLA契約書）においても、「エージェントは貸付人の代理人」と規定され（コミットメントライン契約書（以下「CL契約書」という）25条1項、タームローン契約書（以下「TL契約書」という）21条1項）、「エージェントは、本契約に定める責務を果たし権限を行使するにあたり、善良なる管理者としての注意を払う」ものとされている（TL契約書21条3項、CL契約書25条3項）。

エージェントが行う定型的な事務としては、①借入申込書の受領、期限の利益喪失といった情報・書類の授受にかかる事務、②貸付金の借入人への交付、借入人からの元利金等の受領と各貸付人への分配等といった資金の授受に関する事務が挙げられる。

エージェントの参加金融機関に対する義務および責任については、「エージェントは、本契約の各条項に明示的に定められた義務以外の義務を負わず、また、貸付人が本契約に基づく義務を履行しないことについて一切責任を負わない」とされ、「エージェントは、本契約の有効性及び本契約に表明された事項について何ら保証を行うものではなく」と規定されているほか、

「エージェントが、本契約以外の取引において取得した借入人に関する情報を、他の貸付人に対して開示する義務を負わ」ないと規定されている（TL契約書21条1項・5項・6項、CL契約書25条1項・5項・6項）。

エージェント段階における反社情報の提供義務については、このようなエージェントと参加金融機関との間における契約関係を踏まえた上で検討する必要がある。

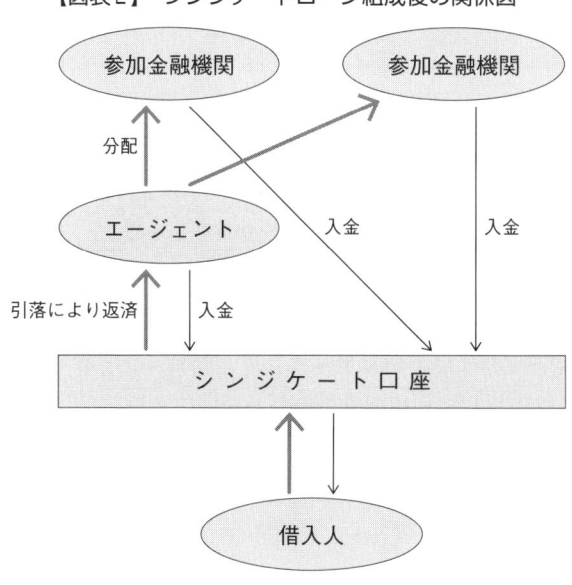

【図表2】 シンジケートローン組成後の関係図

参考：長谷川＝大上後掲注9・31頁
※シンジケート口座方式[9]

9　シンジケートローンにおける具体的な貸付方法としては、「シンジケート口座方式」と「エージェント口座方式」の2通りが一般的である。シンジケート口座方式とは、各貸付人が、借入人名義で開設されたシンジケート口座に、直接各貸付人の貸付額を入金して貸し付ける方法をいう。一方、エージェント口座方式とは、各貸付人が、エージェント名義で開設されたエージェント口座に貸付金相当額を入金し、エージェントが、借入人名義で開設されたシンジケート口座に振り替えて貸し付ける方法をいう（長谷川俊明＝大上良介「シンジケート・ローン契約書②～貸付の実行と借入人の債務の履行～」銀法705号30頁、31頁参照）。

(3) 最判平24.11.27（金法1963号88頁）

シンジケートローンを巡って、参加金融機関がアレンジャーに対して債務不履行ないし不法行為に基づいて損害賠償を請求した事件について、最高裁判所は平成24年11月27日、アレンジャーの不法行為責任を認める判決（以下「本件判決」という）を下した。

a　事案の概要

Z社は、石油製品の卸売等を目的とする株式会社で、平成19年当時の代表取締役はCであった。

Y銀行は、以前からZ社と銀行取引を行っていたが、平成19年8月29日、Z社の委託を受けて、総額10億円を予定するシンジケートローンのアレンジャーとなって、X銀行らを含む合計10の金融機関に対しその参加を招聘し、X₁信用金庫らについては、同月30日または31日にY銀行の担当者が各店舗を訪問して前記シンジケートローンの説明をするなどした。

この際、Y銀行は、招聘先金融機関に対し、Z社の同年3月期の決算書のほか、前記シンジケートローンについての参加案内資料等を交付したが、このうち参加案内資料には、留意事項として、資料に含まれる情報の正確性・真実性についてY銀行は一切の責任を負わないことなどが記載されていた。

他方、Z社のメインバンクであったB銀行は、平成19年3月、他の金融機関とともに、Z社に対し総額約30億円のシンジケートローン（以下「別件シ・ローン」という）を組成、実行し、別件シ・ローンのエージェントになっていたが、同年8月28日または29日頃、Cに対し、Z社の同年3月期の決算書において、不適切な処理がされている疑いがある旨を指摘し、同決算書に関して専門家による財務調査を行う必要があり、これを行わなければ、同年9月末以降の別件シ・ローンの継続ができない旨を告げた。

Cは、前記財務調査の実施を承諾し、別件シ・ローンの各参加金融機関に対し、上記決算書において一部不適切な処理がされている可能性があるため、調査会社に同決算書の精査を依頼する予定である旨を記載したZ社名義の平成19年9月10日付の書面（以下「本件書面」という）を送付した。

Y銀行による参加招聘に対し、X₁信用金庫らは、それぞれZ社の決算書等

を検討し、Y銀行に質問するなどして、平成19年9月20日頃までに参加の意向を示したことから、Y銀行およびX$_1$信用金庫らによる総額9億円のシンジケートローン（以下「本件シ・ローン」という）が組成され、実行されることとなった。そして、Y銀行の支店の行員で、本件シ・ローンの担当者であったEは、本件シ・ローンの契約書調印手続のため、同月21日、Z社に赴いた。

ところが、上記調印手続に先立ち、Cは、Eに対し、本件書面を示し、B銀行がZ社の平成19年3月期決算書に不適切な処理がある旨の疑念を有しており、別件シ・ローンの参加金融機関に本件書面を送付した旨の情報（以下「本件情報」という）を告げた。これは、Cとしては、本件シ・ローンのアレンジャーであるY銀行ないしその担当者であるEに、本件シ・ローンの組成・実行手続の継続の是非について判断を委ねる趣旨であった。

これに対し、Y銀行ないしEは、本件情報をX$_1$信用金庫らに一切告げることなく、本件シ・ローンの組成・実行手続を継続した。

Y銀行およびX$_1$信用金庫らは、平成19年9月28日、Z社に対し、本件シ・ローンの実行として、Y銀行、X$_1$信用金庫、X$_2$信用金庫およびX$_3$銀行が合計9億円を貸し付けた。もっとも、上記9億円のうち、3億円は、Y銀行のZ社およびその関連会社に対する貸付金の返済に回された。

そして、本件シ・ローンの実行に伴い、平成19年9月28日、Y銀行は、Z社からアレンジャーフィーないしエージェントフィーを、X$_1$信用金庫らは利息の一部を受領した。

平成19年10月29日までに行われた調査会社による財務調査の結果、Z社の同年3月期決算書には、実在しない売掛金や前渡金の計上等があり、純資産額が約40億円過大となる粉飾のあることが判明した。このため、B銀行は、Z社に対し、同年10月31日、別件シ・ローンは継続できない旨および自行単独融資分につき期限の利益喪失を通知した。

結局、Z社は、平成20年4月11日、自らの申立てに基づき名古屋地方裁判所から再生手続開始の決定を受けた。

以上のような事実関係のもとにおいて、X$_1$信用金庫らは、Z社に対する貸付について損害を被ったとして、Y銀行から支払を受けた参加手数料を差し

引き、Z社から支払を受けた利息を控除した額を損害額として、Y銀行に対し、債務不履行ないし不法行為に基づいて損害賠償請求の訴訟を提起した。
  b　第一審および控訴審判決
　　ア　第一審判決
　　第一審の名古屋地方裁判所は、Y銀行の債務不履行責任および不法行為責任のいずれも否定し、X_1らの請求を棄却した（名古屋地判平22.3.26金法1921号43頁）。
　　イ　控訴審判決
　　控訴審の名古屋高等裁判所は、Y銀行の債務不履行責任は否定したものの、不法行為責任についてはこれを認め、X_1らの請求を一部認めた（名古屋高判平23.4.14金法1921号22頁）。
　　Y銀行が上告。
  c　本件判決の判示部分
　　最高裁判所は、Y銀行の不法行為責任を認め、上告を棄却した。
　　なお、Y銀行の債務不履行責任については、これを否定した控訴審判決に対して、X_1信用金庫らが上告・上告受理申立てをしていないため、判示されていない。
　　本判決の要旨は、以下のとおりである（下線は筆者による）。
　　本件情報は、「Z社の信用力についての判断に重大な影響を与えるものであって、本来、借主となるZ社自身が貸主となる被上告人らに対して明らかにすべき」であり、「被上告人らが本件シ・ローン参加前にこれを知れば、その参加を取り止めるか、少なくとも上記精査の結果を待つことにするのが通常の対応であるということができ、その対応をとっていたならば、本件シ・ローンを実行したことによる損害を被ることもなかった」ものと解される。
　　他方、「本件情報は、別件シ・ローンに関与していない被上告人らが自ら知ることは通常期待し得ない」ものであるところ、前記事実関係によれば、Cは、本件シ・ローンのアレンジャーである上告人ないしその担当者のEに本件シ・ローンの組成・実行手続の継続にかかる判断を委ねる趣旨で、本件

情報をEに告げたというのである。

　これらの事実に照らせば、アレンジャーである上告人から本件シ・ローンの説明と参加の招へいを受けた被上告人らとしては、上告人から交付された資料の中に、資料に含まれる情報の正確性・真実性について上告人は一切の責任を負わないなどの記載があるとしても、「上告人がアレンジャー業務の遂行過程で入手した本件情報については、これが被上告人らに提供されるように対応することを期待するのが当然といえ、被上告人らに対し本件シ・ローンへの参加を招へいした上告人としても、そのような対応が必要であることに容易に思い至るべき」ものといえる。

　また、「この場合において、上告人が被上告人らの直接本件情報を提供したとしても、本件の事実関係の下では、上告人のZ社に対する守秘義務違反が問題になるとはいえず、他に上告人による本件情報の提供に何らかの支障があることもうかがわれない」。

　そうすると、上告人は、被上告人らに対し、信義則上、本件シ・ローン組成・実行前に本件情報を提供すべき注意義務を負うものと解するのが相当であり、この義務に違反して本件情報を被上告人らに提供しなかったのであるから、被上告人らに対する不法行為責任が認められるというべきである。

d　田原睦夫裁判官の補足意見

　本判決には、田原睦夫裁判官の補足意見があり、要旨は以下のとおりである。

　ア　Z社の被上告人らに対する情報提供義務

　「一般に、金融機関に融資を申し込む者は、その申込みに際して誠実に対応すべき義務を信義則上負っている」ものといえ、「融資の可否の判断に大きな影響を与え得る情報を秘匿してその融資の申込みを行い、その結果融資した金融機関に損害を与えた場合には、不法行為責任を負う」ものというべきである。

　本件においては、Z社のメインバンクが、同社の平成19年3月期の決算書において不適切な処理が行われている疑がある旨を指摘し、同決算書に関して専門家による財務調査を行う必要があり、これを行わなければ、同年9月

末以降の別件シ・ローンの継続ができない旨告げたというのであるところ、「その事実は同社の信用の根幹に関わる重要な情報であるから、同社が金融機関に融資を申し込むに際して信義則上当該金融機関に提供すべき情報に該当する」ものであり、また、「融資申込み後その融資実行前に判明した場合においても、同様に提供すべき情報である」といえる。

殊に、Z社が上告人に対して提出したいわゆるインフォメーション・メモランダムにおいて、同社が提供する資料について、「その内容が真実かつ正確であることを保証」しているところ、「そこで提供される決算資料の正確性について、メインバンクが疑念を抱き、専門家による財務調査を求めているとの事実は、シンジケート・ローンへの参加を招聘されている金融機関にとって、その参加の可否を決する上での重要な情報」である。

したがって上記の事実は、Z社において、本件シ・ローンへの参加の呼び掛けに応じようとしている金融機関に対して信義則上開示すべき重要な情報であるといえる。

　イ　アレンジャーとしての上告人の被上告人らに対する**本件情報提供義務**

(ア)　「アレンジャーと借受人との関係は、一般に準委任と解されているところ、シンジケートローンへの招聘を受けた金融機関において参加の可否の判断に重大な影響を与えるべき事実を借受人が秘匿していることをアレンジャーが知った場合に、敢えてその事実を秘匿したままアレンジャーの業務を遂行し、その結果シンジケート・ローンの参加者が損害を被った場合には、アレンジャーは借受人の情報提供義務違反に加担したものとして、共同不法行為責任が問われ得る」といえる（アレンジャーがかかる事実を知った場合には、受託者としての善管注意義務の一環として、借受人に対して、その情報を参加を招聘する金融機関に開示するよう助言すべきであり、借受人がその助言に応じない場合には、アレンジャーとしての受任契約を解約することが検討されて然るべきであろう）。

(イ)　次に、「アレンジャーとシンジケート・ローンへの参加を希望する金融機関との間には、契約関係は存しない」が、アレンジャーはシ・ローンへの参加を呼び掛けるにあたっては、「一般にアレンジャーとしてその相

手方に対して提供が求められる範囲において、誠実に情報を開示すべき信義則上の義務を負う」ものというべきであり、「殊にアレンジャーがその業務の遂行過程で得た情報のうち、<u>相手方が参加の可否を判断する上において影響を及ぼすと認められる一般的に重要な情報</u>は、相手方に提供すべきものであり、それを怠った場合には、参加希望者を招聘する者としての信義則上の誠実義務に違反するものとして、不法行為責任が問われ得る」といえる。

(ウ) **上告人の本件情報提供義務**

本件情報は、前記のとおり本件のインフォメーション・メモランダムにて確約されたZ社の提供した資料の真実性、正確性を揺るがす情報であって、被上告人らの本件シ・ローンにかかる融資契約の締結前に明らかになったものであり、被上告人らが融資契約締結の可否を判断する上で重要な影響を及ぼし得る情報である。

また、上告人は本件情報をアレンジャー業務の遂行過程で入手したものであるから、上告人は上記(ア)、(イ)のいずれの点からしても、被上告人らに直ちに本件情報を開示すべき信義則上の義務を負っていたものということができるのであり、その違反に対しては不法行為責任が問われて然るべきである。

ウ **上告人の守秘義務**

「一般に金融機関は、取引先から入手した情報については第三者に対する守秘義務を負っている」といえる。しかし借受人が金融機関にシ・ローンのアレンジャー業務を委託した場合において、「その業務の遂行に必要な情報は、借受人とアレンジャーとの間で別段の合意がない限り、当然に招聘先に開示されるべき」ものであり、借受人はアレンジャーに対し、守秘を求める利益を有しないものというべきである。

そして、本件情報は、前記のとおりZ社として、当然に被上告人ら参加金融機関に対して開示すべきものであり、また、本件記録上Z社と上告人間で本件情報の秘匿に関する特段の合意がなされたことは窺えないのであるから、本件情報の提供に関し、上告人の守秘義務が問題となる余地はないもの

というべきである。

エ　その他

なお、過失相殺が認められる余地について言及されているが、原審までに当事者から主張がなされていないことから、判断は示されていない。

(4)　金融機関が負うべき守秘義務

a　金融機関の負う守秘義務の根拠

JSLAが公開している2013年JSLA契約書では、顧客との関係で、金融機関が守秘義務を負うことは明記されていない。

もっとも、後記bの最決平19.12.11（民集61巻9号3364頁）や、前記(3)の最判平24.11.27における補足意見で示されているとおり、金融機関は、顧客に対して、商慣習上または契約上、守秘義務を負うとされている。

前記決定および判決でも示されているとおり、守秘義務がどの範囲に及ぶのかは各事案における個別判断となる。金融機関の守秘義務がどのような場合に保護されるかという具体的事例における検討は、後記3で行う。

b　最決平19.12.11の要旨

ア　事案の概要

被相続人Aの相続人Xが相続人Bに対して、遺留分減殺請求権に基づき預貯金に関する金員の支払等を求める本案請求に付随し、Bの取引金融機関Yに対して、BがYに開設した預金口座に相続財産を入金した事実を立証するために必要があるとして、同預金口座の過去の取引履歴が記載された取引明細表を提出するよう求める文書提出命令を申し立て、Yが同明細表の記載内容が民事訴訟法220条4号ハ、197条1項3号に規定する「職業の秘密」に該当するため提出義務を負わないと主張して争った事案である。

イ　最高裁の判断

上告審は、次のとおり判断して、原決定を取り消し、文書提出命令の申立てを認容した。

「金融機関は、顧客との取引内容に関する情報や顧客との取引に関して得た顧客の信用にかかわる情報などの顧客情報につき、<u>商慣習上又は契約上、当該顧客との関係において守秘義務を負い、</u>その顧客情報をみだりに外部に

漏らすことは許されない。

　しかしながら、金融機関が有する上記守秘義務は、上記の根拠に基づき個々の顧客との関係において認められるにすぎないものであるから、金融機関が民事訴訟において訴訟外の第三者として開示を求められた<u>顧客情報について、当該顧客自身が当該民事訴訟の当事者として開示義務を負う場合には、当該顧客は上記顧客情報につき金融機関の守秘義務により保護されるべき正当な利益を有さず、</u>金融機関は、訴訟手続において上記顧客情報を開示しても守秘義務には違反しないというべきである。

　そうすると、金融機関は、訴訟手続上、顧客に対し守秘義務を負うことを理由として上記顧客情報の開示を拒否することはできず、同情報は、金融機関がこれにつき職業の秘密として保護に値する独自の利益を有する場合は別として、民訴法197条1項3号にいう職業の秘密として保護されないものというべきである。」

　また、田原睦夫裁判官の補足意見では、以下のように説示されている。

　「金融機関は、顧客との間で顧客情報について個別の守秘義務契約を締結していない場合であっても、契約上（黙示のものを含む。）又は商慣習あるいは信義則上、顧客情報につき一般的に守秘義務を負い、みだりにそれを外部に漏らすことは許されないと解されているが、その義務の法的根拠として挙げられている諸点から明らかなように、<u>それは当該個々の顧客との関係での義務</u>である。時として、<u>金融機関が、顧客情報について全般的に守秘義務を負うとの見解が主張されることがあるが、それは個々の顧客との一般的な守秘義務の集積の結果、顧客情報について広く守秘義務を負う状態となっていることを表現したものにすぎない</u>というべきである。その点で、民訴法197条1項2号に定める医師や弁護士等の職務上の守秘義務とは異なる。

　そして、この顧客情報についての一般的な守秘義務は、上記のとおりみだりに外部に漏らすことを許さないとするものであるから、金融機関が法律上開示義務を負う場合のほか、<u>その顧客情報を第三者に開示することが許容される正当な理由がある場合に、金融機関が第三者に顧客情報を開示することができる</u>ことは言うまでもない。その正当な理由としては、原則として、金

融庁、その他の監督官庁の調査、税務調査、裁判所の命令等のほか、一定の法令上の根拠に基づいて開示が求められる場合を含むものというべきであり、金融機関がその命令や求めに応じても、金融機関は原則として顧客に対する上記の一般的な守秘義務違反の責任を問われることはないものというべきである。

また、この守秘義務は、上記のとおり個々の顧客との関係で認められるものであるから、当該顧客が自ら第三者に対して特定の顧客情報を開示している場合や、第三者に対して自ら所持している特定の顧客情報につき開示義務を負っている場合には、当該顧客は、特段の事由のない限り、その第三者との関係では、金融機関の当該顧客情報の守秘義務により保護されるべき正当な利益を有さず、金融機関が当該情報をその第三者に開示しても、守秘義務違反の問題は生じないものというべきである。」

3 事例の検討

(1) 検討対象の事例紹介

事例1 Y不動産のメインバンクであるX銀行は、Y不動産からシンジケートローン（以下「シ・ローン」という）の組成を委託され、アレンジャーとなってシ・ローンの組成手続を行うことになった。

X銀行に開設されたY不動産の預金口座からは、毎月、一定額がA商事に対して送金されていた。その後、シ・ローンの担当者が、X銀行内のデータベースを確認したところ、A商事が暴力団のフロント企業であることが判明した（以下、暴力団のフロント企業であるA商事に対して毎月一定額が送金されていた事実を「本件情報」という）。

シ・ローン担当者は、本件情報を知ったものの、本件情報の具体的な内容については特段の調査をせず、Y不動産に対して本件情報に関して何らのヒアリングもしないまま、シ・ローンの組成業務を継続した。

その後、シ・ローンは実行され、X銀行がエージェントに就任した。

シ・ローンが実行されてから間もなく、Y不動産とA商事が緊密な取引関係

にあり、Y不動産の事業に関連し、A商事が地上げをするなどしていたことが週刊誌の報道で明らかとなった。

かかる事実が判明した時点において、シ・ローンの融資はほとんど返済されておらず、その後、Y不動産は破綻した。

シ・ローンの参加金融機関は、X銀行が情報提供義務を怠ったとしてX銀行を相手に損害賠償請求を行った。

この場合において、X銀行は、シ・ローンの参加金融機関に対して損害賠償義務を負うのか。

事例2 **事例1** のケースで、X銀行内で本件情報が判明したのがシ・ローン実行後であった場合、エージェントであるX銀行はどのような対応をとるべきか。

(2) **事例1** の検討
a 本件情報は、アレンジャー（X銀行）が参加（予定）金融機関に対して負担する情報提供義務の範囲に含まれる情報か

ア 最判平24.11.27の判旨および補足意見の枠組みに沿うならば、本件情報が、①参加金融機関が参加の可否を判断する上において重大な影響を及ぼすと認められるものであること、②参加金融機関が自ら知ることを通常期待し得ないものであることの各要件を充足するものであれば、X銀行が参加金融機関に対して負担する情報提供義務の範囲に含まれる情報と考えていいであろう。

そこで、本件情報にかかる上記①および②の各要件の充足の有無を検討する。

① 本件情報は参加金融機関が参加の可否を判断する上において重大な影響を及ぼすと認められる情報か

政府は平成19年6月19日付で「企業が反社会的勢力による被害を防止す

るための指針」を公表し、金融庁は平成22年３月に「金融機関等に対する監督指針」を改正した。これらを受けて、現在、ほとんどすべての金融機関が契約書において暴力団排除条項を導入している。また、JSLAが公開している2013年JSLA契約書にも借入人が反社でないことを貸付実行の前提条件とし（CL契約書６条３号、TL契約書４条２号）、期限の利益の喪失事由としている（CL契約書22条第２項２号、TL契約書18条第２項２号）。

　現在に至っては、金融機関は反社に融資しないという方針を確固たるものとしており、正常な金融機関であれば借入希望者が反社であると認識すれば融資することはない。すなわち、金融機関は、借入希望者の事業内容や財務状況にかかわらず、借入希望者が反社であると認識した以上は、融資をすることは一切しないのであるから、金融機関にとって、借入希望者が反社であるかどうかといった情報は、財務データ等の情報と比べても、圧倒的に重要な情報であるといえる。

　以上を踏まえれば、借入希望者が反社であるとの事実は、参加金融機関が参加の可否を判断する上において重大な影響を及ぼすと認められる情報と断定してもさしつかえないであろう。

　もっとも、本件情報は、暴力団のフロント企業であるA商事に対して毎月一定額が送金されていたというものであり、Y不動産が反社であることを断定させる情報ではない。

　そこで借入希望者が反社であると断定させるに至らない情報であっても、参加金融機関が参加の可否を判断する上において重大な影響を及ぼすと認められる情報であるといえるのかが問題となる。

　この点については、参加金融機関は、シ・ローンの借入希望者について、反社であるとの確定情報ではなくとも、借入希望者が反社であることを疑わせる情報を得た場合には、シ・ローンへの参加前に、その参加をとりやめるか、少なくともアレンジャーによる借入希望者が反社ではないことの報告があるまで参加を見合わせるのが通常であろうと考えられる。

　そうすると、借入希望者が反社ではないかとの疑いを抱かせるにとどまる情報であっても、参加金融機関が参加の可否を判断する上において重大

な影響を及ぼすと認められる情報に当たると考えてよいであろう。

　ただし、反社の疑いを抱かせる情報といっても、おのずからその疑いのレベルには濃淡があるはずであり、反社との間で、低額かつ単発的な取引があるにすぎない場合は、借入希望者について反社である疑いが強く、参加の可否を判断する上において重大な影響を及ぼす情報に当たるとまではいえないであろう。その疑いのレベルの濃淡については、借入希望者および取引先である反社の業種、借入希望者の事業規模、当該取引の額、取引の頻度等を考慮して、反社との関わりの程度を総合的に検討し、借入希望者が反社であるとの疑いをもつことが合理的といえるかを判断していくことになろう。

　例えば、A商事の業務内容が、不動産業者と定期的に取引を行うことがおよそ考えられない業種であること、Y不動産のA商事に対する送金額が、Y不動産の取引規模からしても無視できない金額であることなどは、Y不動産とA商事の関係が不自然かつ緊密であると評価させる事情であろうし、Y不動産とA商事との取引が単発的なものではなく継続的なものであることも、Y不動産とA商事の関係の緊密さを伺わせる事情といえ、そのような事情が認められる場合にはY不動産について反社との疑いをもつことは合理的であり、かかる情報は、参加金融機関が参加の可否を判断する上において重大な影響を及ぼすと認められる情報に当たるといえよう。

② 参加金融機関が自ら知ることを通常期待し得ない情報か

　参加金融機関は、アレンジャーからの参加の勧誘に基づくとはいえ、最終的には、自らの与信判断として借入人への貸付を決定するのであるから、貸付の実行を判断するのに必要となる情報は、本来自らが主体となり調査すべきである。しかし、その情報が、参加金融機関が自ら知ることを期待できないような情報である場合にまで、参加金融機関に自己責任を問うことはできない。そのため、参加金融機関が自ら知ることを通常期待し得ない情報については、アレンジャーが情報提供義務を負うとするのが合理的であろう。

　本事例において、預金口座からの出入金にかかる情報は、顧客との間で

締結した預金契約に基づく情報であり、守秘義務の対象となる情報である。そのため、受託者である銀行は、正当な理由のない限り、当該情報を第三者に対して開示することはない。

したがって、X銀行に開設されたY不動産の預金口座からA商事に対する毎月一定額の送金があるとの情報（本件情報）は、借入希望者と預金契約を締結していない参加金融機関が自ら知ることを通常期待し得ない情報であるといえる。

イ　以上によれば、本件情報は、①参加金融機関が参加の可否を判断する上において重大な影響を及ぼす情報であり、また②参加金融機関が自ら知ることを通常期待し得ない情報であるから、アレンジャーであるX銀行が参加金融機関に対して情報提供義務を負う情報に含まれることになる。

なお、本件情報は、X銀行がアレンジャー業務の過程において取得した情報ではないから、そのことを理由に、アレンジャーの情報提供義務を否定するとの考え方もあり得なくはない。しかし、本件情報が入手された過程がアレンジャー業務によるものかどうかといった要素は、①または②の要件を判断する際の一要素になり得ても、情報の入手過程がアレンジャー業務外であったとの一事をもって、X銀行の情報提供義務が否定されることにはならないというべきである。最判平24.11.27も、アレンジャー業務の遂行過程で入手した情報のみが、情報提供義務の対象になることを前提にしているとは解されないのであり、本件情報が、借入人が反社に該当するかどうかといった性質の情報であることにかんがみれば、本件情報の入手過程がアレンジャー業務外であったとしても、X銀行が情報提供義務を負うことに変わりはないものと解される。

b　アレンジャーは本件情報に対して守秘義務を負っているか

X銀行が参加金融機関に対して本件情報を提供することが、X銀行のY不動産に対する守秘義務に違反するのではないかは検討しておく必要がある。

金融機関が、顧客との取引および取引に関連して知り得た情報について、顧客に対して守秘義務を負うことは、一般的に認められている。

前掲最決平19.12.11においても、「金融機関は、顧客との取引内容に関する

情報や顧客との取引に関して得た顧客の信用にかかわる情報などの顧客情報[10]につき、商慣習上又は契約上、当該顧客との関係において守秘義務を負い、その顧客情報をみだりに外部に漏らすことは許されない」として、金融機関は商慣習上または契約上、顧客に対する守秘義務を負っているとされている。

本件情報は、X銀行に開設されたY不動産の預金口座から毎月一定額がA商事に対して送金されていたというものであり、メインバンクであるX銀行が、顧客であるY不動産との預金口座取引に関連して知り得た情報にほかならず、形式的には守秘義務の対象となる情報に該当するといわざるを得ない。

もっとも、同決定の田原補足意見は、「守秘義務は……個々の顧客との関係において認められるにすぎないものであるから、当該顧客が自ら第三者に対して特定の顧客情報を開示している場合や、第三者に対して特定の顧客情報につき開示義務を負っている場合には、当該顧客は、特段の事由のない限り、その第三者との関係では、金融機関の当該顧客情報の守秘義務により保護されるべき正当な利益を有さず、金融機関が当該情報をその第三者に開示しても守秘義務違反の問題は生じないというべき」と述べている。

また、前掲最判平24.11.27の田原補足意見においても、借入人が金融機関にシ・ローンのアレンジャー業務を委託した場合は、その業務の遂行に必要な情報は、借入人とアレンジャーとの間で別段の合意がない限り、当然に招聘先に開示されるべきものであり、借入人はアレンジャーに対し、守秘を求める利益を有しないものというべきであり、当該情報がシ・ローンへの参加を招聘されている金融機関にとって、その参加の可否を決する上での重要な

---

10 同決定の田原補足意見は、「金融機関は、顧客との取引を通じて、取引内容に関する情報や取引に関連して顧客の様々な情報を取得する」とした上、これらの顧客情報は、①取引情報（預金取引や貸付取引の明細、銀行取引約定書、金銭消費貸借契約書等）、②取引に付随して金融機関が取引先より得た取引先の情報（決算書、附属明細書、担保権設定状況一覧表、事業計画書等）、③取引過程で金融機関が得た取引先の関連情報（顧客の取引先の信用に関する情報、取引先役員の個人情報等）、顧客に対する金融機関内部での信用状況解析資料、第三者から入手した顧客の信用情報等に分類されるとする。

情報である場合には、シ・ローンの借入人は、シ・ローンへの参加の呼び掛けに応じようとしている金融機関に対して信義則上開示すべき重要な情報といえるから、当該情報の提供につき、金融機関の守秘義務は問題とならないとしている。

本件情報は、シ・ローンの借入人となるY不動産から暴力団のフロント企業であるA商事に対して、毎月一定額が送金されていたという事実であり、Y不動産自身について反社ないしその密接交際者ではないかとの疑いを生じさせる情報である。

政府指針、金融庁の監督指針および各地における暴排条例の制定にみられる昨今の反社排除の情勢からすれば、金融機関にとって反社との関係をもたないことは非常に重要なことであり、融資を申し込んでいる者に反社の疑いがあるということになれば、融資を見合わせることは当然に予想される。

JSLAが公表している2013年JSLA契約書においても、借入人が反社と関係を有しない旨の表明保証条項が設けられており（CL契約書20条、TL契約書16条）、借入人が本件情報を秘匿することは、シ・ローンの契約を締結する際の表明保証に抵触することにもなる。

また、最判平24.11.27の田原補足意見が、「金融機関に融資を申し込む者は、その申込みに際して誠実に対応すべき義務を信義則上負っているものといえ、融資の可否の判断に大きな影響を与え得る情報を秘匿して融資の申込みを行い、その結果融資した金融機関に損害を与えた場合には、不法行為責任を負うものというべき」として、借入人の貸出人に対する一般的な情報提供義務を認めている[11]ことからすれば、そもそも借入人は、アレンジャーだけではなく他の参加金融機関から融資を受けるための審査を受ける立場にあるのであるから、参加金融機関に重大なネガティブ情報を秘匿することが本

---

11 これに対し、対等な契約当事者間では相互に情報提供義務を負わないのが原則であり、シ・ローンの場合も、借入人は、シ・ローン契約上の義務として、貸出人に対して一定の情報提供を約束し、提供された情報の真正さを保証するが、それを超えて、契約締結前の段階において、一般的な信義則上の情報提供義務を認めることができるかについては疑問であるとする見解もある（森下哲朗「シンジケートローンにおけるアレンジャーの責任に関する最高裁判決」金法1968号17頁以下）。

来許されないとも考えられる。

　以上からすれば、本件情報は、借入人が参加金融機関に対し秘匿することが許されない情報であり、シ・ローンへの参加を招聘された金融機関にとっても、参加の可否を決する上での重要な情報といえるから、Y不動産は、信義則上、本件情報を参加金融機関に対して開示すべき義務を負っているというべきである。

　そうすると、Y不動産は、本件情報について、参加金融機関との関係では、守秘義務により守られるべき正当な利益を有していないといえ、アレンジャーたるX銀行が参加金融機関に対して本件情報を提供したとしても守秘義務違反は問題とならないと思われる。

c　アレンジャーは参加（予定）金融機関に対して損害賠償義務を負うか
　ア　参加金融機関の損害

　以上によれば、アレンジャーは情報提供義務に違反したと考えられるが、アレンジャーは、参加金融機関に対してどのような損害賠償義務を負うか。

　本件において、参加金融機関はY不動産にシ・ローンを実行し、シ・ローンの融資がほとんど返済されないまま、Y不動産が破綻したのであるから、参加金融機関の「損害」としては、①参加金融機関が反社に融資したこと自体を損害と捉えるのか、あるいは、②反社に融資した結果、融資金を回収できなかったことを損害と捉えるのか、といった2通りの考え方があり得るところである。

　aでみたとおり、現在に至って金融機関は反社に融資しないという方針を確固たるものとしており、反社に対して絶対に融資をしない立場にあるといえる。

　このことからすれば、参加金融機関は、本来であれば絶対に融資をしない相手先であるY不動産に融資をしてしまったのであるから、Y不動産に融資をしたこと自体が、参加金融機関にとって損害であったというべきである。

　イ　因果関係

　参加金融機関がシ・ローンの実行前に本件情報を知っていればシ・ローンは絶対に実行していないのであり、またアで述べたとおり、参加金融機関が

借入人に融資をしたこと自体を「損害」として捉えるべきことからすれば、本件において、損害との因果関係は当然に認められる。

　ウ　過失相殺

　このように、参加金融機関がアレンジャーに対して損害賠償請求をなし得る場合であっても、参加金融機関に何らかの「過失」があれば、過失相殺がされることが考えられる。

　しかし、aでみたとおり、本件情報は、参加金融機関が知ることを通常期待し得ない情報であり、参加金融機関が独自の立場で本件情報を入手することはできないのであるから、（少なくとも）本件事例においては、過失相殺がされる可能性は低いものと思われる。もっとも、参加金融機関が、本件情報以外の情報から借入人が反社であることを疑うに足りる情報を入手し得た場合などにおいては、過失相殺がされることは十分にあり得るといえるから、シ・ローンの参加および実行にあたっては、参加金融機関としても、十分な情報収集に基づき与信判断をすべきことは当然である。

(3)　事例2　の検討

a　検討の枠組み

　事例2　は、シ・ローン実行前には本件情報は判明していなかったが、シ・ローン実行後に本件情報が判明したという場合である。

　シ・ローンの実行に際しては、貸付人、エージェントおよび借入人がシ・ローンに関する契約書を締結することとなるが、「エージェントの権利義務」については、同契約書に規定されているのが通常である。そのため、事例2　におけるX銀行の対応については、同契約書において定められた各規定にそって検討することになる。

　ところで、シ・ローンに関する契約書については、JSLAが標準契約書を制定の上公表しており、多くの金融機関ではJSLAが公表する標準契約書に依拠してシ・ローンに関する契約書が作成されているものと思われる。そこで、以下においては、JSLAが公表する標準契約書[12]における条項[13]を前提に、X銀行（エージェント）の対応を検討することとする。

b　JSLA標準契約書における規定内容

　JSLA標準契約書21条は、「エージェントの権利義務」に関する規定であるが、そのうち(8)は、エージェントの情報開示義務に関し、以下のように規定している。

> 　エージェントは、本契約外の取引において取得した借入人に関する情報（借入人から受領した情報については、本契約に基づいて送付されたことが明示されていない限り、本契約外の取引において取得した情報とみなす。）を他の貸付人に対して開示する義務を負わない。

　同条項によれば、エージェントであるX銀行は、シ・ローンに関する契約に関し、エージェントとして借入人に関する情報を受領した場合は、他の貸付人に対して当該情報を開示する義務を負うが、エージェント業務外で入手した情報（例えば、X銀行の営業店の担当者が、他の貸付金に関する業務を行う過程で借入人から得た情報）については、他の貸付人に対して情報開示義務を負わないことになる。しかも、「借入人から受領した情報については、本契約に基づいて送付されたことが明示されていない限り、本契約外の取引において取得した情報とみな」されるから、借入人から受領する情報のかなりの部分が「本契約外の取引において取得した情報」であるとされ、開示義務の対象外ということになる。

c　X銀行の対応方針

　事例2では、シ・ローン実行後に、X銀行内で本件情報の存在が判明しているが、bでみたとおり、エージェントであるX銀行が他の貸付人に対して本件情報を開示する義務を負うかどうかは、本件情報が本契約に基づいて受領されたものであるかどうかによることになる。

12　JSLAは、現在、平成25年改訂版の標準契約書を公表しているが、改訂により暴力団排除条項が新設されている。改訂版JSLA標準契約書の詳細に関しては、佐藤正謙＝青山大樹「平成25年改訂版JSLA標準契約書の解説」金法1967号6頁以下参照。
13　シ・ローンには①コミットメントライン方式と②タームローン方式があり、それぞれで異なる標準契約書が公表されているが、条項としては②タームローン方式の番号を摘示する。

事例には詳細な経緯は記載されていないが、本件情報がエージェント業務の遂行過程において判明したものであるとは考えにくいことから、JSLA標準契約書によれば、X銀行は、本件情報を他の貸付人に開示する義務は負わないということになる。

　もっとも、本件情報は、借入人であるY不動産が、暴力団のフロント企業に毎月一定額の送金をしているというものであり、本件情報による限り、Y不動産は「暴力団員等に対して資金等を提供し、または便宜を供与するなどの関与をしていると認められる関係を有する者」(16条10号(ii)(d)) に該当する可能性もある。この場合、Y不動産は、表明保証に違反していたことになり、その結果、シ・ローンの期限の利益を喪失することにもなる（18条(2)②)。

　このように考えると、X銀行としては、エージェント業務の過程で取得した情報ではない以上、他の貸付人に対して契約書上の開示義務を負わないとしても、本件情報そのものがすでに表明保証に違反し、期限の利益の喪失事由にもなる内容でもあることからすれば、X銀行としては、他の貸付人に対して早急に本件情報を開示し、その対応を協議する（すぐに期限の利益を喪失させるのが適切なのか、担保の徴求など与信の保全を進めるのがよいのかなど）のが望ましいといえる[14]。

4　おわりに

　近畿圏内の複数の金融機関にヒアリングを実施した結果によっても、これまでのところ、シ・ローンの借入人が反社であり金融機関に被害が生じたといった事例は、幸いにして報告されていない。しかし、金融取引から反社を完全に排除させるためには、あらゆる金融取引に反社が関与するということ

---

[14] なお、本件情報そのものがすでに表明保証に違反し、期限の利益の喪失事由にもなる内容でもあることからすれば、Y不動産は本件情報を貸付人に対して開示すべき義務を負っており、Y不動産は守秘義務により守られるべき正当な利益を有していないといえるため、X銀行が他の貸付人に対して本件情報を提供したとしても守秘義務違反とはならないと考えられる。

をあらかじめ想定して事前の対策を講じておく必要がある。そして、1に述べたとおり、シ・ローンの裾野が広がりつつある現状にかんがみれば、今後、反社がシ・ローン市場に介入することは十分にあり得るとみなければならない。

　本稿は、最判平24.11.27における判示内容を一つの理論的根拠に据えつつ、事例の検討という形を通じて、シ・ローンに反社が介在してしまった場合の各金融機関の権利義務関係を、主として、アレンジャーの情報提供義務という観点から考察した試論である。情報提供義務と守秘義務との関係は、法理論的にもきわめて難しい問題を含んでおり、また情報の内容や確度、入手経路、入手時期など、様々な要素によっても、両者の関係は変わり得るものである。そのため、本稿においては、できるだけシンプルな事例において、両者の関係を論じるという方法を採用したが、今後は、別の場面では、両者の関係はどのように変わることになるのかについても検討する必要があると考えている。

　なお、以上のとおり、シ・ローンにおける反社情報の取扱いを検討してきたが、シ・ローンの組成前に、反社との関係を排除することが望ましいのはいうまでもない。そのためには、各金融機関独自の反社データベースを充実させることのみならず、金融機関相互間あるいは業界全体において反社データベースを共有化することが実効的である。

　この反社データベースの共有化に関しては、平成24年近畿弁護士会連合会民事介入暴力及び弁護士業務妨害対策委員会夏期研修会における検討をもとにしたNBL掲載の論考[15]を参考にされたい。

15　古賀健介＝玉田欽也＝富塚浩之＝中嶋勝規＝林堂佳子「中小企業等における反社会的勢力データベースの構築と運用」NBL991号19頁以下。

X シンジケートローンにおける反社情報の共有と個人情報保護法

弁護士 濱 和哲

1 はじめに

 論考「シンジケートローンにおける反社情報の取扱い」（本書192頁）においては、金融機関が負う守秘義務との関係において、アレンジャーは、参加（予定）金融機関に対して情報提供義務を負うかどうかを主な検討課題とし、①参加金融機関が参加の可否を判断する上において重大な影響を及ぼすと認められるものであること、②参加金融機関が自ら知ることを通常期待し得ないものであることの各要件を充足するときには、アレンジャーが情報提供義務を負う場合があることを明らかにした。

 前記論考においては、シンジケートローンの組成を委託した企業（借入人）に関する情報を検討対象としたため、個人情報保護法[1]との関係は問題とはならず、検討対象外であった。しかし、シンジケートローンの組成および実行段階においては、個人情報保護法の対象となる「個人情報」や「個人データ」、例えば、シンジケートローンの組成を委託した企業の役員が、暴力団関係者や密接交際者に該当するといった個人の属性に関する情報や、当該企業の個人株主や個人の取引先の属性に関する情報について、その提供義務の有無が問題となることはあり得るところである。そのため、前記論考の延長線上にある検討課題として、シンジケートローンにおいて、「個人情報」や「個人データ」についての情報提供義務が肯定された場合、個人情報

---

[1] 個人情報の保護に関する法律（平成15年法律第57号）。以下、「個人情報保護法」という。また、条文の引用においては「法」と略称する。

保護法との関係(とりわけ、第三者提供の制限との関係)をどのように考えるのかについては、あらかじめ検討しておく必要がある。

そこで、以下の本稿においては、シンジケートローンにおける反社情報と個人情報保護法との関係を整理することとしたい。

2 反社情報の提供と個人情報保護法

(1) 個人情報と個人データの区別

個人情報保護法は、「個人情報」を「生存する個人に関する情報であって、当該情報に含まれる氏名、生年月日その他の記述等により特定の個人を識別することができるもの」(法2条1項)と定義し、「個人データ」については、個人情報のうち、個人情報データベース等を構成するものと定義して(法2条4項)、両者を異なる概念として規定している。その上で、「個人情報」に関する義務(法15条から法18条)と「個人データ」に関する義務(法19条から法23条)についても区別して規定しているが、第三者への提供が制限されるのは、個人情報のうち、「個人データ」についてである(法23条1項)。

(2) 個人データの第三者提供の制限とその例外

個人情報保護法は、個人情報取扱事業者が個人データを第三者提供するためには、本人の事前同意を要すること(オプトイン)を原則としている(法23条1項)。個人情報保護法が、個人データについて第三者提供に制限を加えたのは、データベースのようにコンピューター等による検索が可能な状態にある個人情報(個人データ)が無制限に第三者に提供された場合には、他の本人のデータとの結合や加工がされることにより、本人にとって不測の権利利益の侵害をもたらすおそれが増大すると考えられたためである。

しかし、第三者提供の制限についても例外規定があり、①法23条1項各号に定める場合は、本人の事前の同意を得なくても、個人データを第三者に提供することができ、また、②同条4項各号に該当する場合は、当該個人データの提供を受ける者は「第三者」に該当しないとされている。

そのため、個人データのうち、反社情報を第三者に提供するためには、原則として、あらかじめ本人の同意を得る必要があるが、上記①または②のい

ずれかに該当する場合には、本人の同意を得る必要はないということになる。

(3) 反社情報の取扱い

一般に、反社情報（のうち個人データ）の提供に関しては、①法23条1項2号にいう、「人の生命、身体又は財産の保護のために必要がある場合であって、本人の同意を得ることが困難であるとき」に該当するとして、第三者提供の制限の例外であると整理されている[2]。

例えば、平成19年6月19日付犯罪対策閣僚会議幹事会申合せ「企業が反社会的勢力による被害を防止するための指針」の解説[3]は、「個人情報保護法に則した反社会的勢力の情報の保有と共有」として、個人情報の提供段階においては、「反社会的勢力に関する情報を交換しその手口を把握しておかなければ、反社会的勢力による不当要求等に対処し損ねたり、反社会的勢力との関係遮断に失敗することによる信用失墜に伴う金銭的被害も生じたりする。また、反社会的勢力からこうした提供に関する同意を得ることは困難である。このため、このような場合、法23条1項2号（人の生命、身体又は財産の保護のために必要がある場合であって、本人の同意を得ることが困難であるとき）に該当し、本人の同意がなくとも第三者提供を行うことができる」としている。

また、「金融分野における個人情報保護に関するガイドライン」は、「人の生命、身体又は財産（法人の財産を含む。）の保護のために必要がある場合であって、本人の同意を得ることが困難であるとき」の例として、「暴力団等の反社会的勢力情報、業務妨害行為を行う悪質者情報、振り込め詐欺に利用された口座に関する情報を企業間で共有する場合」を挙げている（同ガイドライン13条1項2号、5条3項2号）。

他方、これらの整理とは別の観点から、反社情報を第三者に提供する場面を「個人データの共同利用」と捉えた上で、法23条4項3号の適用により、

---

[2] 銀行等反社対応研究会「反社情報と個人情報保護法」銀法766号28頁参照。
[3] http://www.moj.go.jp/content/000061959.pdf。

個人データを本人の同意なく提供するという整理もあり得るところである。この場合は、「個人データを特定の者との間で共同して利用する旨」「共同して利用される個人データの項目」「共同して利用する者の範囲」「利用する者の利用目的」「当該個人データの管理について責任を有する者の氏名又は名称」をあらかじめ本人に通知するか、または本人が容易に知り得る状態に置いておく必要がある。

このように、ガイドライン等による限り、いわゆる反社情報の第三者提供については、法23条1項2号に該当する結果、事前に本人の同意を得る必要ないというのが一般的な理解であると思われる。

しかし、個人情報保護法は、個人データの第三者提供について、本人の事前同意を原則とするのであるから、その例外規定を拡大的に解釈するのは適当ではない。むしろ、例外規定である法23条1項2号が適用されるためには、「人の生命、身体または財産を侵害するおそれがあること（法益侵害の予見可能性）のみならず、個人情報の利用によって当該法益を保護しうること（結果回避可能性）も合理的に認められなければならない」[4]というように、ある程度限定して解するのが適当である。

その意味において、対象となる個人データが確実な根拠に基づく反社情報である場合については、法23条1項2号に該当する（法益侵害の予見可能性と結果回避可能性の各要件を満たす）といい得たとしても、例えば、「みずほ銀行提携ローン問題」において指摘されたような「不芳属性先」といった情報（暴力団や総会屋といった反社会的勢力のみならず、金融犯罪者を含む情報）やいわゆる反社疑義情報については、その情報の内容によっては、同号の要件を満たすとはいいがたい場合もあり得ることになる。この場合、このような「不芳属性先」に関する情報や反社疑義情報（このような個人情報も、個人情報データベース等を構成するものである以上、「個人データ」に該当する）を、本人の同意なく、適法に第三者に提供するためには、別途の法的構成を検討する必要が生じることになる。

---

[4] 宇賀克也『個人情報保護法の逐条解説〔第4版〕』（有斐閣、2013年）84頁。

3　シンジケートローンにおける個人データの共有

(1)　不芳先情報や反社疑義情報の取扱い

シンジケートローンとは、複数の金融機関が協調して同一の借入人に対して融資を行うための手法の一つである。シンジケートローンにおいては、融資契約締結過程において、借入人と参加金融機関のとりまとめ役となる「アレンジャー」と呼ばれる金融機関や、融資契約締結後において、融資の実行や回収等の業務を担当する「エージェント」と呼ばれる金融機関が重要な役割を果たしており、借入人に関する様々な情報にもっとも接しやすい立場にある。

そのため、参加金融機関との間における個人データの共有の可否が問題となるのは、典型的には、アレンジャーやエージェントがその業務の遂行過程において、借入人に関する個人データを取得した場合であって、当該個人データが、他の参加金融機関に対して情報提供義務を負うと解すべき個人データである場合である（当該個人データが、他の金融機関に対して提供すべき義務を生じさせるものでない場合は、そもそも、個人データの共有は問題とならない）。

まず、当該個人データが確実な根拠のある反社情報である場合は、前述のとおり、法23条1項2号の適用があることを前提に、本人の同意を得ることなく、第三者である参加金融機関に提供することは可能であると解される。

しかし、法23条1項2号に該当するためには、「人の生命、身体または財産を侵害するおそれがあること（法益侵害の予見可能性）のみならず、個人情報の利用によって当該法益を保護しうること（結果回避可能性）も合理的に認められなければならない」から、前述のとおり、当該個人データが、確実な根拠のある反社情報とはいいがたい情報（例えば、不芳先情報や反社疑義情報など）にとどまる場合は、その情報の内容によっては、法23条1項2号の該当性に疑問が残る場合もあり得ることになる。

(2)　法23条4項3号の適用可能性

一般に、金融機関相互間で延滞情報を交換する場合や、同一グループの旅

行会社間で顧客情報を共有する場合のように、企業が取得した個人情報を特定の他の企業との間で相互に交換し共同利用することが広く行われているが[5]、このような取扱いは、一般に、法23条4項3号の適用を前提にするものであるとされている。

　前述のとおり、シンジケートローンとは、複数の金融機関が協調して同一の借入人に対して融資を行うための手法の一つであり、参加（予定）金融機関は自ずと特定されるから、ある金融機関が保有する個人データを他の参加（予定）金融機関に提供する場面は、「個人データを特定の者との間で共同して利用する場合」（法23条4項3号）に該当するといえる。そのため、シンジケートローンにおける個人データの提供の場面が、法23条4項3号におけるその他の要件に該当する場合は、法23条1項2号によることなく、他の金融機関に対して個人データを提供できることになる。

　法23条4項3号は、①個人データを特定の者との間で共同して利用する旨、②共同して利用される個人データの項目、③共同して利用する者の範囲、④利用する者の利用目的、⑤当該個人データの管理について責任を有する者の氏名または名称をあらかじめ本人に通知するか、本人がこれを知り得る状態にしておくことを要件として規定する。ここにいう「本人」とは、シンジケートローンの借入人ではなく、個人データを提供されることとなる当該個人である。

　シンジケートローンの組成または実行段階において、個人データを他の金融機関に対して提供すべき典型的な場面は、借入人の役員や個人株主等に関する反社情報や反社疑義情報を他の金融機関に提供する場面であると考えられる。この場面は、「個人データを特定の者との間で共同して利用する場合」に当たるといえるから、上記①か⑤の各項目が借入人の役員や個人株主等に対してあらかじめ通知されているか、借入人の役員や個人株主等がこれらを知り得る状態にある場合には、法23条4項3号の要件を充足することになる。

5　宇賀前掲注4・115頁。

シンジケートローンを組成する際、アレンジャーは、借入人との間でローン契約を締結するが、その際、借入人の各役員が保証人となる場合は、当該役員から同意書を徴求するケースが多いと思われる。この場合、当該役員に対して、前記①から⑤の項目を通知するような実務上の取扱いが確立されている場合には、法23条4項3号による情報提供が可能になる余地があると解される。もっとも、実務上は、②共同して利用される個人データの項目をどのように規定するかといった問題があり、実務上の運用を可能にするためには、さらに検討すべき法的課題は少なくない。

4　おわりに

　日本弁護士連合会第79回民事介入暴力対策和歌山大会の実施にあたり、近畿圏内の複数の金融機関にヒアリングを実施したが、いまのところ、シンジケートローンの組成や実行の段階において、反社情報の共有の可否が問題となった事例は報告されていない。

　しかし、確実な根拠のある反社情報については、法23条1項2号の適用による情報提供が可能だとしても、不芳先情報や反社疑義情報の中には、同号の適用に疑問が生じる場合もあり得るところである。その意味においては、個人データの提供にあたっては法23条4項3号の適用を検討する必要が生じるのであるが、とりわけ、シンジケートローンは、まさに、「個人データを特定の者との間で共同して利用する場合」に該当するといえるから、同号の適用を前提に、参加金融機関相互において、反社情報や反社疑義情報を共同利用できる実務上の取扱いを構築する意義は少なくないと思われる。

XI 反社会的勢力の立証への対応策

弁護士 **野村太爾**

1 本稿の目的

本稿は、金融機関に導入されている暴力団排除条項、表明確約など反社会的勢力（以下「反社」という）を契約から排除する旨の条項（以下、合わせて「反社排除条項」という）を適用する上で遭遇している問題に触れるとともに、立証への対応策として、実務上なされている対応策等を検討するものである。

2 銀行取引（預金、融資）・証券取引からの反社排除の進展と現場の要請

(1) 反社排除の体制整備

現在、銀行、信用金庫、信用組合、証券会社等の金融機関では、約款、契約書への反社排除条項、表明確約条項の導入を終え、具体的な適用段階に入っている。そのための体制整備も進み、反社排除の統括者や部署を設置し、窓口対応のマニュアル化も進んでいる。金融検査マニュアル[1]でも反社に関するデータベースの整備について触れているように、データベースの構築、運用も個社それぞれの規模に応じてなされている。

データベースについては、証券業界では、すでに日本証券業協会が警察庁や暴力追放運動推進センター（以下「暴追センター」という）の協力を得て、反社情報照会システムという全社が利用できる制度を運用しているが、銀行

---

[1] 平成26年6月版、リスク管理等編の中に「反社会的勢力への対応」の項目があり（63頁）、反社に対応する態勢の整備等が検査対象になっている。

業界では、みずほ銀行とオリエントコーポレーションの提携ローン問題（以下「みずほ問題」という）を受け、同様の制度を期待する声が高まり、現在は預金保険機構を通じて警察庁の情報を照会する制度の検討[2]に入っている。

個別の案件では、警察、暴追センター、弁護士など外部専門機関と連携し、新規取引を拒絶し、既存取引を反社排除条項に基づいて解消している。

暴力団員であることを秘して表明確約の上、口座を開設したり、融資を受けた相手方につき、詐欺事件として立件される例も出ている。もとより刑事事件として立件されなくても、金融機関は、反社排除条項に基づき、有効に当該契約を解消できる。

このようにして、銀行取引、証券取引からの反社排除は進展し、具体的な事例が日々積み重なり、個社はノウハウを蓄積している。

(2) 排除事例

これまでの実務の状況をみる限り、反社排除を公表している金融機関が新規取引申込みを拒絶する事例は各金融機関とも実績を積み上げているのに対し、反社排除条項を適用して、既存の取引を解消する事例の実績件数はそれほど多くない。

これは、新規取引申込みの場合、契約自由の原則（顧客選択の自由）が妥当するため、反社排除条項の適用を念頭に証拠収集をする必要がないからである。一方、既存取引の場合、このような証拠収集作業を抜きにして、反社排除条項を適用し取引を解約すると、相手から損害賠償請求訴訟を起こされた場合、相手方の反社の立証に苦労する[3]ことになる。

(3) 現場の要請

みずほ問題発覚後、各金融機関では、暴力団との取引にまつわるレピュテーションリスクを強く意識するようになり、既存取引の顧客中に隠れている反社排除を実現しなければならないという認識が強まった。

2　平成26年9月10日付時事通信配信記事。
3　相手が反社（暴力団関係者）であるとの情報をもとに契約を解除した場合であっても、反社でないと主張して損害賠償請求訴訟を提起された事例として、東京地判平24.12.14（銀法760号4頁）。

ところが、銀行業界では、証券業界と異なり警察庁の情報を照会する制度の検討に入ったばかりで実現までには時間を要する。また、暴力団の潜在化、不透明化が進んでいる現状では、証券業界でも、日本証券業協会の反社情報照会システムを利用していればよいというわけではない。さらに、暴力団以外の反社については、排除の必要性は理解されていても、具体的に誰をどのように排除すればよいのか、手探りの状態である。

このように、現場では、①既存取引からできるだけ反社を排除したい、②そのために訴訟上の立証に有益な証拠が欲しい、という要請が強い。

(4) 問題点の整理

a 警察情報のみへの依存

警察の暴力団情報は、証拠価値が高く、暴力団排除に有効である。

その反面、他の反社については、警察情報と同じレベルの証拠価値ある証拠を入手しなければ、訴訟での敗訴リスクを払拭できないから排除できない、あるいは、排除しなくてよい、と、警察情報のみに依存し、暴力団以外の反社排除を棚上げにするという傾向が出てきている。

また、警察から以前のように暴力団情報が得られない等、警察の情報提供に不満を表す金融機関の声も出ている。

したがって、警察情報のみに依存することなく、様々な情報を収集して、反社排除に取り組める対応策が必要である。

b データベース

データベースにおける情報も一つの証拠にすぎない。個社のデータベースの充実度に差異もある。また、属性情報でも、過去のある時点の情報にすぎない（時間的制約）。

したがって、データベースのみに依存することなく、その情報は、その後の変化に留意しつつ、できるだけ質量の充実した資料と突き合わせなければならない。

c 行為要件

反社認定のための行為要件（「暴力的な要求行為、法的な責任を超えた不当な要求」に該当する者）に関する情報は、報道されて公知情報になっていない

限り、個社の独自情報にとどまる。ある金融機関の顧客が行為要件に該当するとしても、その情報を他社が利用しようとすれば、顧客情報の同意なき第三者への提供[4]ではないかの懸念、事実関係が争われたときに情報提供をした金融機関が紛争に巻き込まれるのではないかの懸念が出るため、通常、他社が利用することはない。

そこで、個社間で行為情報に関わる前記懸念を払拭するような協定[5]を締結する方法もあるが、行為情報を広く利用することに直結しない。

したがって、個社の情報以外の行為情報を広く利用できる対応策が必要である。

3　対応策

(1)　反社排除条項上の工夫～「相当の事由」

a　内　容

「属性」自体の立証から「相当の事由」の立証に変える、というものである。

具体例として、野村證券株式会社の約款「野村の証券取引約款（個人のお客様用）」15条(2)⑦[6]では、「お客様またはお客様の代理人が反社会的勢力に該当すると相当の事由をもって当社が判断し、当社が解約を申し出たとき」とされ、SMBC日興證券株式会社の「約款・規定集―個人のお客様用―」

---

[4]　行為情報を求める個社の財産、従業員の生命、身体の保護のために必要であって、顧客本人の同意を得ることが困難な場合である限り、その同意がなくてもさしつかえない（個人情報保護法23条1項）。「金融分野における個人情報保護に関するガイドライン」（平成21年11月20日金融庁告示第63号）も、暴力団等の反社情報、業務妨害行為を行う悪質者情報、振り込め詐欺に利用された口座に関する情報を企業間で共有する場合はあらかじめ本人の同意を得ることなく、個人データを第三者に提供できるとする（同ガイドライン13条1項②、5条3項②）。

[5]　古賀健介＝玉田欣也＝富塚浩之＝中嶋勝規＝林堂佳子「中小企業等における反社会的勢力データベースの構築と運用」NBL991号19頁には、個社間でデータベースを共有する場合の問題点および合意書案が提示されている。

[6]　平成25年1月1日から適用されている。法人のお客様用の約款にも9条(2)⑦に同様の規定がある。

165条⑤[7]には、「お客様が暴力団、暴力団員、暴力団準構成員、暴力団関係企業、総会屋等、社会運動標ぼうゴロまたは特殊知能暴力集団等、その他の反社会的勢力に該当すると相当の事由をもって当社が判断し、当社が解約を通知した場合」とされている。

b 利 点

暴力団員でさえ、潜在化、不透明化傾向を強め、破門を偽装する場合があるから、このような条項により、警察情報がなくても、他の資料で「相当の事由」があると判断されれば排除できる。

暴力団員以外の属性は、そもそも一定の行為傾向や行為の集積を前提にした価値判断であるから、警察情報がなくとも、反社該当性を判断した「相当の事由」（自社での行為情報を含む事実関係、関連する証拠等）の内容が重要である。

例えば、特殊知能暴力集団等[8]に該当するかを判断する場合、風評だけでなく、暴力団員と共謀して株価操縦を行ったという事件報道[9]を加えて「相当の事由」をもって判断したといえる。

さらに、裁判になっても、自らは反社ではないと主張して、反社排除条項適用が争われた場合、適用を主張する個社が反社の立証を尽くすのは困難[10]であるが、自社が相当の事由をもって認定したかどうかを立証するのは困難ではない。反社該当性判断の責任が個社にあるという建前[11]にも合致し、裁判所の証拠評価や判断にも馴染み、属性立証が真偽不明にならないと期待できる。「相当の事由」をもって判断したとの立証に成功すればよいので、その限りで立証の負担は軽減される。

---

7 平成26年4月1日から適用されている。
8 暴力団との関係を背景に、その威力を用い、または暴力団と資金的なつながりを有し、構造的な不正の中核となっている集団または個人をいう。
9 もっとも10年以上前の新聞記事では足りないと思われる。
10 大阪地判平23.8.31（金法1958号118頁）。
11 平成19年6月19日の政府指針、翌平成20年3月の改正監督指針は、いずれも反社該当性判断の責任は個社にあるとの建前をとっている。したがって、ある人物または法人の反社該当性の判断は、個社によって異なるのは許容される。

c 懸念点

まず、このような条項は、反社の属性要件に該当しない者を個社独自の判断で排除しようとするもので、適用範囲が広範になるのではないか。

しかし、従前より個社が自ら定義する属性要件に該当するかどうかを判断する際には、収集した証拠、情報をもとにどのような事実を認定できるか、証拠は訴訟の立証上有効か等を判断しているところ、このような判断過程を表面化[12]したにすぎないから適用範囲は広範にならない。

次に、「相当の事由」をもってする判断は恣意的にならないか。

かかる判断が裁判上争われる場合に備えて判断の枠組み（内規）または判断過程を記録化しておけば恣意的な認定にはならない。

d 私見

警察情報のみに依存せず、広く行為情報を利用する対応策であるから、「属性」自体の立証から「相当の事由」の立証に変える方策がさらに広まるよう期待したい。

(2) 反社排除条項上の工夫～「暴力団員をやめてから5年[13]以内の者」

a 内容

「暴力団員をやめてから5年以内の者」という属性要件（以下「5年要件」という）が導入されている場合がある。

b 利点

データベースで適用時点より5年以内に暴力団員であった旨の情報を取得できれば足り、暴力団の潜在化、不透明化、偽装破門の増加という傾向からすると、前記情報の後5年間は具体的な属性立証の確認作業が不要になるという利点は大きい。

例えば、平成25年2月6日の新聞報道で暴力団員と報道されたものが、そ

---

12 したがって、「相当の事由」をもってという規定を導入したからといって、属性要件であれ、行為要件であれ、証拠収集の負担が軽減されるわけではない。証拠は、証拠価値が高ければ数量がなくても足りる。要は、裁判所に「相当の事由」をもって判断したとの心証を与えるに必要なものを収集すればよい。

13 5年に限らず、3年や1年といった規定であっても、同様の議論になる。

の後暴力団をやめたと主張する場合でも、その真偽を確認することなく、平成30年2月6日までは、5年要件を適用できる。

c 懸念点

一方、暴力団排除が暴力団員の離脱支援と表裏一体で進めるべきとの暴力団対策法の枠組み[14]からすると、5年要件は、暴力団員が真に更生を図る上で足枷となり、更生が進まないために、暴力団に戻るというような悪循環になるおそれがある。

そもそも、5年要件の5年は、各種業法における暴力団排除規制の例に倣ったものと理解され、潜在化や偽装破門で排除すべき暴力団員を見逃さないように画する基準としてなぜ5年が必要かは検証されていない。

d 私　見

5年要件には、一定の利点があるので、直ちに無効と解すべきとは考えないが、前記のような懸念点があることを踏まえ、5年要件を適用するには更生を阻害しないようにすべきである。少なくとも、更生中であることに疑いを差し挟まないような客観的な状況[15]があれば、5年要件の適用は控えるべきである。

このようにして、データベースの暴力団情報の時間的制約を前提にしながら、暴力団員の離脱支援を阻害しないよう暴力団排除をすべきである。

(3) 反社排除条項上の工夫～調査協力義務、報告義務

a 内　容

いくつかの種類があるが、概要としては、取引の相手方に反社の疑いが生じた場合に備え、相手方に対し、事実を確認する調査に協力させる義務を課

---

[14] 暴力団対策法28条は離脱の意志を有する者に対する援助等につき規定する。また、同法32条の3第2項5号は暴追センターの事業として離脱の意志を有する者を助けるための活動を行うことを規定する。

[15] 金融機関など第三者には更生中かどうかの判断は困難である。そこで、例えば、暴力団員の離脱支援業務を行っている各地の暴追センターが、元暴力団員を定期的に呼び出して更生状況を聞き取り、同人から同意をとって、その内容を書面化し、更生状況を確認したいと希望する金融機関に写しを交付するような制度があれば、金融機関の判断を支える資料になる。

す、自らにかかった疑いを払拭する報告をさせる義務を課すものである。
b　利　　点
　相手方に反社の疑いが生じた場合にいくら外部から調査をしても、相手方内部の事情は把握できないことが多い。外部からの調査を尽くした上でとる方法をあらかじめ確保しておくという利点がある。
　また、調査協力や報告の求めに応じて、相手がどのような態度をとったか、どのような報告をしてきたか等が、(1)の「相当の事由」の内実になるので、反社条項適用の材料を集めることにもつながる。
c　懸念点
　相手の要求により契約者双方に同様の義務規定を定めた場合、個社が過度に義務履行を求められると負担が大きくなってしまう。
d　私　　見
　相手が表明確約をする場合には合意しやすい。
　警察情報のみに依存しないで、反社の疑いに関わる証拠収集を自ら行うための有効な手段として重要であるから、規定しておくべきである。
(4)　新たな認定資料～暴追センターの報告書
a　内　　容
　暴追センターには、暴力団をはじめとする反社に関わる情報が集積している。そこには属性に関わる情報もあれば、行為要件に該当する情報もあり、警察の情報とは異なる独自の情報源になっている。
　そこで、暴追センター内に集積した情報を個社の反社排除のために利用できるよう、個社に対する報告書を作成し、交付する制度を作ってはどうか。
　報告書には、集積している情報を開示するにとどまる場合もあれば、暴追センター自体が政府指針における反社に該当するかどうかの意見まで記載する場合もあり得る。どのような内容にするかは、事案の内容、情報や資料の内容、個社の利用目的等によって変わる。
　前者の記載例としては、「当センターにおいて、対象者（または対象法人）に関して把握している情報は以下のとおりです。」
　後者の記載例としては、「当センターにて、以下の資料（貴社が収集した資

料および当センター内の行為情報等）をもとに、平成19年6月19日付けの政府指針に規定された反社会的勢力の属性要件（または行為要件）に該当する相当の理由があるかどうかを検討した結果、○年△月頃において、対象者（または対象法人）は、上記属性要件中の「暴力団関係者」に該当する相当の事由があると判断します。」

　政府指針に規定された反社概念と個社の約款や契約書で定義される反社概念が一致するとは限らず、暴追センターが検討しやすいのは、政府指針の反社概念である。

　もっとも、個社における反社概念が政府指針のそれと異なる場合であっても、暴追センターの報告書は自社の反社該当性について検討する証拠として有益である。

　「相当の事由」の有無を検討する利点は、(1)b記載と同様の考慮による。

b　利　　点

　まず、暴追センターに集積している反社該当性に関わる情報を有効に利用できる。

　次に、個社の有する行為要件に該当する情報が暴追センターに集積され、報告書中に利用[16]される場合でも、行為情報を利用するために個社間で協定を締結する必要がない。

　さらに、報告書に暴追センターの意見を記載する場合でも、情報の分析を行う暴追センターの判断には信用性があるから、一定の証拠を有するのに謝絶に踏み切れない個社は、新たな証拠として利用できる。

　最後に、このような制度によって、暴追センターの存在意義をさらに高めることができる。

c　懸　念　点

　まず、そもそも暴追センターにかような報告書を出す権限[17]はあるのか。以下では、公益財団法人大阪府暴力追放推進センター定款（以下「大阪府

---

[16] 報告書中に証拠として引用する方法にもよるが、人の生命、身体または財産の保護のために必要な場合であって、本人の同意を得ることが困難である場合である限り、個社情報の第三者提供につき、本人の同意を得る必要はない（個人情報保護法23条1項）。

暴追センター定款」という）を前提に検討する。

　暴力団の潜在化、共生者の存在を前提にすると、暴力団員に限らず、反社まで範囲を広げた排除対策が必要で、個社が反社排除をするのに必要な報告書を出すことは、大阪府暴追センター定款4条1項11号の「前条の目的を達成するために必要な事業」に含まれると考える。定款変更をしなくても報告書を出す権限は認められる。

　次に、報告書制度が悪用される危険をどのように防ぐか。

　利用目的が明確であること、利用態様および結果を報告させること、悪用された場合の個社の責任を明らかにしておくこと等、具体的な運用ルールを規定していくことで防ぐほかない。

　最後に、暴追センターに訴訟リスク[18]はないか。

　暴追センター内の情報を開示するにとどまる場合、とくに、その情報の真偽、裏付その他関連資料の有無まで開示されれば、訴訟リスクはないといってよい。一方、暴追センターの意見まで記載する場合、その判断が間違っていた場合には、暴追センターにも損害賠償請求訴訟が提起されるリスクはあるが、政府指針に規定された反社該当性の「相当の事由」の有無について、判断資料[19]をもとに合理的な判断過程を経ている限り、暴追センターの判断に過失は認められない。

　したがって、暴追センターは訴訟リスクに過敏になる必要はない。

d　私　　見

　警察以外の機関による報告書を証拠として利用することができるので、判断資料の収集に腐心している個社にとって利点が大きい。個社でしか利用できない行為情報を広く他社のために利用できる可能性があるという意味合い

17　ある訴訟事件において、ある暴追センターが、独自に収集した情報等から反社と判断する旨の意見を記載した文書を作成し、それが裁判上証拠として提出されたことがある。その暴追センターが当該文書を出す権限を有していたことがうかがえる。

18　信用情報会社の調査報告書には「本書面に関わる損害賠償の責を一切負いません」と注記されている。しかし、信用調査会社の調査に過失があれば、被調査会社に対する損害賠償責任が認められるから、報告書に同様の記載をしても訴訟リスクがなくなるわけではない。

も大きい。

したがって、警察情報のみに依存せず、広く行為情報を利用することが可能な制度として実現することを期待する。

4 おわりに

以上、反社排除条項の適用に関わる問題に触れ、困難な反社の立証への対応策のうち、四つを検討した。

金融機関は、反社の証拠が不十分である等の理由で、モニタリングの対象とするにとどめる案件を抱え、みずほ問題以後に高まったレピュテーションリスクが現実化しないよう腐心していると思われる。

このような金融機関はもとより、反社排除条項を積極的に活用しようとする一般企業の反社排除のために、本稿が少しでも参考になれば幸いである。

---

19 判断資料が不十分である場合はその旨明記すべきであるし、判断資料に誤りがないよう注意しなければならない。参考裁判例として、民間の信用調査会社が、資料不足である旨の断り書きの記載がなく、内容に虚偽のある調査報告書により、被調査会社の名誉信用を毀損したとして、信用調査会社に対する損害賠償請求が認められたケース（東京地判平３.７.19判タ772号217頁）、信用情報機関が自ら収集して登録した破産宣告を受けた旨の情報が誤りであったため、当該業者の事業に支障を来し、信用情報機関に対する損害賠償請求が認められたケース（大阪地判平２.５.21判時1359号88頁）がある。

XII 金融機関における反社会的勢力データベースの更新

――削除を中心として――

弁護士 富塚浩之

1 本稿の目的

 平成24年の近畿弁護士会連合会民事介入暴力対策及び業務妨害対策委員会夏期研修会における研究をもとにして、反社会的勢力（以下「反社」という）データベース（以下データベースを「DB」と略す）の構築と運用に関する論考を共同執筆し、NBLに掲載した（古賀健介ほか「中小企業等における反社会的勢力データベースの構築と運用について」NBL991号19頁以下）。

 本稿は、いわゆる「みずほ問題」（詳細は本書90頁の福栄泰三弁護士の論考を参照されたい）の発生など、前掲NBLの論考発表以降の事情を踏まえ、主として金融機関における反社DBの更新、とくに反社DBからの情報の削除のあり方について考察することを目的としている。

2 金融機関における反社DB

(1) 総論――反社DB全般について――

 平成19年6月19日付犯罪対策閣僚会議幹事会申合せ「企業が反社会的勢力による被害を防止するための指針」（以下「政府指針」という）を受けて、あらゆる企業・業界について反社DBの構築が求められるようになったが、金融機関・保険会社・証券会社以外は金融庁の監督を受けるわけでもなく、また、多額の費用がかかることもあって、一部の大企業を除けば、金融機関等ほどには反社DBの構築・運用は進んでいないようである。

 前掲NBL論考においては、主に反社DBに多額の費用をかけることができ

ない中小企業に向けて、同DBを、反社である可能性を注意喚起するためのアラームとしての役割があり、調査の端緒となり得ると位置付け、簡易版DBの構築・運用を提案した。

これに対して、先駆的に反社DBを構築していた金融機関は、政府指針のみならず、金融庁の監督指針[1・2]もあって、同DBをより精緻なものへと強化し、相手方や取引先が反社DBに該当した場合、取引拒絶や取引解消に向けて対応するように態勢を整え、また、整えつつある。

(2) 金融機関の反社DB

前述のように、金融機関においては、反社DBの構築が進んでいる。もっとも、反社を新規取引から排除するのか、それとも、既存取引から排除するのかによって、必要な情報は異なる。

新規取引からの排除の場合、契約自由の原則が妥当し、契約を締結するか否かの判断が各当事者の自由な意思に委ねられるのに対し、既存取引からの排除の場合、違約金や損害賠償金を請求されるおそれがあり、新規取引からの排除に比してより慎重な対応が必要となってくる。例えば、警察により暴力団構成員と認定される者をブラック、反社であると疑われるが警察には暴力団構成員と認定されない者をグレー、と呼ぶのであれば、既存取引はブラックを、新規取引はブラックのみならずグレーも排除する、という具合である。

このように、一つの反社DBにおいて、登録されている情報は一律に同じ重みをもつわけではなく、情報の色分けまたはランク付けが必要となってくる。結局は、反社DBをどのように管理するかの問題であり、同DBに該当した場合の対応を含めて内規等で対応を決めておく必要がある。

金融機関においては、反社DBに該当した場合の対応も含めて、態勢が整備されているようであるが、みずほ問題の発生により新たな問題意識が生み

---

1 「主要行等向けの総合的な監督指針」(金融庁ホームページ：http://www.fsa.go.jp/common/law/guide/city.pdf)。
2 「中小・地域金融機関向けの総合的な監督指針」(金融庁ホームページ：http://www.fsa.go.jp/common/law/guide/chusho.pdf)。

出されることになった。

3 DBの肥大化

(1) みずほ問題

みずほ問題においては、みずほ銀行が反社と認定し、オリエントコーポレーションが代位弁済を行った137件のうち、37件を警察に照会したところ、警察が暴力団構成員と認定したのは3件だけであった[3]。

みずほ銀行では、反社DBに、反社以外の情報を幅広く登録したことで、同DB該当者が多くなり、現場が混乱し、結局は何もしないという方向に流れてしまったようである。

そこで、反社DBが肥大化しているのではないか、という問題意識がもたれるようになった。

(2) 金融庁の監督指針

金融庁は、金融機関に対する監督指針において、反社DBの適切な更新を求めている。その適切な更新とは、「情報の追加、削除、変更等」である[4,5]。したがって、金融機関は、反社DBの更新にあたり、情報の削除を行うことが求められている。

(3) DB更新のあり方―主に削除について―

a 考えられる方法

反社DBの更新として、情報の削除を行うとして、それをどのように行うべきか。考えられるのは、情報の内容に基づいて削除を行う、時間(経過年数等)で区切って削除を行うという方法である。

b 情報内容に基づく方法の問題点

情報の内容に基づいて、その要否を判断し、不要なものは削除するという

---

[3] 平成25年11月22日「経済産業省への報告書提出について」および「資料」(オリエントコーポレーションホームページ：http://www.orico.co.jp/company/news/2013/1122.html)。
[4] 前掲注1・125頁。
[5] 前掲注2・48頁。

のは、最も理想的な削除方法であると思われるが、同時に、非現実的であると思われる。すなわち、反社DBに掲載される情報の何を基準として削除するのか、これを明確に打ち立てることが難しいため、情報の内容を分析するための専門班が必要となるであろう。金融機関が保有する反社DBの情報量は膨大であり、専門班の設置・維持には多額のコストがかかると思われる。主要行はともかく、中小・地域金融機関がこのような専門班を設置することは困難であろう。

また、金融機関内における人事異動等によって、専門班の人員が入れ替わることがあり得るが、このような場合に情報分析の質を維持できるのか、という点も問題である。

c 時間で区切って削除する方法の問題点

ア 利　点

ある程度の年数、例えば10年間、情報の追加や変更がなかった者については、反社DBから完全に削除する、というような時間で区切って削除を行う方法が考えられる。この方法は、基準が一律、客観的かつ簡明であるため、専門班を設置しなくても判断可能であり、その面でのコストはかからない上、専門班の人員入れ替えに伴う問題も生じない。

イ 欠　点

しかしながら、金融機関が構築している反社DBに登録されている情報は、必ずしも反社に関する情報だけではなく、取引拒絶あるいは取引排除するべき者についての情報も含まれている。反社DBを構築し、それとは別に取引拒絶あるいは取引排除するべき相手方についてDBを構築するのは、コストの面でも構築・管理の手間という面でも無駄が大きく、分ける意味もないと思われる。

例えば、金融機関の多くは、取引に関して脅迫的言動をし、または暴力を用いる行為を行った者との取引を解消できる旨の約款の規定を設けている[6]。また、証券会社の例ではあるが、不公正取引や相場操縦行為などを行った者との取引を解消できる旨の約款の規定を設けている企業もある。このような約款の規定に該当する者との取引は、たとえ10年経過しても、当該

金融機関にとってみれば、絶対的に取引から排除するべき相手ということになろう。

　また、一つ一つの情報は、それだけで取引の解消をするに至らないものであるが、複数の情報を合わせることによって、取引排除を検討するべき相手方だとわかる場合もあり得る。例えば、ある人物について、11年前に預金口座を利用しての犯罪で逮捕されたとの新聞報道、6年前に預金口座を利用して犯罪行為を行っているとの風評、3年前に警察から捜査事項照会がなされた、という情報がある場合、各情報単体では、即時の取引解消には結び付きづらいであろうが、すべての情報を統一的にみると、取引解消を検討するべき相手方となってくる。この場合、5年や10年の経過によって情報を完全削除してしまうと、複数の情報を照らし合わせての検討ができなくなってしまう。

　さらに、反社DBには、どのような簡易なDBであったとしても、最低限反社である可能性を注意喚起するアラームとしての役割があるところ、年数が経過した情報であっても、それが残されていれば、反社の可能性を考慮し、モニタリングの対象とするなどの措置を講じることが可能となる。

　このように、時間で区切って、DBから完全に削除してしまうという方法にも欠点がある。

d　提案—消去せずに削除同然に取り扱う—

　これまで述べてきたとおり、年数が経過した情報についても、その利用価値がなくなるわけではない。一方で、反社DBについて、削除を含めて適切に更新するように金融庁から求められているという現状がある。

　思うに、反社DBの適切な更新として求められている情報の削除とは、情報を消去することだけを指すのではなく、適切な判断を阻害しなければ、一定の情報を消去したのと同様の取扱いができれば足りるものと考える。

　そこで、反社DBの適切な更新としての情報の削除とは、一定の基準に

6　例えば、東京三菱UFJ銀行の定期預金等規定集（同行ホームページ：https://direct.s.bk.mufg.jp/ib/help/pdf/yen_kiteisyu.pdf）。

よって情報をランク付けし、一定の基準以下のものについては、直ちに取引解消に動くなどの効果に結び付けないようにしておくことで足りると考える。この一定の基準は、複雑な判断を必要としないように、年数の経過などの明確なものにしておくことが望ましいであろう。このような取扱いであれば、実質的に反社DBからの情報の削除を行ったといえる一方、他の情報との組合せにより、後の取引解消に生かせる可能性を残すことができるのである。

当然のことながら、登録情報のランク付けのみならず、合わせて、該当した場合の情報ランクに応じた対応方法（直ちには何も対応せず、調査を行うことを含む）についても態勢の整備が必要となる。

4 おわりに

反社DBには、反社である可能性を注意喚起するアラームとしての役割があり、調査の端緒となり得ることは、反社発見の端緒になり得るという、前掲NBL論考で述べられているとおりである。各金融機関は、金融庁の監督指針により求められている適切な更新としての情報の削除について、その趣旨を酌み取りつつ、反社DBの役割を損なわないように工夫をしながら対応することが必要である。

XIII 暴力団排除条項導入前の融資において、融資実行後に融資先が反社会的勢力であることが発覚した場合の取扱い[1]

弁護士　田中博章

1　問題の所在

　融資を実行した後に、融資先が反社会的勢力（以下「反社」という）であることが判明した場合、金融機関が反社との関係解消のため、既存融資の一括返済を求めるべく、取引約定書や契約書において定められている期限の利益喪失条項の適用を検討することが考えられる。この点、取引約定書や契約書において、反社に該当する場合に期限の利益を喪失させるような内容の約定（以下「暴排条項」という）がすでに定められている場合、暴排条項に基づき期限の利益を喪失させることが考えられる。

　ところで、取引約定書や契約書にこのような約定がない場合、いかにして期限の利益を喪失させるかが問題となる。

　この点、政府指針および監督指針を受けて、各金融機関においても、契約書に暴排条項を導入するとともに、反社データベースを整備し、融資の審査にあたっては反社データベースに検索して反社の該当性を審査する仕組みをとっているのが大多数であろう。したがって、融資実行後に、融資先が反社であることが発覚するという事態は、暴排条項が導入後に実行された融資よりも、導入前に実行された融資のほうが多いのではないかと推察される。

---

[1] 本稿は、平成24年度近畿弁護士会連合会民暴滋賀夏期研修会において研究報告し、銀法752号32頁以下において掲載された拙稿「法定脱退と債権保全相当事由による期限の利益請求喪失」を、再度、検証し直したものである。

現に平成25年9月27日に発覚したメガバンクの提携ローンにおける暴力団融資事件においても、問題が発覚し信販会社が代位弁済を行った融資147件のうち、108件の融資が暴排条項導入前に実行されたものであることが判明している[2]。

もっとも、このような融資については、暴排条項が存在しないことから、暴力団であれば一義的に期限の利益を喪失できる、というわけにはいかないであろう。

では既存の期限の利益喪失条項を活用することは考えられないのであろうか。この点、既存の期限の利益喪失条項の中には、いわゆるバスケット条項として、「債権保全を必要とする相当の事由」（以下「債権保全相当事由」という）が一般的に定められている。債権保全相当事由は、債権者が単に必要と考えたという主観的事情のみによって該当するのではなく、客観的にみて、債権者ならば誰もが信用不安を感じるであろう事実が発生したのでなければならないとされる[3・4]。

---

[2] オリエントコーポレーションによる平成25年11月22日付経済産業省提出の報告書添付資料4（http://www.orico.co.jp/company/news/2013/1122.html）参照。
[3] 鈴木眞和「銀行取引約定書とそれをめぐる判例(17)」手研494号53頁参照。
[4] 債権保全相当事由に該当するケースは、無数の例が考えられる。その一例として、石井眞司『新銀行取引約定書の解説』（経済法令研究会、1977年）48頁は、「商品等に処分禁止の仮処分がかかったり、会社の内紛で取締役に職務執行停止の仮処分があったりして取引先の営業の継続に支障が生じているとか、赤字会社との合併が確定的になったとか、大口の販売先が倒産して連鎖倒産のおそれがあるとか、主力工場が罹災したとか、ストライキ、ロックアウトの応酬で泥沼の労使紛争が長期にわたって続いているとか、会社が清算に入ったとかの事由が生じた場合」を挙げる。また堀内仁＝柴崎純之介編『新銀行取引約定書と貸付実務』（金融財政事情研究会、1978年）170頁は、「①財務面でいうなら、資金繰りで大きな行詰まりを生じることであり、売掛金の回収が不能になるとか、在庫の急激な値下り、銀行の支援打切り等、②営業面ではまた、営業停止またはこれに類する事態を生じ、あるいは清算手続に入ったり、債権者からの差押、仮差押、仮処分、さらに国税等の滞納処分があったり、③さらに人事面では、長年大黒柱として店の実力信用を支えていた店主の死亡、後継者の未熟から生ずる経営の弱体化、会社なら有力役員の死亡、交代、引抜き、役員間の勢力争いからくる内紛、従業員の深刻な長期の争議等、④その他企業の合併、吸収、他事業への転換、重要資産の他への譲渡、担保提供等々」を挙げる。

2 債権保全相当事由の該当性が問題になった裁判例

まず、債権保全相当事由が問題になった裁判例は、次のとおりである。

(1) 大阪高判昭45.6.16（金法589号32頁）

保証人Aの債権者X（原告）が、被告Y銀行に預入れしたAの定期預金債権の差押えをしたところ、Y銀行が、かかる差押え前に期限の利益を喪失させており、Xによる差押え後に、上記定期預金と保証債務を相殺したため、XがY銀行に上記定期預金の払戻しを求めた事案である。

この点、Aは主債務者Bの子であり、Y銀行に見返り担保として上記定期預金を預入れした。Y銀行はBの貸金の返済期限を猶予したが、その後、Bらから上記定期預金の払戻しの要求がなされ、Y銀行がこれを拒否したところ、B振出の手形が不渡りとなったので、Y銀行はBに対し、「債権保全のため必要と認められるとき」に該当するとして、主債務である貸付金債務の期限の利益を喪失させた。

これに対し、Xは、本件訴訟で、Y銀行が上記定期預金の払戻しに応じなかったことが不渡りの原因となったわけであるから、期限の利益を喪失させることができないと主張したところ、本判決は「別口債務のため担保に供していた本件定期預金を以て右手形の決済資金に充てなければならない状態にあったこと自体が同人等の資産・信用状況の悪化を物語るものであり、……保全の必要ありとして、特約に基づく期限の利益喪失の手段に出たことを正当づける」と判示した。

(2) 仙台高判平4.9.30（判タ812号220頁）

取引先の膨大な債務に苦しむX会社（原告）が、債権者集会の開催をすることを決め、取引先のY銀行（被告）にその旨の書面を交付した。

かかるX会社の融資の返済が滞ったことはなかったが、事前に何の相談もなく、突如、弁護士名義の「債権者集会開催の通知」を受け取り、しかも交付を受けてからわずか4日後に集会を開くことになっていたので、驚いたY銀行担当者が、X会社担当者に事情を確認しようとした。しかし、「弁護士に任せている」などと述べて、合理的な説明をしなかった。

そこで、Y銀行は、やむなく「債権保全を相当とするとき」に当たるとし、預金（410万円）と相殺する旨通知した。

X会社が預金の払戻しを求めて本件訴訟を提起したところ、本判決は、上記事実を認定した上で、債権者集会の通知およびその前後の状況を検討し、銀行取引約定書5条2項5号にいう「債権保全を必要とする相当な事由が生じたとき」に該当するものというべきであるとした。

(3) 東京地判平19.3.29（金判1279号48頁）

建設会社であるX会社が施工物件に関して委託した、一級建築士Aが構造計算書を改ざんしていたことが発覚した。そしてA建築士が関与し、すでに完成したものの耐震不足のおそれがある物件14棟のうち9棟はX会社が施工したものであり、X会社も耐震偽装問題に深く関与していることをうかがわせるという内容や、施工主が法的措置をとるかどうかを検討中であるとの記事が相次いだ。そこで、Y銀行が「債権保全を必要とする相当の事由が生じたとき」に該当するとして、期限の利益を喪失させた。

その後、X会社は、Y銀行を訪ね、工事受注明細表を提出し、自社も被害者であり、現在の受注力によれば経営を維持することができると説明したが、かかる説明内容は、新規受注工事の減少や、現在受注中の物件に関して代金の支払の留保がされるおそれがある点を考慮したものではなかった。

この点、裁判所は、①報道等からX会社が新規の受注を得ることができず、すでに施工中の物件も工事の中断や、施主からの解約の可能性が強く、耐震偽装物件については損害賠償請求がなされる可能性があったと判断することもやむを得なかったといえること、②X会社が報道される以前に、構造計算書を偽装したものが含まれることを知っていたにもかかわらず、銀行取引約定書に定める報告義務に違反し、金融機関に報告することもなかったということを理由に、「債権保全を必要とする相当の事由が生じたとき」に当たるとした。

3 前記裁判例の傾向からみた債権保全相当事由の判断基準

債権保全相当事由の判断基準において、一般的に次のような見解が提唱さ

れている。

　例えば、大西武士「銀行取引約定書5条2項5号と信義則」金法1367号109頁では、債権保全相当事由の該当性判断にあたっては、①客観的認識の可能性、②信頼関係の破壊、③銀行の損失の可能性というファクターが挙げられている（同110頁）。また、小田垣亨「危機時における期限の利益喪失、相殺実務の問題点」銀法685号20頁以下によると、債権保全相当事由の該当性判断にあたっては、①融資取引先の経営に重大な影響を与える危機事象が発生していること、②融資取引先の経営改善策についての合理的説明の欠如、③報告義務不履行等の信頼関係の破壊、④融資額に比しての担保不足を挙げ（同24頁）、そのうち②が重要であると述べる[5]。

　こうした見解をみるに、債権保全相当事由の要件としては、①客観的に認識可能な危機的事情の存在と、②この点に関する融資取引先の金融機関に対する合理的説明の不足を原因とする信頼関係破壊の存在、③金融機関側に生じる経済的損失の程度、というファクターを挙げて考慮されるべき、と解される。

　融資先が反社の場合に、債権保全相当事由に該当するか否かは、前記の要件に該当する事実の有無を検討する必要があろう[6]。なお、これらの要件①～③は相関関係にあり、すべてを満たさないと債権保全相当事由が認められない、というわけではないと考える。

　したがって、債権保全相当事由の該当性は、単一の事情があれば認められるわけではなく、様々な事情をもとに総合的に考慮して判断されるというべ

---

[5] 小田垣論文（24頁）は、本件の平成19年東京地裁判決の事案は会社からの事情を聴取するまでに銀行が期限の利益を喪失させたものであるが、期限の利益の喪失後であっても、会社が予想される損害額や資金繰り、今後の受注の見込み等を含む経営改善策について、銀行にアカウンタビリティーを尽くしていれば、銀行において期限の利益を復活させる余地があったところ、会社がこのような説明をしなかったとして、期限の利益の喪失を正当化している。

[6] 山崎勇人「融資取引の解消と暴力団排除条項導入の必要性」金法1901号58頁、鈴木仁史「金融機関の取引約款、マンション管理規約への暴排条項導入をめぐる理論と実務」NBL1037号27頁も、債権保全相当事由の該当性判断については、前記大西論文で指摘した要件に沿って該当性の検討をすべきと説く。

きであろう[7]。

とすれば、前記のような①～③の要件の該当性を考慮することなく、融資先が暴力団に該当するという一事をもって、債権保全相当事由を認めることは困難であろう。

4　暴排条項導入前の融資における対策の必要性

前述のように縷々検討してきたが、やはり反社であれば、その一事情をもって当然に債権保全相当事由に該当するわけではない、ということになろう。

この点、平成25年12月19日付「暴力団排除等の部外への情報提供について」によると、警察当局に対し、暴力団排除条例（以下「暴排条例」という）の義務履行の支援に資する場合などの場合に反社の属性の該当性の有無を照会できる、とあるが、実際には、暴排条項が導入されていない融資の場合、反社排除を目的として照会を求めても回答が得られないケースが多いように思われる[8]。警察当局においても、暴排条項が導入されていない融資契約の場合、情報提供などの積極的な支援を行うケースは少なく、こうした当局の運用にかんがみても、反社という一事をもって契約を解消することは難しいのが現状であろう。

そうであるとしても暴排条項が導入されていない融資についても、早期解消が図られなくてもよい、という理由はない。

不特定多数の預金者から集めた預金を原資に金融機関が行っている貸付業務の性質からすると、暴力団をはじめとする反社に融資を行うことは、社会

---

[7]　前記の小田垣論文（24頁）も、「複数の判例に共通点を見出すことは難しいが、少なくとも裁判所は、単一の事由をもって「債権保全を必要とする相当の事由が生じたとき」に該当するとは判断していないように思われる。」と評している。

[8]　前述のオリエントコーポレーションによる平成25年11月22日付経済産業省提出の報告書添付資料4（前掲注2）によっても、信販会社が提携ローン先の銀行から代位したことにより取得した導入前融資債権108件のうち、完済されていない92件について、警察当局に照会を求めたが、暴排条項が導入されていないことを理由に回答が得られなかった。

経済の健全な発展を阻害するものといえ、その弊害は著しい。また、反社からの不当要求などの被害を未然に防止するためには、預金取引のみならず融資取引を含めた銀行取引全般から反社を遮断する必要性が高いといえよう[9]。

こうした反社遮断の要請の高さは、暴排条項の導入の有無により異なるものではない。その意味では、暴排条項導入前の融資についても、早期に解消される必要性が高いといえる。

この点、反社そのものが債権保全相当事由に該当するものではないとしても、反社そのものが持つ次のような要因が債権保全相当事由の該当性判断に影響を与え得るといえる。

5 反社が債権保全相当事由に与え得る事由

(1) 刑事事件等の逮捕・不祥事の発覚

まず、反社は、しばしば刑事事件を起こし、逮捕や懲役刑などを受けて、長期間身柄を拘束されることがあるという点である。

反社に該当する人物が融資先の事業を差配しているような場合、刑事事件を起こし、逮捕拘留や懲役刑を受けて刑務所に服役するなど、長期間身柄拘束されるならば、事業の存続に困難が生じる事態は十分考えられる。

(2) 資金使途の不明瞭さ

次に挙げられるのは、反社の資金の流れは不明瞭であり、金融機関から正規の事業資金として融資を受けた借入金が関係暴力団に流れたり、上位の暴力団への上納金に充てられたりする可能性があるという点である。それゆえ、融資実行時に提出された融資関係書類に虚偽のものがあったり、金融機関からの借入金が当初の資金使途と異なる使途（とくに暴力団活動助長関連事項）に利用されたりするおそれは否定できない。

このような事実があれば、当初の融資の前提条件が崩れることになるので、金融機関が、融資先に対し、継続的な約定返済を期待することができな

---

[9] 金融庁「主要行等向けの総合的な監督指針Ⅲ－3－1－4－2　主な着眼点」の(4)において、既存の契約についても関係遮断を徹底するため、事後検証を行う態勢の整備を促している。

いと判断したとしても、やむを得ないといえる。

(3) 暴力団排除情勢の影響

加えて、政府指針や、暴排条例などを始めとする、近時の反社排除の社会的情勢という点も挙げられる。とくに、反社の事業活動に大きな影響を与えるのは、暴排条例である。

すなわち、暴排条例は平成23年10月の東京都および沖縄県での施行により、全都道府県下で施行されるようになった。これら暴排条例の内容は、都道府県の事務事業から暴力団を排除することを基本的施策とするなどのほか、事業者に対し暴力団構成員などの規制対象者に対する利益供与行為を禁止し、当該事業者がこれに違反した場合は、勧告・公表などの不利益を受けるとされている[10]。このように暴排条例が全国において施行されているという社会情勢下にあっては、暴力団構成員が取引活動を行うことは、困難になってきている。

だとすると暴力団排除情勢下にあって、反社である融資先が主要な取引先を失うなどした場合、その事業の継続可能性は非常に危うくなるであろう。

(4) 結　論

以上のような反社が、その性質上、しばしば引き起こす事情は、融資先である反社の返済の経済的信用力と密接に結合し、債権保全相当事由に該当すると判断できる余地が生じるのではないかと思われる。

次いで、債権保全相当事由は、様々な事情を総合的に考慮して該当性を判断することになるので、実際の該当性の判断に関して、問題となるべき要素・事情について検討を加えたい。

---

[10] 暴力団排除条例の内容については、渡邉雅之「暴力団排除条例の利益供与の禁止の基準―各都道府県の利益供与の禁止規定・勧告事例の検討―」金法1947号6頁参照。暴力団との間でなされた取引が、相当の経済的対価があっても、勧告の対象になった事例が全国で多数散見されている。

6　債権保全相当事由の該当性判断の検証

(1)　①客観的に認識可能な危機的事情の存在

　融資先が反社であることが判明した場合、その危機的事情とは、事業の継続が困難になる危険性、融資の返済の継続が困難になる危険性を指すものと思われるが、かかる事情に該当するか否かは、ア）融資先が反社であることが発覚した経緯、イ）信用失墜行為の存在、ウ）融資先の事業の内容、エ）属性の悪性の程度、オ）反社であることの根拠の確実性の程度、カ）融資金の使途（住宅ローン、事業用融資、資金使途自由融資など）などの諸般の事情を総合的に考慮して判断すべきであろう。

　すなわち、融資先が反社であることが発覚した経緯（前記ア））が、現に刑事事件を起こして逮捕され、新聞報道されたといった、信用失墜行為（前記イ））とリンクしてなされたものであれば、期限の利益を喪失させることが容易であろう。しかし、こうした報道記事の内容が随分過去のものになっている場合もある。例えば報道が10年以上も前であるなど、その間に、相手が更生している可能性もあり得る。その意味では報道記事の内容だけでなく、時期にも着目して、その信用性の吟味をすべきであろう。

　また、融資先が密接交際者にとどまる場合（前記エ））など、それ自体は暴力団構成員ではないことから、一般的には、実際に暴力団排除の対象として取引先を失うことは必ずしも可能性が大きくないであろう。しかしながら、ひとたび、暴力団員と刑事事件を犯し逮捕されたような場合には状況が変わってくる。融資先の取引先が優良企業であればあるほど暴力団排除の観点から取引を打ち切って来るであろうし、逮捕された後の刑事事件の展開次第では、事業の遂行の見通しが十分期待できなくなる。

　他方で、暴力団員が差配していた暴力団関係企業のような場合、当の暴力団員が退職すると企業の反社性は失われる。このように当初から反社との関係遮断のための具体的な方策が講じられ、かつ、取引先の復活の見通しが相当程度ある場合は、期限の利益の喪失を猶予して、経過を監視することも一つの方法ではないか[11]。

さらに、融資先が反社であることを認定する根拠（前記オ））として、刑事事件などを犯し、暴力団構成員であるなどとした新聞報道などは確実性が高いが、単なる噂にとどまる場合や、融資先の同業他社からの情報提供にとどまる場合は、その確実性がいまだ十分とはいえない。

　なお、融資の種類（前記カ））が、事業用融資の場合は、主として事業の存続の可能性を検討することになるから、前記のような検討をするのに対し、住宅ローンの場合は事情が異なる。そもそも住宅ローン融資の場合は、事業用融資の場合と比べても、期限の利益を喪失させることは融資先の生活の基盤を失うことになりかねない。したがって、住宅ローンの場合、事業用融資の場合よりもさらに慎重に検討しなければならない[12]。

11　ただし、融資先が、現状の改善をしないまま、単に期限の利益の復活を望むべく、反社との遮断を偽装する可能性がある。例えば密接交際者が、形式上自身は融資先企業の役員や株主から外れたが、実際には、コントロールを及ぼすことができる人物を役員に就けておく場合も考えられる。したがって、安易な期限の利益の復活や、期限の利益の喪失の猶予は禁物である。反社排除を謳った政府指針や金融庁の監督指針の趣旨を貫徹できないばかりか、反社性という、本件融資の返済に危機を生じさせた原因の一つがまったく解消されていないからである。このような場合、融資先からの説明のみで判断するのではなく、融資先に対し、第三者の弁護士に依頼して調査を行わせ、その結果報告書を金融機関に提出させるなどの措置を講じることも必要であろう。さらに提出された結果報告書が十分でない場合は、融資先に対し、金融機関が推薦する弁護士からなる第三者委員会を設置するよう求め、関係解消の実態を調査し、その結果を報告するよう求めることも一つである。融資先企業において粉飾決算が発覚したような場合、粉飾の内容や金額などを正確に把握し、事業の再生が可能であるかを判断するため、金融機関が推薦する会計士やコンサルタント会社などの調査を受けることを融資先企業に求めることがある。このような粉飾決算と同様、反社との関係遮断が確かであるか否かは、融資先企業の説明だけでは判断が困難であるため、このような措置も検討されてしかるべきである。仮に、融資先が、金融機関からのこうした要請にも一切従わないような場合には、合理的な説明がなされないものとみなして、期限の利益を喪失していくべきと判断されることになろう。

12　もっとも、住宅ローンの場合、1度の審査で多額の融資を受けることができるという特色があることから、自らの雇用実態や収入を偽って住宅ローン融資を受けたりするなど不正融資が起こりやすく、それが仲介者の手によって反復継続して行われるケースもみられる。したがって、反社対策と監視の必要性は、事業用融資同様、変わらないというべきであろう。

(2) ②融資取引先の金融機関に対する合理的説明の不足を原因とする信頼関係破壊の存在

　この場合、ア）融資実行時に提出された融資関係書類に虚偽のものがないか、イ）当初の資金使途と異なる使途（とくに暴力団活動助長）に利用されるものがないか、ウ）適正・適法な事業による実現可能な返済計画の提出を求め、提出されているか、エ）危機的事情に対する対応策が具体的で合理的なものであるか等、諸般の事情を総合考慮して、判断すべきである。

　そもそも前記ア）、イ）に該当する場合、反社が、金融機関から融資を受ける際に、真正面から、融資目的を暴力団活動資金など、反社の維持・拡張目的であるなどと金融機関に説明することは考えにくい。

　融資金が暴力団に流れている際の多くは、建設業や不動産業など、融資目的を正業の事業資金であると説明し、実際は暴力団の活動に資金が流用されているものと思われる。こうした場合、そもそも融資目的を偽って融資書類に虚偽の記載をするなどして融資を受けた場合は、別途、詐欺罪など刑事責任の追及をすべく刑事告訴や、不法行為に基づく損害賠償請求権の行使が考えられるところである。

　そのほかにも、融資の申告内容に虚偽のものが含まれていたり、資金使途が申請時と異なったりすることで、金融機関が融資を決断するための基本的な前提が崩れてしまうことから、融資先に対する信頼関係が破壊されることは明らかである。ゆえに債権保全相当事由の該当性は認められやすいであろう。

　また、融資先が暴力団員と共犯者の関係に立って刑事事件を起こし、逮捕されたような危機的事情が融資先に発生した場合、金融機関としては、返済の継続に不安が生じることは避けられない。この場合、金融機関が、融資先の残された担当者に対し、危機的事情への対応策に関する説明や、実現可能な返済計画の提出を求めるべきである。そして融資先が説明する対応策に具体性がなく、財務状況の悪化を考慮してもなお返済が可能である旨の返済計画の提出ができない場合、金融機関としては期限の利益を喪失させることも可能となろう（前記ウ）、エ））。

(3) ③金融機関側に生じる経済的損失の程度

　金融機関側に生じる経済的損失の程度として、ア）負債の額の大小や、イ）期限の利益を喪失させた場合と、させない場合の回収可能性の比較などをもとに判断すべきである。

　この点、融資先が反社であっても、担保権の実行や、融資先の保有財産や、保証人から回収して、債権の満足を受けられる場合は、期限の利益を喪失させたとしても問題はない。また、信用保証協会からの代位弁済を受けられたり、あるいは改正預金保険法101条の2第1項に定める特定回収困難債権の買取りにより預金保険機構に債権を売却することで回収ができる場合も問題はない。

　しかしながら、このような方法によっても、十分な回収ができない場合はどうか。殊に融資先の融資に関して、期限の利益を喪失させて一括返済を求めた結果、回収不能になった場合、金融機関の財務内容が悪化する上、これが原因で役員が責任追及を受ける場合も考えられる。

　この点に関連するのが、融資先が暴力団と関係があり、経営に内紛がある等の事情があったため、一旦確約した追加融資を拒絶したところ、融資先が倒産し回収不能になった事案で、株主から貸付銀行取締役に対して善管注意義務・忠実義務違反を理由とする損害賠償を求め株主代表訴訟が提起された裁判例（松山地判平11.4.28判タ1046号232頁）が参考になる。

　このケースでは、不動産業を営む融資先において、①暴力団関連企業との関係が認められ、②銀行に無断で多額の約束手形が振り出されていたことが発覚し、③融資金の流用や④虚偽の融資申込みも認められ、⑤融資先の社長が経営を投げ出すような言動に出ること等の多数の信用失墜行為が重なったことを理由に、⑥融資を継続すれば多額の損害が発生する場合には、追加融資を拒絶した行為が取締役の善管注意義務違反に該当しないと判示した[13]。

13　原告株主は、上記融資先代表者や暴力団関連企業の代表者と親交があり、融資先が破綻した後一時的に融資先の代表者を務めるなどしており、単なる株主の利益を保護するためになされた代表訴訟の事案ではなく、融資を打ち切られた融資先の代弁者的な意図が疑われるような事案であった。

既存の融資の期限の利益を喪失させる本件のような場面でも、融資先の属性が暴力団員であるというだけでなく、複数の信用失墜行為が認められ、融資の継続をすることで多額の損害が発生する場合には、期限の利益を喪失させたとしても適法ではないかと思われる。その意味では、回収可能性の問題は、融資を継続することによる損害の発生・増加と比較することになろう。

(4) その他の問題点─連鎖倒産の可能性─

　融資先が反社であると判明し、債権保全相当事由に該当するような事情が認められる場合、金融機関は、基本的には期限の利益を喪失させ、融資の一括回収を図ることが求められている[14]。しかし、融資先の傘下取引先には、融資先を反社とは知らずに取引をしているなど、正常な取引先も多数存在する場合、金融機関が融資先に対する期限の利益を喪失させ、一括回収を図った結果、融資先が倒産するだけでなく、傘下の正常な取引先も連鎖倒産を引き起こす可能性がある。このような場合に金融機関が期限の利益の喪失を猶予することは許されないというべきかが問題となる。実際にも、金融機関が連鎖倒産を受けた企業から損害賠償請求を受けた場合、期限の利益を喪失させたことが適法であると断言しきれるかは問題となろう。

　無論、融資先の傘下企業が暴力団との関係が深いフロント企業である場合、こうした企業が連鎖倒産を受けたとしても、反社との関係の遮断を要請する政府指針および金融庁の監督指針の趣旨に沿うものといえ、問題は少ないであろう。むしろ金融機関が、融資先に対し期限の利益の喪失を通告した際に融資先から連鎖倒産のおそれを主張されたところ、これがために期限の利益の喪失措置を躊躇していては、反社に対し、関係解消を拒否する口実を与えることになり、望ましいことではない。

　また事業者間においては、密接的で反復継続した取引関係が築かれている

---

[14] 政府指針に関する解説(4)において、「金融機関が行った融資等、取引の相手方が反社会的勢力であると判明した時点で、……可能な限り速やかに関係を解消することが大切である。」と述べられていることにかんがみると、融資先が反社であることが判明し、期限の利益喪失事由が存在する場合、むしろ金融機関には期限の利益を喪失させて一括回収を図ることが要請されているというべきであろう。

ことが往々にしてあるから、金融機関が期限の利益を喪失させるタイミングによっては、融資先の取引先が多額の取引債権を焦げ付かせ、連鎖倒産をしてしまうことも十分考えられる。したがって、金融機関が連鎖倒産をおそれて期限の利益の喪失を躊躇しては、自己の債権を保全するため、期限の利益喪失特約を締結した意味がない。

　しかし、融資先の傘下に、正常ではあるが、企業体力に乏しい零細企業が多数存在している場合、金融機関が融資先に対して期限の利益を喪失させて一括回収を図ることは、こうした正常な企業の連鎖倒産が多数発生することで地域経済に深刻な悪影響を与えるおそれが高い。とくに信用金庫や信用組合の場合、地域において、相互扶助の精神に基づき、協同して事業の促進ないし経済的社会的地位の向上等を図るため組織された信用金庫や信用組合の目的[15]にかんがみると、こうした場合にまで期限の利益を喪失させることは妥当でないとして、金融機関が慎重になることも理解できなくはない。殊に融資先には十分な担保力のある不動産等の資産があり、これらの資産について担保提供を受けている場合、わざわざ取引先企業の支払に充てるべき預金債権を凍結しなくても、自己の債権の保全を行うことが可能な場合、多数の健全な企業を倒産させてまで期限の利益を喪失させることになおさら躊躇するであろう。

　以上の点にかんがみると、金融機関としては、期限の利益を喪失させ、一括回収を図るべきか否かは、(1)①融資先の事業規模、②傘下企業の数、③傘下企業の事業規模、④傘下企業と融資先との取引額、⑤関係企業の取引高における融資先の占める程度などをもとに連鎖倒産の規模やその蓋然性がどこまであるかという点、(2)⑥融資先の傘下企業の悪性の程度を吟味して、傘下企業が連鎖倒産の回避を図るに値するかという点、(3)⑦金融機関側の債権を保全する必要性や⑧債権回収の確実性の程度と⑨上記(1)および(2)から導かれ

15　内藤加代子ほか編著『逐条解説信用金庫法』（金融財政事情研究会、2007年）14頁参照、全国中小企業団体中央会編集『中小企業等協同組合法逐条解説』（第一法規、2007年）3頁以下参照。

<u>る傘下企業の連鎖倒産を回避すべき必要性とを比較した上で、金融機関が期限の利益の喪失を猶予する必要性の程度がどこまであるかという点をもとに判断すべき</u>ことになろう。

　ただし、本来は期限の利益を喪失すべき局面であることから、金融機関としては安易に期限の利益の喪失を猶予し、漫然と放置するような事態は避けねばならない。とくに多数の企業の連鎖倒産の可能性というのは、仮に実現すると深刻な事態となるが、かといってあくまで可能性にすぎない以上、安易に過大評価して期限の利益の喪失に躊躇していては、前述のとおり、反社に対し、関係解消を拒否する口実を与えることになり、望ましいことではない。

　したがって、金融機関としては、期限の利益の喪失の猶予を判断するためには、融資先の申告をもとに判断するのではなく、まず第三者である弁護士に依頼して調査を行わせ、その結果報告書の提出を求めるなどの措置を講じることも必要であろう。そして、その結果報告書の内容が十分ではない場合には、融資先に対し、自己が推薦した弁護士からなる第三者委員会を設置するよう求め、かかる第三者委員会において、前記のような連鎖倒産の規模や蓋然性、傘下企業が連鎖倒産の回避を図るに値するかという点や、期限の利益の喪失を猶予する必要性の程度などを調査し、その結果の報告を受けて判断することも一つであろう[16]。

---

[16] もっとも、債権保全相当事由に該当するようなケースでは、金融機関において高度の債権保全の必要性、緊急性があるケースが多く、第三者委員会の設置・調査を待っていては手遅れになるケースもあろう。この場合は、一旦期限の利益を喪失させて、取引口座を凍結するなど保全措置を講じておき、期限の利益の復活の必要性の有無を調査するための委員会の設置・調査を待つことも一つであろう。その上で、融資先には、十分な資産価値はあるが、いまだ担保提供をしていない資産がある場合、追加担保の提供を受けておくべきである。そして、融資先が継続的に約束手形を振り出しているため、現時点で事業がストップすれば、取引先企業にとって将来の手形債権が焦げ付き、連鎖倒産を余儀なくされるなどのおそれが客観的資料などから確認できた場合、預金の凍結を解除することも一つであろう。他方、融資先に担保提供すべき資産がない場合や、担保割れの資産しかない場合はどうか。この場合は、金融機関にとっても唯一の引当てとなるべき資産が、取引先への支払に充てるための資金が預入れされた預金口座しかないため、債権保全の必要性から預金口座を凍結し、その後相殺処理をするほかはないと思われる。

また、金融機関としては、仮に期限の利益の喪失の猶予が妥当であるとしても、経過観察の名のもとに漫然と放置するのではなく、融資先に対し、任意の繰上返済を求めるなどの努力をすべきであろう。

7　事例の検討

> **事例 1**　融資返済中の融資先が暴力団組員であるとして刑事事件を起こして逮捕され、新聞報道された場合で、事業用融資の期限の利益を喪失させることができるか。

　融資先が刑事事件を起こして警察に逮捕され、新聞報道されたことで融資先が暴力団組員であることが発覚した場合で、当該組員が事業体の中心であり、同人物の存在なくして事業の存続があり得ない場合、当面の事業の継続が困難となろう。ただし、逮捕段階では、約20日後に不起訴処分等により身柄が解放される可能性もあり、逮捕がなされたという事情のみでは、永続的に事業の継続が困難であるとは即断できない。融資先の事業の性質や内容にかんがみ、公共性が高度に要求されるような業態であれば、暴力団組員であることが発覚した場合、主要取引先が取引を解消してしまい、融資先の事業の継続が困難になる可能性も高い。

　金融機関とすれば、融資先の事業の性質や内容に留意しながらも、残された会社の担当者への事情聴取を行い、刑事事件の見通しや主要取引先の動向を聞きながら事業再開の予測を立てることが必要であろう。こうした調査活動を通じ、事業の継続が困難であると判断できれば、債権保全相当事由に該当し、期限の利益を喪失させていくことになろう。なお、この際、会社担当者の説明が十分でなければ、合理的説明の不足を原因とする信頼関係が破壊されたとして、期限の利益を喪失させていくことになろう[17]。

> **事例2** 融資先が7年前の過去の新聞報道などで暴力団組員であることが発覚しており、現在は刑事事件などで逮捕されたような情報がない場合、事業用融資の期限の利益を喪失させることができるか。

　融資先の暴力団員現在活動性が判明していない以上、7年も前の過去の報道記事を根拠に、期限の利益喪失を決断することは非常に危険である。融資先が更生している可能性は否定できないからである。また、暴排条例の運用が高まっている現状においても、暴力団活動歴が過去のものにとどまり、現在の活動の実体が不明な場合には、融資先の取引先においても、取引解消を行う可能性は高いものではない。

　ゆえに、期限の利益喪失を行うことは基本的にはできない、と考える。ただし、注意すべきは、現時点の暴力団活動が不明である以上、水面下で暴力団活動を継続している可能性は否定できない。したがって、将来、暴力団関係の刑事事件を起こす可能性も否定できない。即座に解消できるよう、日頃からの経過観察は行うべきである。また、回収の見通しなどを勘案した上で、約定による繰上返済交渉を試みてみることも一つの方法であろう。

> **事例3** 融資先の幹部が暴力団組長と賭けゴルフをして、共犯で逮捕され、報道された。

17　暴力団員と判明した場合、金融機関とすれば、職員に直接面談調査を行わせることは、職員を危険に晒すことになるとして、暴力団員と判明した後の融資先へのヒアリング調査を行うことが現実的ではない、との批判も考えられる。ただ、事情が不明なまま刑事事件により融資先が逮捕された、という事情のみで、期限の利益を喪失させることはできない、と考える。職員の安全を確保するため、例えば顧問弁護士などの第三者に調査を委嘱するとともに、地元警察に相談を行い、保護対策の申入れを行うことは有効な方策であろう。
　なお、こうした方策を行わず、漫然としたままにしておくことで、事態は悪化し、債権回収の機会を逸してしまうおそれが徒に高まることには注意すべきである。

事例1 同様、刑事事件で逮捕されるとなると、身柄拘束が相当長期間継続する場合があるだけでなく、暴排条例の影響もあり、融資先の主要取引先が反社との関係遮断のため、一斉に融資先との取引を解消することが考えられる。そうなった場合、事業が一気に立ち行かなくなる蓋然性は高まる。

　金融機関としては、融資先の残された担当者を呼び出して、融資先幹部の刑事事件の見通しや、会社内での処分の有無、暴力団組員との交際の有無、交際の経緯・期間、会社内での他の従業員と暴力団員との交際の有無・程度、取引先の取引継続の可否や事業の見通しをヒアリングしておくべきである。

　融資先とすれば、暴力団排除の情勢下にあっては、暴力団員との交際に伴うレピュテーションリスクを防止するため、しばしば幹部を社外から追放するなどの措置を講じて問題が解消されたかのような外見を作りがちである。この場合、確かに、暴力団員との交際が当の幹部だけであり、また幹部が真に会社から追放されたのであれば、問題が改善されたといえよう。しかし、暴力団員との交際が当の幹部にとどまらず、さらなる上層部や他の社員などにも及び暴力団関係性が根深くなっている場合もあり得るし、また当の幹部が会社を差配していたような場合には、外形上は会社とは無関係を装いながらも、実質的な支配を継続する場合もあり得る。このように融資先の措置が、その場しのぎのものにすぎなかったり、あるいは見せかけのものにすぎない場合もあり得る。

　ゆえに、金融機関としては、この場合の方針の決定は慎重に行うべきであり、融資先からの説明のみに依拠すべきではない。融資先に対し、第三者である弁護士（顧問弁護士など）などによる調査を求め、その結果報告書の提出を求めるなどの措置を講じることも必要であろう。

　さらに、提出された結果報告書が十分ではない場合には、金融機関としては、融資先に対し、金融機関が推薦する弁護士などから構成される第三者委員会を設置することを求め、かかる委員会が調査した内容を踏まえて判断するということも一つの方法であろう。なお、融資先が第三者委員会の設置・調査を拒否した場合は、期限の利益の復活を認めないことはいうまでもな

い。

8　さいごに

　以上、暴排条項導入前の融資に関し、融資先が反社であることが判明した場合、期限の利益喪失事由の一つである債権保全相当事由の該当性を中心に、若干の考察を展開した。

　実際には融資先が反社であることが判明したとしても、縷々述べたような特殊事情がない限り、即、融資関係を解消する、ということになるわけではないであろう。

　しかしながら、いざ有事が発生した場合に即座に融資関係を解消できるよう、日頃からモニタリングやプランニングを行っておくことが必要であることはいうまでもない。

　本稿が、暴排条項導入前の融資の対応方法として、一つの参考になれば幸いである。

XIV 今後の暴力団排除に向けて
――近時の最高裁・高裁判決を受けて――

弁護士　田中博章

1　序　論

　平成19年6月になされた「企業が反社会的勢力による被害を防止するための指針について」(平成19年6月19日犯罪対策閣僚会議幹事会申合せ。以下「政府指針」という)や、平成23年に全国都道府県の地方自治体において制定された暴力団排除条例などにより、銀行業界のみならず様々な業界において、暴力団排除が進んでいる。

　具体的には、暴力団との取引を水際で阻止するため、「反社会的勢力と取引をしたことが判明した場合には速やかに解消する」旨を明言した暴力団排除条項が契約書に導入されようとしている。

　ことに銀行業界においては、監督官庁である金融庁の強い指導もあって、預金取引や融資取引などの取引全般において、こうした暴力団排除条項が導入されているほか、また取引先の反社会的勢力該当性を速やかに選別できるよう、データベースの構築・活用がなされている。

　ところで、近時、刑事事件ではあるが、こうした暴力団排除に関して注目されるべき裁判例がいくつか出た。刑事判決ではあるが、今後の暴力団排除を進める上で参考になるのではないか、と思うので、以下、紹介する。

2　反社会的勢力との取引拒絶規定に関する合憲判決（大阪高判平25.7.2高刑集66巻3号8頁。【裁判例1】）

(1)　事　案

　暴力団組員が、信用金庫の営業店において、①自己が代表取締役を勤める

株式会社の普通預金口座について、代表者を自己名義に変更するため、また②自己が代表取締役を勤める株式会社の普通預金口座を開設するため、自己の属性が反社会的勢力（以下「反社」という）であることを秘したまま、信用金庫所定の「反社ではないことの表明・確約」に同意し、これをもって預金口座の開設を受けるなどし、預金通帳の交付を受けたことが刑法上の詐欺罪になるかどうかが問題になった事案である。

すなわち、当該信用金庫には、預金者が暴力団員等の反社である場合には、預金口座の開設を拒絶することができるほか、既存口座の解約をすることもできる、という取引拒絶規定があり、かかる取引拒絶規定を根拠として、暴力団組員である被告人が口座の開設などを申し込んだ行為が詐欺罪に当たるか否かが問題になった。

この点、被告人は、金融機関に預金口座を設ける自由は、憲法22条1項が定める経済活動の自由（営業の自由）の根幹をなすものであり、信用金庫が定める反社との取引拒絶規定は、暴力団員の預金口座を設ける自由を大きく制約するものであるから、預金者が暴力団員だけではなく、オレオレ詐欺、マネーロンダリング等の違法行為に使用される現実的な危険性ないし高度の蓋然性がある場合に限って取引の拒絶を求める趣旨と限定的に解するべきと主張した。

その上で本件では、被告人は暴力団員ではあるものの、本件の預金口座は、土木工事等を事業内容とする株式会社が、暴力団活動や違法行為とは無関係の経済的活動に使用することが予定されていたものであり、それゆえ、取引拒絶規定の適用はないというべきであるから、本件では欺罔行為がない、と主張した。

(2) 判　　旨

判旨は、目的の正当性、規定の必要性および目的達成手段としての合理性の観点から、預金取引拒絶規定の憲法適合性の可否を検討するものとした上で、次のような検討をした。

まず、取引拒絶規定が設けられた経緯や背景事情に踏み込んだ上で、被害を受けた信用金庫の暴力団排除の取組みに触れながら、取引拒絶規定の目的

を、反社の介入による被害を防止し、さらには反社の経済的活動や資金獲得活動を制限し、これを社会から排除して市民社会の安全と平穏の確保を図ることを狙いとするものであるとして、目的の正当性、規定の必要性が認められるとした。

また、反社の範囲および意義についても組織犯罪対策要綱に準拠していることなどから明確であり、金融機関が預金口座の開設等の際に徴求する表明確約の手続についても適正に運用されていること、反社の該当性の有無や、口座を反社の活動に利用する意図があるか否かについて、金融機関が個別に調査することは多大な負担を掛けるだけでなく実効性も期しがたいこと、預金口座の使用や内容を問うことなく一律に拒絶するとしても、預金者にとっての不利益は、預金者自身が反社との関係を断絶することによって容易に回避できること、などから目的達成手段としての合理性もあるとした。

以上より、預金取引拒絶規定は憲法22条1項を始めとする憲法の趣旨にも適合するとした。

その上で、預金取引拒絶規定の合憲性の点でも指摘のあった、取引拒絶規定が設けられた経緯や目的などにも触れつつ、反社との取引を拒絶することは経営上重要な事項であるとして、欺罔行為にも該当する旨判示した[1]。

(3) **検　　討**

預金口座が違法活動に利用されるような場合だけでなく、反社に一律に適用される取引拒絶規定について、憲法判断を行った貴重な裁判例である。

反社に一律に適用することを許容する理由の中で、あえて反社にとどまろうとする者にとっては甘受すべき不利益であるとまで判示している点は、かなり思い切った言及であるように思われる。

しかし、その前提として、取引拒絶規定の必要性や目的の正当性を認定する根拠として、金融機関の業界において反社の排除が強く要請されており、

---

[1] 約款で暴力団員からの貯金の新規預入申込みを拒絶する旨定めている銀行の担当者に暴力団員であるのに暴力団員でないことを表明、確約して口座開設等を申し込み通帳等の交付を受けた行為が、詐欺罪に当たるとされた最高裁判決がある（最判平26.4.7金法2002号132頁以下）。

業界を挙げて反社に取り組んできたことや、当該金融機関自身も反社に対する基本方針を設け職員に周知徹底するなど、反社排除に向けて様々な取組みがなされてきたことなどを詳細に指摘している。【裁判例1】は、こうした事情から導かれる取引拒絶規定の目的を達成する上で、預金者側の不利益は甘受すべきである、といっているのであり、単に、反社が取引から排除されることについて、一律に、「敢えて反社会的勢力に留まろうとする者にとっては甘受すべき不利益である」とまでは言及しているわけではないことに留意すべきである。

3 結論が分かれた二つのゴルフ場利用に関する刑事最高裁判決

(1) 最判平26.3.28（刑集68巻3号646頁。有罪判決。【裁判例2】）

a 事　　案

本件は、ゴルフ場利用約款において、暴力団員の入場および施設利用を禁止している長野県内のゴルフクラブにおいて、暴力団員である被告人が、ゴルフクラブの会員と共謀して、同会員において、被告人が暴力団員であることを秘して、被告人の署名簿への代署をゴルフクラブ従業員に依頼するなどし、被告人によるゴルフ場の施設利用を申し込み、ゴルフクラブ従業員をして、被告人が暴力団員ではないと誤信させ、よって被告人とクラブとの間でゴルフ場利用契約を成立させた上、被告人においてクラブの施設を利用させたという事案である。

本件のゴルフクラブは、暴力団員や、暴力団員と交友のある者の入会を認めておらず、入会の際には、入会申込者に対し、「暴力団員または暴力団員との交友関係がありますか」という項目を含むアンケートへの回答を求めるとともに、「私は暴力団等とは一切関係ありません。また、暴力団関係者等を同伴・紹介して貴クラブには迷惑を掛けません」という趣旨の誓約書に署名捺印させた上、提出させていた。また本件ゴルフクラブは長野県防犯協議会事務局から提供される他の加盟ゴルフ場による暴力団排除情報をデータベース化し、予約時や受付時に、利用客の氏名がデータベースに該当しないか確認するなどして、暴力団関係者の利用を未然に防止していた。

被告人と同行した本件会員は、入会審査の際に、前記アンケート項目に「ない」と回答の上、誓約書を提出しており、犯行当日も、施設利用の際に申し込む「ご署名簿」に、自らの名は自署しておきながら、事前予約の際に提出する、被告人ら同伴者については、氏または名を交錯させるなど乱雑に記載し、しかも当日の「ご署名簿」の被告人らの氏名は従業員に代署させていた。
　また被告人も、ゴルフクラブに到着後、クラブハウスに寄らずに練習場から直接コースに進入し、プレーを開始した。

b　判　　旨

　判旨は、まず、ゴルフ場が暴力団関係者の施設利用を拒絶するのは、利用客の中に暴力団関係者が混在することにより、一般利用客が畏怖するなどして安全、快適なプレー環境が確保できなくなり、利用客の減少につながることや、ゴルフ倶楽部としての信用、格付等が損なわれることを未然に防止する意図によるものであって、ゴルフ倶楽部の経営上の観点からとられている措置であると認定した。
　そして、前記ａで指摘する事実関係をもとにして、利用客が暴力団員であるか否かは本件ゴルフクラブの施設利用の許否の判断の基礎となる重要な事項であるから、これを偽ってなした同伴者の行為が詐欺罪にいうところの、「人を欺く行為」にほかならず、同伴者と意を通じた被告人においても詐欺罪が成立するとした。

(2)　**最判平26.3.28**（刑集68巻3号582頁。無罪判決。【裁判例3】）

a　事　　案

　ゴルフクラブにおいて、利用細則・利用約款等において、暴力団員の利用を禁止する旨定められているにもかかわらず、暴力団員がこれを秘してビジターとして利用を申し込んだという事案である。
　ただし、本件ゴルフクラブは、暴力団員の利用を禁止する利用約款のほかには、クラブハウス出入口に「暴力団関係者の立入りプレーはお断りします」などと記載された立看板を設置しているに留まり、利用客に暴力団関係者ではないことを確認する措置は講じていなかったし、本件ゴルフクラブ同

様に立て看板を設置している周辺ゴルフ場においても、暴力団関係者の利用を許可、黙認している例が多数あり、被告人も同様の経験をしたことがある、とのことであった。

　b　判　　旨
　被告人が行った、ビジター受付表の提出等の施設利用を申し込む行為自体は、申込者が当該ゴルフ場の施設を通常の方法で利用し、利用後に所定の料金を支払う旨の意思を表すものではあるが、前記の事実関係の下では、それ以上に申込者が当然に暴力団関係者でないことまで表しているとは認められないため、詐欺罪にいう「人を欺く行為」には当たらない、と判示した。

　(3)　検　　討
　前記2件の最高裁判決は、被告人が暴力団員であることを前提にした上で、暴力団員の利用を禁止した利用約款が存在するゴルフクラブに対し、暴力団員または暴力団関係者が利用申込み等を行った行為が「人を欺く行為」に当たるか否かが争われ、有罪・無罪、と結論をまったく異にした。
　しかし、二つの事例を比較すると、表明確約やデータベースの整備・活用など、暴力団排除に必要な活動を綿密に行っていた事例（【裁判例2】）が有罪となり、暴力団排除約款や暴力団の利用を禁じる立て看板は備え置いていたものの、それ以上の方策はとらず、むしろ同様の方策を講じていた周辺ゴルフ場においては、暴力団員の利用が漫然放置されていたような事例（【裁判例3】）が無罪とされたにすぎない。
　その意味では、日頃からの暴力団排除活動が徹底されていたか否かが暴力団排除の成否を分けたといっても過言ではない、といえる。

4　民事における暴力団排除活動に向けた教訓
　(1)　民事の場面にも妥当する教訓
　前述の三つの裁判例は、刑事事件であり、また詐欺罪の成否が問題になったものであるが、民事上の場面とはまったく無縁であると考えるべきではない。むしろ民事の場面である、暴力団排除条項に基づく取引解消の有効性や適法性の場面において、次に述べるとおり、前記刑事判決は大きな教訓を遺

している。

(2) 暴力団排除の必要性の検証

　そもそも企業側が、取引の相手方が暴力団員であることが判明したことで、暴力団排除条項に基づき取引を解消した場合、相手方から、突然の取引拒絶に伴い不利益を被ったとして反発を招き、相手方から訴訟の場面などで暴力団排除条項の有効性などが争われることが考えられる。すなわち、取引の相手方とすれば、取引の目的や内容が違法活動や暴力団活動とはまったく無縁であるにもかかわらず、暴力団員という属性だけで取引を拒絶する暴力団排除条項は無効であるという主張である。

　この場面では、正しく【裁判例１】の反社との取引拒絶規定の合憲性に関する大阪高裁判決が大いに参考になろう。【裁判例１】大阪高裁判決は、反社であれば一律に適用することを認めた取引拒絶規定を合憲であると判示したが、その前提として、反社排除に向けた監督官庁の強い指導、業界を挙げての反社排除に向けた取組みや過去に反社との癒着により被害を受けてきた金融機関の歴史的沿革、当該被害を受けた金融機関の日頃からの暴力団排除に向けた取組み等を認定し、取引拒絶規定の必要性や正当性を認定した。

　少なくとも訴訟になった際には、企業の性質や取引の内容、性質にかんがみ、反社と取引を行うことが当該企業にとってどのようなマイナスになるのか、すなわち、換言すれば反社との取引を拒絶することが具体的にどのような目的を有するのか、という点を説明できるようにしておくことが必要であるし、そのような目的を達成するために企業が日頃からどのような努力・取組みをしているのか、説明できるようにしておくことが必要であろう。

　確かに暴力団排除の事例のすべてが訴訟に発展するわけではなく、むしろそのようなケースは全体の中では数が少ないものとは思われるが、訴訟になった場面を想定し、日頃から、反社排除を行うべき理由・必要性を検証し、そのための取組みを行うことが必要である。単に暴力団排除条項を導入した契約書に相手方も署名捺印しているとか、あるいは政府指針や暴力団排除条例があるから暴力団排除条項を導入しただけ、という理由だけでは、やはり訴訟の場面では心許ない感は否定できない。

(3) 暴力団排除の取組みの徹底

　暴力団排除条項に基づき取引関係の解消を試みた結果、暴力団員側から条項の適用が不当である、などといった主張がなされるような場面も考えられる。例えば、取引を解除した行為が、信義則（民法1条2項）に違反するとか、権利の濫用（民法1条3項）である、などという反論である。

　この点、前記【裁判例3】最高裁判決のように、過去に暴力団であることを知りつつも漫然と放置していた場合には、暴力団員側から、これまでは取引ができていたのに、突然解除することは不意打ちであるなどとして、このような反論を受けることにもなりかねない。その意味では、企業において、暴力団排除に向けた取組みを日頃から徹底することが必要となろう。

　この点、確かに、暴力団排除条項を活用するか否かは、企業側の判断に委ねられている面もあり、例えば金融機関の融資取引などでは回収の最大化の要請から、暴力団排除条項の適用を控える必要がある場面もあるかと思われる。

　しかし、暴力団排除条項の適用について合理的基準を設け、こうした基準に基づき活用していないと、暴力団員側から反論を受けた際に、説明に窮することになりかねない、と思われる。

(4) 業界全体を挙げた取組みの重要性

　当該企業自身が暴力団排除のために具体的にどこまでの運用を行うか、という点が重要であることはいうまでもないが、企業単体で暴力団排除を行うには限界がある。その意味では、業界全体で暴力団排除に取り組むことが有益であり、また業界全体で取り組むことで、警察当局や暴追センターの協力が得られやすいというメリットがあろう。

　この点、【裁判例1】大阪高裁判決も、取引拒絶規定の目的の必要性等の判断要素として、業界全体で暴力団排除の取組みを行っていたことも一つの事情として指摘している。また【裁判例2】最高裁判決においては、県防犯協議会事務局から提供を受けて、他の加盟ゴルフ場とともに、暴力団排除情報をデータベース化していたことが詐欺罪の成立を認める一つの事情として指摘されている。

このように業界が一体となって暴力団排除に取り組むことは、個々の企業の暴力団排除の有効性という個別事件にもよい影響を与えることができる。
　逆に、【裁判例3】最高裁判決では、被害を受けたゴルフクラブと同じ暴力団排除の措置を講じていたゴルフクラブの運用が、暴力団排除とは名ばかりで、実際に暴力団員の利用を黙認していた事情が、犯罪の成立を否定する方向に働いた。
　このように企業が単体として暴力団排除を有効に進めていくためにも、業界全体で取り組むことが有用であるといえよう。

5　結　　論

　本稿で紹介した裁判例において、暴力団排除に向けた取組みの再検証、運用の徹底、業界全体での取組みの重要性があることが浮き彫りになった。
　今後、金融機関のみならず、他の業界においても、ますます暴力団排除に向けた取組みが活性化していくものと思われる。
　暴力団排除を有効かつ円滑に進めるためにも、本稿で紹介した裁判例から得られた教訓を糧にして、企業において暴力団排除に向けた検証を行い、企業自身は無論のこと、業界全体を挙げた取組みを徹底していくべきであろう。

金融取引からの反社会的勢力排除

平成27年4月27日

編　者	第79回民事介入暴力対策和歌山大会実行委員会
発行者	小　田　　　徹
印刷所	文唱堂印刷株式会社

〒160-8520　東京都新宿区南元町19
発　行　所　一般社団法人 金融財政事情研究会
　編集部　　TEL 03(3355)1758　FAX 03(3355)3763
　販　　売　株式会社きんざい
　販売受付　TEL 03(3358)2891　FAX 03(3358)0037
　　　　　　URL http://www.kinzai.jp/

・本書の内容の一部あるいは全部を無断で複写・複製・転訳載すること、および磁気または光記録媒体、コンピュータネットワーク上等へ入力することは、法律で認められた場合を除き、著作者および出版社の権利の侵害となります。
・落丁・乱丁本はお取替えいたします。価格はカバーに表示してあります。

ISBN978-4-322-12661-7